山东省社会科学规划研究项目文丛重点项目

李玉良 罗公利 著

儒家思想

在西方的翻译与传播

中国社会科学出版社

图书在版编目（CIP）数据

儒家思想在西方的翻译与传播／李玉良　罗公利著.
北京：中国社会科学出版社，2009.8
ISBN 978 - 7 - 5004 - 7968 - 0

Ⅰ. 儒…　Ⅱ.①李…②罗…　Ⅲ. 儒家 - 哲学思想 -
英语 - 翻译 - 研究　Ⅳ. B222.05　H315.9

中国版本图书馆 CIP 数据核字（2009）第 108838 号

策划编辑　冯春凤
责任编辑　储诚喜
责任校对　李　莉
封面设计　王　华
技术编辑　王炳图

出版发行　**中国社会科学出版社**
社　　址　北京鼓楼西大街甲 158 号　　　　邮　编　100720
电　　话　010—84029450（邮购）
网　　址　http：//www.csspw.cn
经　　销　新华书店
印　　刷　北京君升印刷有限公司　　　装　订　广增装订厂
版　　次　2009 年 8 月第 1 版　　　　印　次　2009 年 8 月第 1 次印刷
开　　本　880×1230　1/32
印　　张　12　　　　　　　　　　　插　页　2
字　　数　303 千字
定　　价　40.00 元

目　录

前　言

　　儒家思想作为中华传统文化的精髓,数千年来,以非凡的精神力量把中华民族紧紧凝聚在一起,成为中华民族的命脉与灵魂。与此同时,儒家思想历经世代儒家的不断丰富和发展,不仅为中华民族,而且为整个世界提供了取之不尽、用之不竭的思想源泉。在全世界面临诸多危机的今天,我们不禁想到了儒家思想及其传播,尤其是在西方世界的传播问题。这一问题与历史上儒家经典在西方的翻译及其影响密切相关。

　　16 世纪以来,为了让西方以教皇领导的各宗教集团了解中国的儒家思想同天主教义理的相通之处,以便获得教会支持,使他们能在中国实行“合儒”传教的策略,西方传教士把《四书》、《五经》翻译成拉丁文等多种文字。西方汉学家为研究中国的历史文化,也大量翻译儒家经典著作。遗憾的是,无论传教士还是汉学家对儒家经典的翻译,都没能够完全准确地传达儒学精神。纵观各个时期的翻译文本就会发现,有意和无意的歪曲和舛误十分普遍。这些译本虽然在一定程度上起到了传播媒介的作用——使西方人了解了部分儒家思想,并引起了他们对东方文化的兴趣,与此同时,这些译本也误导了西方对儒家思想的认识,对儒家思想的传播造成了一定的负面影响。

　　对此,我国文化界和翻译界尚未给予足够的重视。有些研究者认为西方译者的翻译十分忠实可靠,甚至将其奉为译事圭臬。然而,这些翻译文本对现代西方社会产生了哪些影响?西方民众对中国儒家思想的认识和理解是否符合儒学的本来面目？应该如何对待儒学思想在翻译与传播过程中的异化问题？如何翻译儒家经典，把完整的儒家思想呈现给西方？这些问题，都需要我们进行认真细致的思考和研究。

本书作为山东省社会科学规划重点课题（06JDB106）的研究成果，力图以《大学》、《孟子》、《论语》、《中庸》、《荀子》等五部儒家经典的英文翻译为研究对象，从语言、文化、哲学等方面进行考察，并选取其中的章句译文进行比较分析，以发现其中的舛误及其成因；以"仁、义、礼、忠、孝、君子"等核心概念为重点，考察西方译者对中国儒家思想的认识和理解与儒家思想本义的差距；从历史文化和传播的角度，研究儒家思想向西方传播的方式、途径和效果；结合对英美国家民众基本儒学知识所开展的问卷调查，分析儒家思想在西方民众意识中的地位和影响；在总结经验和问题的基础上，提出未来儒家思想的翻译与传播战略。

在课题研究过程中，我们力求突出三个特点：一是，系统考察儒家经典的翻译状况，包括考察儒家思想西传过程中发生的人为歪曲和舛误，并研究其所产生的原因及影响，从而认清中国儒家思想在西方世界的地位和影响，以及其在传播过程中产生的变异状况，为采取纠正措施以促进儒家思想在西方的健康传播奠定基础。二是，多视角考察儒家思想在西方的传播状况。一方面，系统总结自 16 世纪西方传教士对儒家思想的研究和著述以来直到当今美国"波士顿儒家"对儒家思想的研究；另一方面，考察从西方传教士、早期汉学家、华裔学者到现代中国儒学界、各类媒体和孔子学院等多种渠道对儒家思想的传播状况。三是，通过多种形式和渠道在英美等国开展社会调查，对调查结果进行综合和统计分析，从而了解西方社会对儒家思想的认识和接受的广度、深度和准确度，由此获取第一手资料，为分析儒家思想在西方传播过程中存在的问题、制定未来儒家思想的翻译与传播战略，提供有效借鉴。

课题研究前后经历了两年的时间，将研究成果整理成书也耗时数月，过程倍感艰辛，结果尚可慰怀。除了作者的工作外，另外几位同志也参与了部分研究工作，并提供了部分章节的初稿，他们是康宁、刘强、于巧峰、车云宁、段晓茜、公文。

本书在付梓过程中得到了中国社会科学出版社的大力支持，并在社会调查期间得到了中国海洋大学孙立新副教授，青岛科技大学吕耀中副教授，张煜副教授，方洁副教授的热心帮助，在此一并表示衷心感谢。

尽管我们投入了大量的时间和精力，但条件所限，书中涉及的部分研究工作做得仍不够完备，恳请方家批评指正。

作者

2009 年 3 月于青岛

第一章　绪论

人心惟危，道心为微。惟精惟一，允执厥中。（《尚书·大禹谟》）一个国家必有一独特文化，一独特文化必有一核心；有核心，则有栋梁；有栋梁，则有定力；有定力，民则康泰；民康泰，则国长存。中华文化博大精深，其栋梁是儒家文化。自孔子以来，儒家思想经世代儒家不断丰富和发展，不仅为中华民族，而且为整个世界提供了取之不尽、用之不竭的思想源泉。数千年来，它以非凡的精神力量把中华民族紧紧凝聚在一起，尊德性而道问学，致广大而尽精微，极高明而道中庸，从而成为中华民族的命脉与灵魂。

优秀文化属于全人类。16 世纪后半叶，随着西方传教士东进的脚步，儒家思想与西方文化的交流正式开始，并一直持续到了今天。四个世纪以来，两种文化的交流过程充满了坎坷与沉浮，相互之间有融合，也有排斥与碰撞。自罗马天主教耶稣会士罗明坚、利玛窦等人来华传教之初至今，总的来说，儒家思想与西方文化的交流过程表现为三种基本类型：一是传教士和汉学家的著述，二是传教士和汉学家的翻译，三是改革开放以来东西文化之间通过多种渠道开展的交流。随着时间的延续，儒家思想西传的广度不断拓展，深度不断加大，从而逐渐影响了世界。

第一种类型以儒家思想同天主教教义的碰撞、对话与互诠整合为基本特征。传教士对儒家思想的利用分为三种方式，一是窃用儒学名词诠释天主教的名词，如利玛窦在《天主实义》中把含义深广的"仁"（爱人）与天主教的"爱"（爱天主）等同起来。二是引述《论语》、《诗经》等儒家经典中圣人的事迹佐证天主教教义。例如，白晋用西方神学里关于神灵启示的古老的"秘义说"（Hermetism）阐释《诗经》中的诗句，称圣子耶稣诞生的秘密也见之于《诗经·大雅·生民》。白晋把《诗经》中的人与《圣经》中的神相类比，说诗中的"姜原"就是圣母玛丽亚，"后稷"就是耶稣基督，这首诗记载了她出门做祭祀时，在天神（姜原的丈夫）的感召下，踩了他的足迹，令神进入其体而怀上后稷的过程；而《圣经》也记载了耶稣如何在冬季奇迹般地诞生，以及第一次尝到人世间痛苦时失声啼哭等情景。三是引述儒家经典中的章句来佐证天主教义理。如用"世有哲王，三世在天"①来佐证天主教有神灵意志的"天堂"的存在②，从而把天主教的唯一神宙斯（Deus）和我国先民神祇观念中的"天"、"上帝"等同起来③。传教士的著述，实际上是以儒家思想注释基督教教义的过程。在此相互阐释的过程中儒学伦理思想和天主教神学思想发生了一定程度的交汇。当然，这种交流并不是目的性的，而是策略性的，是传教士们为了使中国民众容易接受天主教教义而采取了"合儒"的传教策略，因此这种交流也可以说成是西方传教士在试图向中国民众传播天主教教义的过程中产生的一种副作用。西方汉学家的著述则与传教士不同，其动机不再是神学研究，而主要是以儒家经典为对象的历史文化学、社会学、哲学等研究。例如，英国汉学家修中诚（E. R. Hughes）的《中国古代哲学》，美国汉学家南乐山（Robert Cum-

---

① 《诗经·大雅·下武》。
② 利玛窦：《天主实义》第六篇。
③ 刘耘华：《诠释的圆环：明末清初传教士对儒家经典的解释及其本土回应》，北京大学出版社2005年版。

mings Neville）的《波士顿儒学》①，当代美国汉学家安乐哲（Roger T. Ames）的《自我的圆成：中西互镜下的古典儒学与道家》、《孔子哲学思微》等，就属于儒学哲学研究。这些论著在内容上不像传教士那样牵强附会，而是客观和全面得多。

第二种类型以传教士和汉学家翻译儒家经典著作作为基本特征。16世纪以来，西方传教士和汉学家把《四书五经》翻译成拉丁文以及其他各种文字。例如，利玛窦翻译了论语的部分章句，名为《孔子的伦理：一个在我们基督徒的主和救星耶稣基督降生五百年以前就已达思想巅峰的中国哲学家，其教导至今仍为中华民族奉为最佳人生指南》（*The Morals of Confucius, A Chinese philosopher, who flourished above Five Hundred Years before Our Lord and Saviour Jesus Christ, Being one of the Choicest Pieces of Learning Remaining of that Nation*）。传教士翻译儒家经典的目的并非出于纯粹个人兴趣，亦非出于对儒家思想的衷心认同，而是出于宗教目的。他们这样做，不外乎是让西方以教皇领导的各宗教集团了解中国的儒家思想同天主教义理的相通之处，以便获得教会的支持，使他们能在中国实行"合儒"传教策略。

汉学家翻译儒家经典与传教士不同，他们更注重学术研究。如英国汉学家阿瑟·韦利（Arthur Waley）由于其翻译活动正处在西方文化人类学发展如火如荼的时期，因此受人类学方法论的影响较大，其译文明显带有人类学研究和文学研究的特征，并出现了一些偏差。再如，瑞典汉学家高本汉（Bernhard Karlgren，1889—1978）的《诗经》英文译本学术性则更加突出。

20世纪下半叶以来，尤其是我国改革开放以来，随着世界政治格局和经济形势的不断发展变化，往日经济落后的中国在亚洲和世界范围内逐步崛起，吸引了西方研究者的目光，世界各地

---

① Boston Confucianism. SUNY, 2000.

中国学迅速发展，研究中国问题的西方学者较以前人数大增，研究范围日广，成果日丰。例如，在美国，"波士顿儒家"就是一支享誉全球的研究力量，成就卓著。

近年来，儒家思想的对外传播增加了两个新的渠道，其中之一就是世界范围内的孔子学院。根据国家汉语国际推广领导小组办公室最新统计资料显示，截至 2008 年 3 月，已经启动建设了 238 所孔子学院（课堂），分布在 69 个国家和地区，其中美国的孔子学院已经建了四所，而且孔子学院在全球正不断升温，规模不断扩大。① 这些学院旨在开展汉语教学和中外教育、文化等方面的交流与合作。儒学传播当然是其主要内容之一。这一传播渠道无疑有助于加快儒家思想传播速度，有利于把儒家思想更准确和全面地传播到西方社会中去。

另一个传播渠道是互联网。目前国内外已经建立了数十个网站，设置网上论坛，就儒学问题进行研究或者结合时代需要对儒学内涵进行现代阐释。国内有些国学网站的网上论坛，学术气氛很活跃，有的网站学术争论的稿件一天就能交流近千篇。有的网站同时设有英文版本，把儒学研究新成果同时传送给世界各地的读者。国外有些汉学或儒学研究机构也设置自己的网站，发布研究成果，推动学术交流，还有的网站则登载儒家经典的西文译本。这些网站对传播儒家思想文化都起到了重要的作用。

作为 16 世纪以来最主要的传播途径，在近 400 年的历史中，对翻译和著述总体效果本身的研究情况如何呢？据考察，儒家经典在翻译的过程中，有许多人为的歪曲和舛误。发生这些歪曲和舛误的原因、方式、程度及其影响是什么？现代西方人眼中的中国儒家伦理究竟是什么？他们对中国儒家伦理的认识和理解是否

---

① 见 www. hanban. edu. cn/cn_ hanban/kzxy. php。

符合本来面目？美国著名儒学研究者杜维明曾说，一种思想，一种文化，当传播到外国以后肯定要发生变化，它必然要与当地的社会与文化融合在一起，从而在异国文化中扎根。王蒙也持同样的观点。那么，我们今后应该如何对待儒学的翻译与传播中的这些异化问题？是纠正这些异化，还是任其自然发展？若需纠正，方法如何？新的传播手段应该怎样巩固和发展？我们将来如何更好地传播儒家思想？等等。这些问题都尚待研究。

第一节 国内外研究现状概述

近年来，国内外宗教哲学界以及翻译界对《四书五经》等儒家经典的翻译与传播问题的研究呈现出不断加强的趋势。关于儒家经典的翻译研究论著，我们收集到了论文 50 多篇，中外文相关研究著作 70 多部。

马祖毅[①]和顾彝[②]对《论语》、《中庸》、《大学》的海外版本进行了研究，指出了许多问题。例如，顾彝指出 1687 年在巴黎出版的《论语》的最早西文版，即拉丁文的《中国哲学家孔子，用拉丁文解释中国人的智慧》（*Confucius Sinarum Philosophus, sive Scientia Sinensis Latine Exposita*），该书的编者是耶稣会会士柏应理（Philippe Couplet）、殷铎泽（Intorcetta）、恩理格（Hendtricht）、鲁日满（De Rougemont）和皈依的年轻中国教徒沈福宗。此书基本上是《论语》的完整译本，是在利玛窦选译本的基础上再经过至少 17 个不同国籍的耶稣会会士的研究和大量修订，最后才由柏应理等五人编著成书。再如，1688 版《论语》法文版《中国哲学家孔子的道德箴言》（*La Morale de Confu-*

---

① 马祖毅：《汉籍外译史》，湖北教育出版社 1997 年版，第 34—45 页。
② 顾彝："《论语》在海外的传播"，《北京图书馆馆刊》1999 年第 2 期。

cius, *Philosophe de la Chine*）和 1691 年英文版《孔子的伦理：一个在我们基督徒的主和救星耶稣基督降生五百年以前就已达思想巅峰的中国哲学家，其教导至今仍为中华民族奉为最佳人生指南》（The Morals of Confucius, A Chinese Philosopher, Who Flourished above Five Hundred Years before the Coming of our Lord and Saviour Jesus Christ, Being One of the Choicest Pieces of Learning Remaining of that Nation）事实上都不是翻译，只是 1687 年利玛窦拉丁文版本的概要而已。尽管书中相当详细地论述了《中庸》和《大学》的基本内容，但严重扭曲了原书的本来面貌。顾彝还指出了 19 世纪初新教传教士们在《论语》版本中把儒学与基督教教义混淆的情况，如传教士学者麦华陀（W. H. Medhurst）于 1840 年完成的一个版本中，把《旧约》和《新约》的段落插入到《论语》之中，对其道德宗教意义加以阐发。

近十年来，翻译研究界对儒家经典翻译进行了批评性研究。刘重德①指出，韦利的《论语》译文中值得商榷者有 45 条，见仁见智者 41 条，优劣互见者 19 条。何刚强②对韦利《论语》译本的批评较为严厉，认为由于"译者对先秦古文字在理解与解释上出现偏差，没有能把握住原文原字实际所表达的事物或思想"，结果"至少有二十六章完全译错，即译文与原文完全是牛头不对马嘴"，"韦译全部错译与部分错译合起来占一百二十六章左右，大约要占到整部《论语》篇章的百分之二十五。因此，韦利《论语》的总体质量以今天的眼光来看并不是太高"。程钢③对理雅各和韦利译

　　① 刘重德："《论语》韦利英译本之研究——兼议理雅各、刘殿爵英译本"，《山东外语教学》2001 年第 2 期。
　　② 何刚强："从 Arthur Waley 的译本悟《论语》的英译之道"，《上海翻译》2005 年第 2 期。
　　③ 程钢："理雅各与韦利《论语》译文体现的义理系统的比较分析"，《孔子研究》2002 年第 4 期。

本作了比较研究，指出理雅各对《论语》的理解受到了中国宋明理学正统见解的影响；韦利则更多地受到了清儒的影响。他不赞成理雅各以宋明理学为依据的解释。柳存仁①从训诂学角度批评西蒙·利斯（Simon Leys）译本的臆测之弊，指出"若多参前贤注疏，及不同时代论著之业绩，博闻而敏求之，则义理（思想）、考据（文字训诂）之功，可以思过半矣"。周发祥从由西及中、中西映衬、以西说中和中为西用四个方面评价了西蒙·利斯（Simon Leys）的译本，认为"利斯旁征博引、贯通中西的做法代表着西方汉学研究的一种深化。对西方读者而言，这样做可借近喻远、以易解难之便使他们得以容易地接触并理解中国文化；对中国读者而言，这样做则使我们在同样得以深入理解中国文化的同时，也得以更深刻地把握中国传统文化的世界意义和现实意义"。其中包含了对利斯"旁征博引"，"借近喻远"，中为西用的做法的理解和宽容。这些批评都较客观地反映出了儒家经典翻译中普遍存在的问题。也有一些翻译评论不够客观和中肯，对有些译本有过誉之嫌。例如，"以神通之，经之以思想，纬之以形态，这些译文有的犹如原著，语出警策，可资格言。虽为散文之体，实则于视觉上具诗词形式美，于听觉上擅诗之节律美"②；"韦利的其他译作尚有许多缺憾，但所译《论语》却相当完美"③；等等。可能与研究批评的角度较单一有关。

　　对于儒学在西方的传播与影响研究，近年来成果颇丰。沈福伟《中西文化交流史》④从新石器时代的文化传播开始一直到20世纪30年代西方国家掀起中国艺术热潮，追本溯源，作了比

---

　　① 柳存仁："百年来之英译《论语》其———读西蒙·李斯译《论语》"，《国际汉学》1999年第4期。

　　② 陈飞亚："简评理雅各英译《论语》"，《陕西中医函授》1999年第4期。

　　③ 柳士军："Waley英译《论语》赏析"，《信阳师范学院学报》2002年第4期。

　　④ 沈福伟：《中西文化交流史》，上海人民出版社2006年版。

较系统的研究。本书的第十章有两节内容涉及了 18 世纪《四书五经》的西译史，并对儒教和欧洲启蒙运动的历史关联作了分析研究。但这部分研究仅是整个交流史研究的一小部分而已，由于全书在整体结构上比较宏观，这部分的研究仅限于 18 世纪的《四书五经》西译史，仅列出了殷铎泽、马若瑟、孙璋、宋君荣等几个传教士对《四书五经》的翻译和著述简况。马祖毅的《汉籍外译史》① 第二章从翻译学的角度，比较系统地介绍了儒家各典籍在世界范围内的研究和翻译状况，包括译者身份、翻译年代、译本名称、翻译效果评述、译本传播情况等内容。本研究以宏观的翻译史研究为主要目标，并且对翻译过程和社会背景进行了描述，但因为本书以述史为主，所以对译本的具体内容，以及翻译中的具体问题几乎没有涉及，书中对某些译本的评价因此也不够客观。张西平的《他乡有夫子》和《欧美汉学研究的历史与现状》是两部汉学研究论文集，书中收集了中国和欧美各国的汉学研究论文，注重对欧美汉学进行个案研究。从这部书可以了解到当代欧美汉学研究的基本路向和热点问题。顾长声的《从马礼逊到司徒雷登——来华传教士评传》一书是对 18 世纪到 20 世纪来华传教士传教生涯的评传。本书主要介绍了这一时期包括马里逊、理雅各在内的主要传教士的生平，以及他们在我国所从事的主要活动。书中涉及 32 个传教士，跨时近 200 年。内容比较丰富。但关于有些传教士的研究资料略显单薄。尤其是对传教士的有关儒家思想传播活动没有进行具体深入的研究。顾长声还翻译了《马礼逊回忆录》，虽然该书是一部译著，却相当于对马礼逊一生传教生涯深入的研究，富有研究资料价值。许明龙编著的《中西文化交流的先驱——从利玛窦到朗世宁》一书，对 23 名传教士的生平以

---

① 马祖毅:《汉籍外译史》，湖北教育出版社 2001 年版。

及文化交流活动和贡献进行了研究。本书的研究较为深入，内容涉及了传教士对中国文化的态度，以及思想上所受中国文化影响的程度。比如对孟德斯鸠和伏尔泰的研究，使我们了解到儒家思想在 19 世纪以前曾经对西方思想体系产生的影响。洪天富翻译了马克斯·韦伯著的《儒教与道教》一书，该书向我们展示了马克斯·韦伯对儒家思想和道家思想的研究和解读，对我们研究西方对儒家思想的接受状况很有参考价值。何培忠主编的《当代国外中国学研究》介绍了包括美国、加拿大、英国、日本、韩国等世界上几个主要国家的中国学研究发展状况，包括研究机构、研究条件、研究方法、研究内容、研究历史等，总结了各国中国学的研究特点，对我们了解世界各国对我国社会文化关注和研究的热点和基本状况，很有参考价值。但该书对世界各国对儒家思想的基本态度和研究内容，未做具体深入的研究。当代对儒学传播有出色研究的外国学者当属前波士顿大学神学院院长南乐山（Robert C. Neville），2000 年他出版著作《波士顿儒家——现代晚期的可行传统》，该书汇总了作者近年来的儒学研究成果，并阐发了作者的一些新观点。书中对儒学的传播提出了较为独特的看法，认为在儒学中有所谓"本与枝"的问题，"本"代表儒家的源头活水，"枝"代表儒家思想在其他地区的传播。在传播过程中，儒学必须参与到与其他人类文化传统的对话中，特别是当代世界哲学的对话中，并在此过程同时进行自我改造和发展。作者认为，"儒学不可能永远保持一种形态，必定会在不同的文化土壤中发展出不同的新形式来"。书中指出，20 世纪以来儒学在经过熊十力、冯友兰、牟宗三、唐君毅等人的发展之后，于今在西方（主要是美国）形成了一个新的儒学群体，并诞生了"解释型"、"规范型"、"架桥型"三种不同的类型的中国哲学研究者。其中第三种研究者以西方现当代文化思想为背景，致力于对儒学一系列价值的现代阐发，从中引出一系列对现代西方哲学和社会文化具有批判性和启发性的思想来。① 本书对西方儒学研究的主流动向把握准确，也对我们今后的儒家思想对外传播工作颇具启发意义。

　　儒家思想在西方的影响研究总的来说比较少，但仍可以读到一些这方面的研究著作和文章。法国当代汉学家谢和耐所著《中国与基督教——中西文化的首次碰撞》研究了明末清初以利玛窦为代表的早期传教士与中国文化的交流和碰撞，论述了他们在儒教和基督教两教之间所作的嫁接和由此产生的文化错位。谢和耐的观点代表了在传教士与中国文化的问题上当代汉学的主流观点，比较客观和深刻，是一部深入到中西宗教伦理和意识形态交流与碰撞的之内的研究著作，学术价值较高。孟华的“‘欧洲的孔子’——伏尔泰”一文，对法国生命哲学家伏尔泰的启蒙思想的产生根源进行了研究，认为其来自孔子的“仁”本思想。作者认为，伏尔泰崇尚社会和平与安宁，反对“无耻之战”，以儒家的“简朴、明智、庄重”来反对基督教的荒诞不经，这一切都源自他对孔子十余年的潜心研究，是伏尔泰用孔子的“仁”本思想的呐喊，“将欧洲人从封闭的‘西方中心论’中震醒”。刘立群的“最早研究中国文化和中国哲学的德国人——莱布尼茨”研究了《易经》对莱布尼茨所产生的重大影响。文章以莱布尼茨对中国文化产生崇拜开篇，继而研究了莱布尼茨对中国哲学、中国文字的态度和观点，尤其是《易经》的卦象与莱布尼茨二进制算法的关系，并且，对于后者，作者还从莱布尼茨与白晋的通信中找到了详细而确凿的证据。② 曹增友的“饮誉欧洲的

---

　　① 方朝晖：儒学在美国：动向与反思 http：//www. ica. org. cn/content/view _ content. asp？ id ＝ 5821（2006－1－17 13：03：59）。

　　② 许明龙：《〈中西文化交流先驱〉——从利玛窦到朗世宁》，东方出版社1993 年版，第 201 页。

汉学家宋君荣"一文对宋君荣的《书经》翻译和研究有较为详尽的论述，认为宋君荣吸收了书中治国安民修身之道，在其向法国政府发回的中国调查报告中对法国政府的对话政策都产生了重要的影响。这些文章都收集在了许明龙编纂的论文集《〈中西文化交流先驱〉——从利玛窦到朗世宁》①中，是较有意义的儒家思想影响研究。方朝晖的连载文章《儒学在美国：动向与反思》，深入研究了新儒学在美国的研究与传播状况，较为全面深刻。

以往的研究都是十分有价值的。但是，我们也发现，在儒家经典的翻译研究中，百分之九十以上是在以这些经典文本的翻译为个案来研究翻译学问题，比如研究翻译的一般规律等。研究者所持的研究角度多是语言学的，或者是翻译学的，对其中的语言转换机制与效果关联问题关注较多，而对这些典籍的思想内涵的翻译效果总体上不够注重。也就是说，以往的儒家经典翻译研究中，持儒学角度者比较少。同时，儒家思想在西方的传播和影响方面的专门研究论著较少，在现有研究中，一般只限于对传教士和汉学家译著论著的研究，对译著论著以外的传播途径、传播效果，以及对社会各阶层公众所产生的影响都缺乏专门研究。因此，儒家思想在西方的传播与影响方面仍存在较大的研究空间。

鉴于以上研究状况，本书关注的问题主要集中在两点：一是儒家主要经典翻译（主要是英译）的宏、微观状况；二是儒家思想在西方社会的传播状况，以及对西方社会，尤其是当今西方社会的影响状况。因此，在翻译研究上，本书主要选择《大学》、《论语》、《孟子》、《中庸》和《荀子》五部经典，首先对其文本章句的翻译状况逐一进行调查研究，并选出典型翻译实例

---

① 许明龙：《〈中西文化交流先驱〉——从利玛窦到朗世宁》，东方出版社1993年版。

进行分析。其中有一般性译例（见第三章），也有关于儒学基本概念的专门译例（见第四章第一节）。囿于篇幅，虽然从每部典籍中选出的译例数量有限，但基本能够反映典籍翻译的总体状况。对译例中存在的问题，力求从历史文化的角度出发，做出深入透彻的分析。在传播研究方面，突出儒家思想在当代西方社会的传播方式和影响效果分析，结合对现代儒学传播手段的研究，遵循传播学的一般规律，以期提出儒家思想在当代西方社会的传播战略。

第二节　儒家思想翻译与传播的研究意义

我们为什么要进行儒家思想在西方的翻译与传播研究？

第一，翻译传播儒家思想是塑造良好国家形象的有效手段。

当今世界，文化在一个国家的综合国力竞争中的地位和作用日益突出，它与经济、政治相互交融，与科技发展紧密结合。《国家"十一五"时期文化发展规划纲要》提出，在复杂的国际环境中，要赢得国际竞争，不仅需要强大的经济实力、科技实力和国防实力，同样需要强大的文化实力。党的十七大为加强我国文化建设、繁荣文化事业提出了明确要求：要加强对外文化交流，吸收各国优秀文明成果，增强中华文化国际影响力；要大力发展文化产业，繁荣文化市场，增强国际竞争力。如今，全球化的浪潮席卷了世界各个角落，世界各国正在通过对外文化传播来努力使本国文化融入到世界主流文化结构中去，由此奠定本国在国际社会上的形象，促使本国获得国际社会的积极认同。儒家思想作为中国文化的核心价值观，充分体现了中国的"软实力"（soft power），成功地对外传播儒家文化，有助于激发民族生命力，增强民族凝聚力，提高民族创造力，在国际竞争中占据制高点，掌握主动权；有助于树立中国的文化大国形象，从而进一步提升我国的"软实力"和综合国力。

　　第二，当今世界迫切需要儒家思想倡导的价值观。

　　20 世纪以来，由于种种历史原因，人类世界陷入了价值观念的空前失落和混乱之中。20 世纪上半叶，两次世界大战将西方两三百年间积累起来的物质文明与精神文明破坏殆尽。维持近代西方精神家园的自由、平等、博爱、法制、人权观念，被专制、暴政、战争、迫害、杀戮的残忍现实所粉碎，传统的西方人文价值观遭到了普遍的怀疑。20 世纪 60 年代以后，西方社会出现了转机，经济相对稳定发展，资本主义生产方式获得了世界性的扩张，形成了以西方为主导的世界体系。但物质上的满足并没有给西方人带来心灵上的安宁。20 世纪末以来，全球化的飞速发展带来了种种问题，西方国家在推行文化霸权的过程中遭到了越来越多的挑战；发展中国家在对本民族文化感到焦虑的同时，对西方文化也产生了失望；礼崩乐坏，旧的道德秩序日渐崩溃，新的道德秩序亟待确立。1993 年，在美国芝加哥召开的世界宗教大会，发表了《走向全球伦理宣言》。与会的宗教界人士认为，"若无一种伦理方面的基本共识，任何社会迟早都会受到混乱或专制的威胁；若无一种全球性的伦理，就不可能有更美好的全球性秩序"[①]。他们提出了两条基本原则，其中一条就是儒家的"己所不欲，勿施于人"；另一条是人道原则，即把人当人看，而不把他当物看，即使是敌人也要承认他是人。杜维明先生认为可把它翻译成"己欲立而立人，己欲达而达人"，这样一来，全球伦理的两条基本原则就是儒家的"忠恕之道"。[②] 另外，全球伦理所倡导和争取的"仁爱"、"公正"、"平等"、"和谐"、

---

　　① 孔汉思、库舍尔：《全球伦理》，四川人民出版社 1997 年版。
　　② 杜维明："人文精神与全球伦理"，载《人文论丛》（1999 年卷），武汉大学出版社 1999 年版。

"人道"、"宽容"、"信任"、"忠诚"、"义务"、"责任"、"自我约束"、"尊重生命"等原则也都可以在儒家伦理中找到。事实上，中国文化能够历经五千余年的发展而绵延不断的原因就在于其核心价值具有先进文化特性，在于其人性化、人情化倾向所具有的穿透力和生命力，在于它所具有的永恒的普世价值，它与近现代西方的人道主义思想和精神在根本上是融通和一致的。儒家思想倡导的价值观已经受到全世界的重视，并逐渐成为人类建立新的道德秩序的迫切需要。

第三，儒家思想在西方的翻译中存在的问题亟待解决。

从现代解释学理论和语言哲学的观点来看，翻译是不可能百分之百地忠于原文的，即使译者以忠实为根本原则，也是如此。更何况外国译者在翻译过程中面临多重障碍，有语言障碍、文化障碍以及读者障碍，等等。因此，儒家思想在西方的翻译中必然存在许多问题，这些问题既包括曲译、误译，也包括改译、假译等现象。由此带来的直接后果将是造成西方民众对儒家思想产生误读。本研究将全面考察儒家经典的翻译状况，掌握翻译文本的基本内容和质量，并从跨语言文化角度重新审视现有翻译文本中存在的各种问题，弄清原著和译著之间的差异和造成这些差异的根本原因。而对这些问题详细全面地了解和掌握，将使我们从中弄清究竟西方在何种程度上了解和接受了儒家思想，如何才能在今后的重译工作中解决这些问题。而且，通过研究现有翻译文本，我们可以从中吸取合理的、好的翻译方法，集众家之长，提高重译的质量。

第四，儒家思想在西方的传播效果亟需改善。

尽管中西文化交流已进行了近五个世纪，但时至今日儒家思想对西方社会的影响并不明显，传播效果不佳。本研究发现，西方国家的普通民众对儒家先哲以及儒家思想核心概念的了解整体偏低，对儒家思想的接受情况与我们预期的相差甚远。这其中既有典籍翻译困难等客观原因，更有传播方式、传播途径和传播技术等方面的失误。本研究所关注的焦点是儒家思想传播的组织问题、渠道问题、方式问题以及效果问题，而我们的最终归宿是以完整准确的儒家思想满足建立世界新道德秩序的需要，为构建和谐美好的世界提供可资借鉴的价值观。通过这项研究，将初步了解儒家思想在当代西方世界的传播和影响状况，发现存在的问题，总结成功的经验，从而制定实施更为科学、有效的传播战略，把中国文化对外传播的事业推向前进。研究儒家思想的传播问题，重点在于当代。在全球化飞速发展的今天，在这样一个危机和机遇并存的时代，人们已经深深感到人类共同存在的必要性，而且正在寻找这种共存共在的最佳途径；人们期望世界的和平与稳定，期望一个和谐世界的诞生；而儒家思想可以成为帮助人们建立这样一个美好世界的法宝。通过对儒家思想在西方的传播问题的研究与实践，最终会使以儒家思想为核心的中国文化屹立于世界优秀文化之林，使儒家思想的真理性和普世性为世界各个民族所接受，为构建和谐世界做出积极贡献。

第五，"和而不同"是文化全球化的最佳选择。

文化全球化是指不同文化在全球层面上大规模的交流与互动状态，并在这个过程中相互吸收、相互借鉴而促进文化的共同发展。它是一种跨文化间的对话交流过程，是各种文化通过平等交流而共同维护关系到人类社会的共同利益的一些基本文化价值，是多种文化通过冲突和对话而形成的新的文化格局。2005 年 4 月 22 日，胡锦涛主席在参加雅加达亚非峰会时提出，亚非国家应"推动不同文明友好相处、平等对话、发展繁荣，共同构建一个和谐世界"。构建和谐世界，主张多元化，强调事物的辩证统一，也就是说，无论东方文化还是西方文化，两者相互依存，任何一方都没有绝对的力量、也不可能取代对方。文化全球化绝不是推行文化霸权主义，而是东西方文化交流融合的过程，这一交融的结果将使每种文化在保持特色的同时获得更好地发展。儒家文化是中国文化的代表，是世界多元文化中不可或缺的一员，理应在世界文明对话和交流中发挥积极作用。当然，我们研究儒家思想的翻译与传播，目的并非把儒家思想变成普世性思想，更不是将其变成统治整个人类思想的工具，因为这样的普世性思想工具根本不存在。我们研究儒家思想的翻译与传播，目的是让中国儒家思想文化在世界民族文化的百花园中更加绚丽多彩，形成"和而不同"的全球民族文化格局。在当今世界各个思想体系中，虽然不存在普世性的思想工具，但却存在着一套指导人类生活的共同核心价值，这套共同的价值就是人类的和谐与进步、世界的和平与发展。在关键历史时刻，儒家思想当努力发掘并发展自己的精华，勇于当此大任，为全人类的和平与和谐发展作出自己应有的贡献。若此，国家幸甚！民族幸甚！苍生幸甚！天下幸甚！

第二章 儒家思想源流

中华传统文化是多源发生、多维发展，众多思想成分相互激荡的一种复合型文化。其中儒家思想至今对人们的思想和社会生活仍有着深刻的影响。儒家思想不仅对于中华民族性格的塑造以及中国社会历史的发展和变化起着主要作用，而且其传播和影响超出了时代和国家的局限，对世界其他国家和地区人民的精神生活也产生了重大影响。

儒家思想在我国两千多年的流传过程中几经变迁，每个时代都有新思想注入其中，因此学术界将其分为儒学和儒教两阶段。① 孔子至荀子的思想"不语怪力乱神"，只言人伦纲常，故称"儒学"。汉以降，董仲舒把孔子学说与传统宗教相结合，讲求天人感应，汉武帝"罢黜百家，独尊儒术"，政教合一，于是儒学逐渐蜕变为儒教。

在西方，儒家思想的传播集中在儒家的先秦部分，即《四书五经》，也就是儒学部分。本章将就儒家思想及其源流进行必要的梳理。

第一节 儒家思想概述

儒家思想包括三个部分，即孔子思想、孟子思想和荀子

---

① 李申：《儒学与儒教》，四川大学出版社 2005 年版。

思想。

一 "仁爱"之学

孔子，名丘，字仲尼，生于公元前 551 年，卒于公元前 479 年，春秋战国时期鲁国人。孔子是中国、乃至世界历史上最伟大的思想家之一，儒家学派的开创者，所谓"天不生仲尼，万古长如夜"，乃是中国历代妇孺皆知的"圣人"。

在孔子庞大的思想体系中，伦理思想占据着核心和基础的地位。伦理思想是孔子创立其他思想的基础。因此，认识孔子的思想，必须从深入认识其伦理思想开始。

孔子伦理思想也是十分庞杂的，内容包罗万象。但其伦理思想的核心归纳到一点就是"仁"，或称"仁爱"。"仁"字并不是孔子所创，它在春秋初期即已出现。但在孔子之前，"仁"只是一个笼统的道德规范，泛指人的内在美德。孔子继承了在他之前的"仁"字所具有的基本含义，加以归类整理，创建了自己的仁学体系。从集中反映孔子伦理思想的《论语》一书来看，"仁"字出现了一百零九次之多，其中作为道德意义的"仁"就有一百零五次。"仁"字不仅次数出现较多，而且在地位上孔子也给予了高度重视，所谓"道仁，仁与不仁而已"。[①]

对于何为"仁"，孔子从多个角度给予了解释：

（1）子曰："刚、毅、木、讷近仁。"[②]

（2）颜渊问仁，子曰："克己复礼为仁。一日克己复礼，天下归仁焉。"[③]

（3）子张问仁于孔子。孔子曰："能行五者于天下为仁矣。"

---

① 《孟子·离娄上》。
② 《论语·子路》。
③ 《论语·颜渊》。

"请问之。"曰："恭、宽、信、敏、惠。恭则不侮，宽则得众，信则人任焉，敏则有功，惠则足以使人。"①

（4）子贡问仁，子曰："工欲善其事，必先利其器。居是邦也，事其大夫之贤者，友其事之仁者。"②

（5）仲弓问仁，子曰："出门如见大宾，使民如承大祭。己所不欲，勿施于人。"③

（6）"夫仁者，己欲立而立人，己欲达而达人。"④

（7）子曰："仁者必有勇，勇者不必有仁。"⑤

（8）子曰："志士仁人，无求生以害仁，有杀身以成仁。"⑥

……

从上述言论记载来看，孔门"仁学"体系的范围十分宽泛，它既包括"刚、毅、木、讷"的性格，还包括"恭、宽、信、敏、惠"的品德。同时，爱人、忠恕、孝、悌、礼、让、中庸、信、义、勇等道德规范，也属于孔门仁学的范畴

在孔子的眼里，"仁"的核心是"爱人"。当樊迟问仁时，孔子回答说："爱人。"他还说，"泛爱众，而亲仁"⑦。据《论语·乡党》记载："厩焚，子退朝。曰：'伤人乎？'不问马。"马棚失火了，孔子首先想到的是有没有伤到养马的人而不是有没有伤到马。在当时，养马人被称做"圉"。据记载，当时的社会等级次序是王公、大夫、士、皂、舆、隶、仆、台、圉、牧等，圉是最下等的阶级之一，其地位甚至低于奴隶。而在西周时，一

① 《论语·阳货》。
② 《论语·卫灵公》。
③ 《论语·颜渊》。
④ 《论语·雍也》。
⑤ 《论语·宪问》。
⑥ 《论语·卫灵公》。
⑦ 《论语·学而》。

匹马加一束丝就可以换来五个奴隶，而且，当时还有"礼不下庶人"的传统。在此种社会现实下，作为士的孔子能够做到"问人，不问马"，是很难能可贵的。这说明，孔子的"爱人"的范围是非常广泛的，既包括贵族，也包括平民，甚至还包括奴隶，即对一切人都予以承认，并尊重他们的人格尊严。这对孟子的"民为贵，社稷次之，君为轻"的民本思想也有一定的影响。

另外，值得一提的是，孔子的仁学体系中，还提出了处理父子、夫妇、兄弟、君臣、朋友五大关系的准则，即五伦。他设置了每个人在生活中的位置，规定了最基本的人伦关系，即长幼有序、尊卑有别。具体而言，就是在国家政治生活中要做到"君君、臣臣"，也就是说君要像君，臣要像臣，做到"君使臣以礼，臣事君以忠"①，孔子尤其看重后者，即臣子对君主的忠诚。在处理父子、兄弟的家庭关系时，孔子要求做到父慈、子孝、兄友、弟恭。他尤其强调孝与恭，他曾对弟子说："今之孝者是谓能养。至于犬马，皆能有养；不敬何以别乎？"② 同时，他还要求年轻人懂得悌的道理，正所谓"弟子入则孝，出则悌"③。对夫妻和朋友关系，孔子着重讲了后者，对朋友，他主张"信"，即"与朋友交，言而有信"④；在选择朋友上，他主张交益友与净友，忌损友、佞友，认为朋友之间应该恳切、勉励。孔子提出的五伦关系的准则，抛开其消极成分，他所强调的长幼有序、孝敬父母、尊敬老人、兄弟友爱、夫妻和谐、朋友互助等，是人们应具备的最起码的道德规范，体现了"仁"的价值标准，有一定的积极意义。

---

① 《论语·八佾》。
② 《论语·学而》。
③ 同上。
④ 同上。

　　总体而言，作为孔子伦理思想核心的"仁"，有三个层次：第一个层次是对个体精神价值的追求。孔子是十分珍惜和尊重个人生命的，但他所追求的是生命的精神价值，而非仅仅是躯体。他说："志士仁人，无求生以害人，有杀身以成仁。"① 因此，必要时献上自己的躯体，来实现自己的精神追求，才是真正实现了"仁"。《微子》记载，殷商末年，纣王无道，以至"微子去之，箕子为之奴，比干谏而死。"孔子曰："殷有三仁。"因微子、箕子、比干以不同的方式实现了自己的精神价值，孔子称他们是"仁"。"仁"的第二层次是对父母兄弟的热爱。孔子说："君子务本，本立而道生，孝悌也者，其为人之本欤!"② 这里的"孝悌"就是指孝顺父母，尊敬兄长。孔子认为只有如此，才能保持良好的社会风尚，维持社会的稳定，达到"犯上作乱者，鲜矣"的社会局面。由此类推，就得出了孔子"仁"的第三个层次，那就是"泛爱众而亲仁"，这也是仁的最高的价值追求。孔子认为"博施于民而能济众"，不仅仅是"仁"的标准，而且要达到圣了。《论语》中孔子很少将"仁"许于某个人，但他却认为投靠杀死主人的敌人的管仲是真正的仁者。这是因为管仲相齐桓公后，兵不血刃，辅佐其"九合诸侯"，"遵王攘夷"，抵御外侮，使广大人民避免了流血牺牲，他当然也就具备了"仁"的最高品德。

　　"仁"是一种优秀的品格，但如何实现"仁"呢？那就要重视道德修养和道德教化的作用。在孔子看来至少要做到两点：一是，人要有主动性，正所谓"仁远乎哉？我欲仁，斯仁至矣"③。这说明，"求仁得仁又何怨"？求仁应是内心的主动要求，是

---

① 《论语·卫灵公》。
② 《论语·学而》。
③ 《论语·述而》。

"我欲求仁"，而不是被动的接受；二是，在方法上要做到克己修身，加强德教。孔子认为要加强"仁"的修养，必须重视道德教化的作用，做到"见贤思齐焉，见不贤而内自省也"①。加强道德修养的基本方法就是"克己"，他指出"克己复礼为仁。一日克己复礼，天下归仁矣"②。

二　"性善"与"仁政"

孟子（约公元前 372—前 289 年），名轲，战国时期伟大的思想家，是继孔子之后儒家学派的又一主要代表，儒家学派承前启后的人物。他终生以卫孔为己任，继承和发展孔子的思想，提出了一套完整的思想体系，对后世产生了极为深远的影响，被尊奉为仅次于孔子的"亚圣"。

孔子去世后，儒学出现了分歧，古人所谓"儒分为八"③ 就是这种景况的写照。加之当时中国社会进入战国时期，在社会大变革的背景下，文化上出现了"百家争鸣"的现象。墨家、道家、刑名家的兴起，使得儒学的地位受到了严重冲击。孟子曾描述当时的社会现状："圣王不作，诸侯放恣，处士横溢，杨朱、墨翟之言盈天下；天下之言，不归于杨，则归于墨。"④因此，尽管当时儒家之徒仍散布天下，儒家学说也还有一定的影响，但是儒家在孔子时代的那种盛况已风光不再。在这种情况下，孟子自觉地继承了孔子的学说，致力于儒学振兴，使之发扬光大。孟子力图以他的理论，来实现正人心、息邪说、拒跛行、泯淫词，以承三圣⑤的目的。孟子的这些价值追求，在他的伦理思想中有

---

① 《论语·里仁》。
② 《论语·颜渊》。
③ 《韩非子·显学》。
④ 同上。
⑤ 同上。

鲜明的体现。

孟子作为儒家学说的开拓者，其学说的许多方面是对孔子理论的发展，如提倡仁政，主张孝悌等，但也有自己的独创，如人性本善的思想等。和孔子一样，在孟子庞大的思想理论体系中，伦理思想占据重要的地位。尽管体系庞杂，但孟子的伦理思想可以主要概括为两个大部分：一是性善学说；二是仁政理论。

在继承孔子的"性相近"基础上，孟子明确而具体地提出了人性本善的理论。正所谓"孟子道性善，言必称尧舜"①。"性善"学说是孟子思想的基础，其伦理思想就是建立在他的人性本善观点之上的。孟子认为，每个人刚生下来，在内心深处的本性中都有善的萌芽，有向善的共同天赋，这就决定了人性是善的。这种善不是外在强加的，而是人性中固有的。他说："人之性善也，犹水之就下也。人无有不善，水无有不下。"② 意思是说，人性向善的本性就好像水向下流那样。水没有不向下的，人没有不向善的，都是其本性所决定的。

那么人性的善又表现在哪里呢？

孟子进一步论证："恻隐之心，人皆有之；羞恶之心，人皆有之；恭敬之心，人皆有之；是非之心，人皆有之。恻隐之心，仁也；羞恶之心，义也；恭敬之心，礼也；是非之心，智也。仁义礼智，非由外铄我也，我固有之也，弗思耳矣。""无恻隐之心，非人也；无羞恶之心，非人也；无辞让之心，非人也；无是非之心，非人也。"③ 在孟子看来，人的善性，就是这些人性所固有的仁义礼智的品德，这也是人与动物的区别。

既然人自出生就具有"仁义理智"的善性，那么人们之间

---

① 《孟子·滕文公上》。
② 《孟子·告子上》。
③ 同上。

的道德差别又怎么解释呢？孟子意识到了这一个问题，他解释说每个人生下来所具有的只是仁义礼智的萌芽，即"四善端"。他说："恻隐之心，仁之端也；羞恶之心，义之端也；辞让之心，礼之端也；是非之心，智之端也。人之有是四端也，犹其有四体也。"在这里，"端"就是萌芽的意思，孟子把恻隐之心、羞恶之心、辞让之心、是非之心称为四种善"端"，即仁义礼智的萌芽，而不是直接称之为仁义礼智，这就更加确切地说明了所谓人性善并不是说人人天生就是善人，而只是说人性中有善的萌芽。既然是萌芽，这种善性就会有变化，可能发展，也可能倒退甚至变成恶。这种善端的发展或倒退，关键在于后天的培养。孟子就曾说"凡有四端于我者，知皆扩而充之矣，若火之始燃，泉之始达。苟能充之，足以保四海；苟不充之，不足以事父母"①。因此，孟子虽然肯定人性本善，但又认为人如果不能够认识和保存他所固有的善性，那么他就会离开善而陷于恶。那样就不能"保四海"，甚至都不能"事父母"。

虽然人性本来是善的，但是受到一些因素的影响也会变恶，那么如何保持和发展人的这种先天的善性呢？孟子认为，要使这种先天的善性得到扩充和发挥，人必须注意加强后天的修养。"人有恒言，皆曰：'天下国家。'天下之本在国，国之本在家，家之本在身。"② 意思是说：天下的根本在于国，国的根本在于家，家的根本在于个人的修养，一个人在社会上生活，必须修养自己的善良本性，保持自己的善良本心不丢失。

为了保持人天生的善端和良知良能，孟子提出了一系列修养方法。

第一，继承并发展了孔子"省"、"思"的内心修养方法，

①　《孟子·公孙丑上》。
②　《孟子·离娄上》。

提出了"存心养性"的修身学说。他认为要做到"存心养性"就必须从两方面做起：一是"养心寡欲"，不为外界物欲所引诱，而失去本心（即善性），如其所言"学问之道无它，求其放心而已矣"①，因此，古人云："学如逆水行舟，不进则退；心似平原走马，易放难收"；二是要进行内心的修炼，"吾善养我浩然之气"。何谓浩然之气呢？孟子解释："其为气也，至大至刚，以直养而无害，则塞于天地之间。其为气也，配义与道；无是，馁也。是集义所生者，非义袭而取之也。"② 因此，这种"浩然之气"实际上指的是伦理道德上的正气和气节，是一种内心的精神境界，通过修养最终达到一种正义在身，从而无所愧怍、无所畏惧，"上无愧于天，下不怍于地，中不惭于人"，内圣而外王的道德境界。

第二，强调对国民的道德教化，特别是君子和圣人的表率作用。孟子认为，人是分为先知先觉的圣贤和后知后觉的庶民的。只有君子和圣人才会自发地扩充发展这种先天的善性，庶民、野人则需要他们的启发。尽管这种观点是片面的，但它也从侧面反映了孟子对道德教育的重视。他说："人之有道也，饱食、暖衣、逸居而无教，则近于禽兽，圣人有忧之，使契为司徒，教以人伦。"③ "善政不如善教之能得民也。善政，民畏之；善教，民爱之。善政，得民财；善教，得民心。"④

在道德教育和自身修养方面，孟子更加注重后者，即自身的"内省"尤为重要。他提出："爱人不亲，反其仁；治人不治，反其智；礼人不敬，反其敬。行有不得者，皆反求诸己，其身正

① 《孟子·告子上》。
② 《孟子·公孙丑上》。
③ 《孟子·滕文公上》。
④ 《孟子·尽心上》。

而天下归之。"① 意思是说，如果我爱别人而别人不亲近我，这就要反问自己的仁心是否足够；我管别人而别人不受我管，就要反问自己是否明智；我以礼待人却得不到相应的回报，就应该反问自己是否恭敬。总之，对任何见不到预期效果的行为，都要首先从自己身上找原因。

在孟子看来，通过加强人内心的修养和道德的教化，人就能保持与生俱来的善端，并能达到最高的道德境界——仁义。

"仁政"理论，是孟子政治伦理思想的主要组成部分。如前所述，性善论是孟子思想体系的基础，他的"仁政"学说就是建立在性善论的基础上的。

孟子继承和发展了孔子的德治思想，发展为仁政学说，成为其政治思想的核心。他是"仁政"的集大成者，把实施仁政提高到极端重要的地位。他把"仁"与"不仁"，看作是"得天下"与"失天下"的关键。孟子说："三代之得天下也以仁，其失天下也以不仁。国之所以废兴存亡者亦然。天子不仁，不保四海；诸侯不仁，不保社稷；卿大夫不仁，不保宗庙；士庶人不仁，不保四体。"② 在他看来"仁政"的作用是非常巨大的，实行仁政可无敌于天下。"行仁政而王，莫之能御也。"③ 他还引用孔子的话予以论证："仁不可为众。夫国君好仁，天下无敌。"④ 借此说明仁政力量之巨大，是不能用人数的多少来衡量的。

孟子的"仁政"涉及内容十分广泛，具体分为六个方面：

第一，反霸道，行王道。孟子说，"以力假仁者霸"，"以德行仁者王"。⑤ 因此，仁政就是行王道，王与霸是对立的。孟子

---

① 《孟子·离娄上》。
② 《孟子·离娄上》。
③ 《孟子·公孙丑上》。
④ 《孟子·离娄上》。
⑤ 《孟子·公孙丑上》。

认为，"以力"（霸道）是不能使国家长治久安的，只有"以德服人"（王道），才能使民心悦诚服。

第二，"民贵君轻"。作为中国古代的一位大思想家，孟子非常重视人民的力量，提出了"民贵君轻"的理论。他说："民为贵，社稷次之，君为轻。是故得乎丘民而为天下。"① 这体现了朴素的民本主义思想。

第三，与民同忧、同乐。孟子认为君主要真正得到民心，使百姓敬爱自己，归服自己，必先爱民；切实做到忧民之忧，乐民之乐。他说："乐民之乐者，民亦乐其乐；忧民之忧者，民亦忧其忧。乐以天下，忧以天下，然而不王者，未之有也。"②

第四，"制民之产"，保障人民的物质生活需要得以满足。孟子看到了物质富足对社会安定的重要性，指出："民之为道也，有恒产者有恒心，无恒产者无恒心。苟无恒心，放辟邪侈，无不为己。"③ 因此，欲求得百姓之"恒心"，"必使仰足以事父母，俯足以畜妻子，乐岁终身饱，凶年免于死亡，然后驱而之善"④。

第五，重义轻利。尽管意识到物质财富的重要性，但在道德原则和物质利益的关系上，孟子还是"重义轻利"的，甚至主张"舍生取义"。他认为，人们重义，则会使国家安定兴盛；重利，则会使人们之间相互争夺，导致天下大乱。他把重义和重利作为区分善人和恶人的标准。

第六，尊贤使能。孟子把贤士抬到很高的地位，认为要治理好国家，必须重用善于治国的贤能之士，使其各尽所能，做到

---

① 《孟子·尽心上》。
② 《孟子·梁惠王下》。
③ 《孟子·滕文公上》。
④ 《孟子·梁惠王上》。

"贤者在位，能者在职"。为此，他要求统治者以"礼"待贤，所谓"悦贤不能举，又不能养也，可谓悦贤乎？"① 统治者不仅要在生活上照顾贤者，还要把他们提拔到高位。同时，孟子还主张选贤要慎重，要全面考察，不偏听偏信。"左右皆曰贤，未可也；诸侯大夫皆曰贤，未可也；国人皆曰贤，然后察之；见贤焉，然后用之。"②

三　"性恶"与"礼"

荀子，又名荀卿，是先秦时期继孔、孟之后最后一个儒学大师。荀子生活在大一统即将到来的前夕——战国时期，当时诸子百家的"争鸣"，各派的理论思想相互渗透。而荀子本人曾游历齐、楚、秦、赵诸国，阅历丰富，涉猎广泛，他批判地吸收各家之长，并融会贯通，最终成为"先秦诸子百家的集大成者"③。其思想对后世影响深远，成为中国封建社会的正统，正如谭嗣同所说："二千年来之学，荀学也。"④ 作为儒家学派的重要代表，荀子在承继儒家基本思想的基础上，形成了与孔、孟不同的价值观，他是先秦时期伟大的朴素唯物主义思想家，其唯物主义和辩证法的思想内涵于其整个思想体系中。

同孔孟一样，荀子的伦理思想是其整个思想体系的重要组成部分，内容庞杂。他既强调人的社会性，又重视人的自然属性。但概而言之，其伦理思想的核心主要有两点：第一，在道德起源上，他主张人性本恶；第二，在道德和法律的关系上，他主张隆礼重法。

---

① 《孟子·万章下》。

② 《孟子·梁惠王下》。

③ 陈瑛、温克勤等：《中国伦理思想史》，贵州人民出版社 1985 年版，第 161 页。

④ 谭嗣同：《仁学》二十九。

　　在人性的问题上，荀子的观点与孟子截然相反。他说："今人之性，生而有好利焉，顺是，故争夺生而辞让亡焉；生而有疾恶焉，顺是，故残贼生而忠信亡焉；生而有耳目之欲，有好声色焉，顺是，故淫乱生而礼义文理亡焉。然则从（纵）人之性，顺人之情，必出于争夺，合于犯分乱理而归于暴。"① 在荀子看来，"好利疾恶"的心理，"好声色"的情欲，才是人的本性；至于"辞让"、"忠信"、"礼义"等"善"的行为，并不是人生来就固有的，而是为了遏制人本性中的这些"恶"而刻意人为的，也就是荀子所说的，"必将有师法之化，礼义之道，然后出于辞让，合于文理，而归于治"②。

　　荀子的"性恶论"以人的自然本性为剖析对象，把人性解释为自然生成的人的本能行为，他说："生之所以然者谓之性。""不事而自然谓之性。"③ 可见，荀子所认知的性，是天然生成、自然具备的，是学不来的（不可学）；是"生而完成的性质或行为"。"凡性者，天之就也，不可学，不可事。"④ 因此，在荀子看来这种本性不可能具备道德上的善，只能是恶的，这是人的共性，任何人也不例外。他进一步论证说："凡人有所一同，饥而欲食，寒而欲暖，劳而欲息，好利而恶害，是人之所生而有也，是无待而然者也，是禹、桀之所同也。目辨黑白美恶，耳辨音声清浊，口辨酸咸甘苦，鼻辨芬芳腥臊，骨体肤理辨寒暑疾痒，是又人之所生而有也，是无待而然者也，是禹、桀之所同也。"⑤ 由此他得出了"尧、舜之于桀、跖，其性一也；君子之与小人，

----

①　《荀子·性恶》。
②　同上。
③　《荀子·正名》。
④　《荀子·性恶》。
⑤　《荀子·荣辱》。

其性一也"① 的结论。

虽然荀子认为人的本性是恶的，但其旨在追求的却是人性善的实现，那么如何实现真正的善呢？与孟子的"性应扩充"不同，荀子认为"性须改造"，即"人之性恶明矣，其善者伪也"②。这里的"伪"，就是人为、教化、学习的意思，"伪"是人性从恶向善的惟一实现方式。"今人之性恶，必将待师法然后正，得礼义然后治。"③ 即只有经过礼义法正的教化和节制，人与人之间才会产生道德仁义伦理纲纪。荀子认为道德伦理起源于圣王或圣人的师法教化：圣人见到人之性恶，争乱不息，就创制了礼法来对其予以改造和教化。"故圣人化性而起伪，伪起而生礼义，礼义生而制法度。"④

荀子不仅认为"化性起伪"是必要的，而且对它的可行性也持乐观态度。他认为虽然人性本恶，但人具有社会性，能"明分使群"，"人能思虑"，因此任何一个普通人都具有学习仁义礼法的潜质。他说："然则有仁义法正有可知可能之理，然而涂之人也，皆有可以知仁义法正之质，皆有可以能仁义法正之具，然则其可以为禹明矣。"⑤ 这里的"涂之人"，指的是路上的任何一个普通人，荀子认为：在一定条件下（化性起伪），他们也可以达到"内可以知父子之义，外可以知君臣之正"⑥ 的高素质，甚至"涂之人可以为禹"。

以性恶论为基础，在道德与法律的关系上，荀子又主张礼法并用，隆礼重法，把人伦关系转化为政治关系。

---

① 《荀子·性恶》。
② 同上。
③ 同上。
④ 同上。
⑤ 同上。
⑥ 同上。

　　首先，荀子与孔、孟一样，十分重视礼义的作用。

　　荀子认为礼是道德生活和社会政治生活中的最高准则，在《荀子》一书中"礼"字出现达 375 次之多，除《仲尼》、《宥坐》两篇外，其他各篇中均有多次阐释。他还曾专门写过一篇《礼论》来论述。荀子所指的礼的内容也十分广泛，主要表现在以下四个方面：一是，人与动物的根本区别在于人有"礼"。"人之所以为人者，非特以其二足而无毛也，以其有辨也。夫禽兽有父子而无父子之亲，有牝牡而无男女之别，故人道莫不有辨。辨莫大于分，分莫大于礼。"① 二是，礼是个人修身和治国的根本。他说："礼者，所以正身也。""人无礼则不生，事无礼则不成，国家无礼则不宁。"② 他还进一步指明，国家的命运甚至都由礼决定，"在天者莫明于日月，在地者莫明于水火，在物者莫明于珠玉，在人者莫明于礼义。……故人之命在天，国之命在礼"③；"隆礼贵义者其国治，简礼贱义者其国乱。"④ 他认为个人修养的高低、国家的兴亡完全在于能否以礼行事。三是，荀子批评"寡欲论"，把人的欲望的适当满足引入了礼义的范围。他说："故礼者，养也。刍豢稻粱，五味调香，所以养口也；椒兰芬苾，所以养鼻者也；雕琢刻镂黼黻文章，所以养目也；钟鼓管磬琴瑟竽笙，所以养耳也；疏房越席床第几筵，所以养体也，故礼者养也。"这种把人的物质需求，看成是礼义制度和道德规范范畴的思想，在当时具有一定的进步意义。四是，礼义为诸德之纲目。与孔子认为"仁"为全德之名不同，荀子认为"礼义"为全德之名，不仅可以包括其他德目，还能统率其他德目。他在

---

① 《荀子·非相》。
② 《荀子·修身》。
③ 《荀子·天论》。
④ 《荀子·义兵》。

《大略》中说："礼也者，贵者敬焉，老者孝焉，长者悌焉，幼者辞焉，贱者惠焉。"因此，荀况认为，礼可以统率仁、义、忠、孝、悌、慈、惠等诸德，亦即礼为"道德之极"。

其次，荀子十分重视法治的作用。

与孔孟重视道德教化，轻视法治不同，荀子在道德和法律的关系上，主张礼法并举，这也是他与先秦其他儒家的最大区别之一。他说："君法明，论有常，表仪既设民知方。进退有律，莫得贵贱孰私王？"[①] 只有做到"法明"（法制明确），才能使所有人不分出身（贵贱），言论有常规，进退有律令，在法律规定的范围内行事。他还说："治之经，礼与刑，君子以修百姓宁。"[②] 这些都表明了荀子强调礼法并举，隆礼重法的态度。先秦时代礼和法的对抗、割裂，在荀子这里却达到了和谐的统一，这是一个巨大的进步。

虽然荀子已经认识到了法的充分重要性，但是他并没有走上极端，认为法可以决定一切。在礼法的地位上，他始终认为礼是最高的行为准则，"法"只能建立在"礼"的基础之上，没有"礼治"的保障，"法治"是不可能实现的。他说："礼者，法之大分，类之纲纪也。"[③] 在荀子看来，法，由礼而产生、由礼而制导、由礼而生效。他是在强调礼作为社会基本规范根源的基础上，才承认法的作用的。所谓"礼者，治辨之极也，强固之本也，威行之道也"[④]，"非礼"即为"违法"。因此，荀子所采取的思想策略实际上是："隆礼尊贤而王，重法爱民而霸。"[⑤] 以隆礼重法的双刃剑，分切那些能由恶转善和不能由恶转善的人们，

---

① 《荀子·成相》。
② 同上。
③ 《荀子·劝学》。
④ 《荀子·议兵》。
⑤ 《荀子·强国》。

据以赢取人心并维护社会秩序。

可见，荀子的伦理思想的特点是从伦理上着眼，从政治治理上着手。如果说孟子是把政治思想伦理化，荀子则是把伦理思想政治化。在实践中，荀子的伦理思想显然比孔孟的更具有可操作性。

在伦理思想目标的实现上，荀子和孔孟一样都重视道德修养和教化的作用。但是，具体而言，在修养方法上，荀子又有自己的特点，他强调：一是要勤奋学习，善于思考。荀子十分重视学习的重要性，认为学习是修身的根本。他说："学不可以已。……君子博学而日参省乎己，则知明而行无过矣。"① 他认为圣人、君子、普通人之间，本性上并无差别，关键是由于后天的学习不同导致的。二是要善于利用外部的客观条件。荀子认为，终日思考，不如片刻的学习收获多；踮起脚跟远望，不如站在高山上看得广；同样的声音，顺风传的就远；……人借助马的脚力，可以到达千里之外的地方；借助舟楫，可以穿越江河。君子之所以成为君子，重要的一条就是能"善假于物"。三是要重视积累，量变能转化为质变。他说："积土成山，风雨兴焉；积水成渊，蛟龙生焉；……故不积跬步，无以至千里；不积小流，无以成江海；……锲而舍之，朽木不折；锲而不舍，金石可镂。"② 这也体现了他朴素的辩证法思想。四是要在知行观上重视实践的作用。在荀子看来道德并不是单纯的"坐而论道"，而是以实际活动中的行为为归宿。他在《儒孝》中说："不闻不若闻之，闻之不若见之，见之不若知之，知之不若行之。学至于行之而止矣。……故闻之而不见，虽博必谬；见之而不知，虽识必妄；知之而不行，虽敦必困。"这就是说实践（行）对已知的东

① 《荀子·劝学》。
② 同上。

西有检验作用。五是主张以"心"知"道"。荀子重视学习和实践，但并不完全否认理性思维的作用。他说："何为衡？曰：道。故心不可以不知道，心不知道，则不可道而可非道。"① 这里的"心"就是指理性思维，"道"则指客观规律、规范原则等。他认为事物的规律要通过理性思维来掌握。综上所述，可以看出荀子思想中有强烈的唯物主义和辩证法色彩。

第二节　儒家思想的发展

儒家思想在产生以后的两千多年中，历经流转变迁，每个时代都有新思想的注入，因而能够不断取得新的发展。

一　天人感应

自西汉武帝时期实行"独尊儒术"的政治方略以来，先秦儒学经董仲舒等儒士的演化，开始脱离了原来的轨迹，与阴阳五行等谶纬之学结合起来，把传统儒学逐步推上神秘化道路，使其具有宗教性质。

董仲舒是今文经学家，以治春秋为学，犹重之学能"小之将为大也，微之将为着也"②。因左氏春秋属古文经学，重训诂与注疏，不擅发明"微言大义"，而谷梁春秋派虽以"大义"为取裁标准，却"言义不及公羊之大"③，故犹治公羊春秋。董氏的思想，内容之一是"天人感应"，宣扬天为万物之主宰，天子受命于天，所以万民都要服从天子的统治，如果天子无道，上天便会降灾于他，即灾祸谴告说。

---

① 《荀子·解蔽》。
② 董仲舒：《春秋繁露·二端》。
③ 蒋伯潜：《十三经概论》，上海古籍出版社 1983 年版，第 428 页。

　　董仲舒把天理解为至上神，"天者，百神之君也，王者之所最尊也"，是万物之母；"天者，群物之祖也"，又是人之道德原型，"取仁于天而仁也"。他还进一步将天的概念结构化，建立"十端"说："天有十端，十端而止已。天为一端，地为一端。阴为一端，阳为一端。火为一端，金为一端，木为一端，水为一端，土为一端。人为一端。凡十端，而毕天之数也。"① 其中包括三个部分，一即天地人，二即阴阳，三即五行。这样，董氏以儒家言天之旨为宗，将阴阳五行观念纳入儒学架构，实现了人与神的结合。他说："阴阳之气在上天亦在人。在人者为好恶喜怒，在天者为暖清寒暑。"② 但就两气相比而言，"阳气贵而阴气贱"。至于构成万物元素的五行，也在阴阳二气的分列之中，各发挥其固有功能。"如金、木、水、火各奉其主，以从阴阳，相与一力而并功。其实非独阴阳也，然而阴阳因之而起，助其所主。故少阳因木而起，助春之生也；太阳因火而起，助夏之养也；少阴因金而起，助秋之成也；太阴因水而起，助冬之藏也。"③ "土者，五行之主也。"④ 而五行本身的相互关系，则是相生相克的关系。

　　董氏言天及阴阳五行，意却并不在此，而在乎天人关系，都是为了证明"人副天数"，"天人一也"，"天人谴告"的理念。《官制象天》云："为人者天"；"人之人本于天，天亦人之曾祖父也。此人之所以上类天也。人之形体，化天数而成；人之血气，化天志而仁；人之德行，化天理而义；人之好恶，化天之暖清；人之喜怒，化天之寒暑；人之受命，化天之四时。人有喜怒

---

① 董仲舒：《春秋繁露·官制天象》。
② 董仲舒：《春秋繁露·如天之为》。
③ 董仲舒：《春秋繁露·天辨在人》。
④ 董仲舒：《春秋繁露·五行之义》。

哀乐之答，春秋冬夏之类也。天之副在人，人之情性由天者矣。""天德施，地德化，人德义。……人之受命乎天地，故超然有以倚。天地之精所以生物者，莫贵于人，唯人独能为仁义；物疢疾莫能偶天地，唯人独能偶天地。"① 董氏甚至把人体结构也归宗与天体结构："观人之体一，何高物之甚，而类于天也。物旁折取天之阴阳以生活耳，而人乃烂然有其文理。"至此，他从生理、心理、道德三方面完善了"天人一也"② 的学说。

既然"人副天数"，"为人者天"而又"天辨在人"，人秉受阴阳二气（天的实体是气），故有善有恶，"仁贪之气，两在于心"，而心"众恶于内，弗使得发于外"。③ 故而，以心驭性成为必然选择。因为"生之自然之资，谓之性"。④ 性外显为情，前善而后恶，因为性阳而情阴，须以性驭情。因而，人的行为必会在"天"上得到反应，此即"天人谴告"说之理据。天之谴告其直接目的用于人之戒惧，但董氏更是以此强调人、君王以天所注定的心胜、君道、人伦行为，并由此达到"天下治"的目标。

由天之实体气的构成（阴阳）合于五行，董氏又规制了一套君、臣、民和基本人伦关系的稳定格局。"凡物必有合。合，必有上，必有下；必有左，必有右；必有前，必有后；必有表，必有里。……阴者阳之合，妻者夫之合，子者父之合，臣者君之合。物莫不有合，而合各有阴阳。阳兼于阴，阴兼于阳，夫兼于妻，妻兼于夫，父兼于子，子兼于父，君兼于臣，臣兼于君。君臣、父子、夫妇之义，皆取诸阴阳之道。君为阳，臣为阴；父为

---

① 董仲舒：《春秋繁露·人副天数》。
② 董仲舒：《春秋繁露·阴阳义》。
③ 董仲舒：《春秋繁露·深察名号》。
④ 同上。

阳，子为阴；夫为阳，妻为阴。阴道无所独行。其始也不得专起，其终也不得分功，有所兼之义。是故臣兼功于君，子兼功于父，妻兼功于夫，阴兼功于阳，地兼功于天。……是故仁义制度之数，尽取于天。天为君而覆露之，地为臣而持载之；阳为夫而生之，阴为妇而助之；春为父而生之，夏为子而养之；秋为死而棺之，冬为痛而丧之。王道之三纲，可求于天。"[①] 由物必有合的假设出发，因阳尊阴卑之论立言，最后将基本的人伦关系（父子、夫妻）与政治关系（君臣）固定化为尊卑关系。这比之于孔孟的君礼臣忠、父慈子孝、夫仁妇随的对等性伦理安排，已经是貌合神离。董氏从阴阳五行，天人相副的基本理论出发，将五伦的相对纯粹人伦原则，化约为明确的政治准则。因此，孙景坛认为，董氏之学非儒家。[②] 从汉武帝始，历代帝王识之经世致用之功，虽加以扶持发扬，于是儒学的衍生体——董氏之学大行于天下，从此，儒学走向了宗教化道路，并于宋代进一步得到强化。

二　"理学"、"新儒学"、"当代大众儒学"

在儒学发展史上，如果说董仲舒使儒学义理发生了第一次转变，那么宋明时期程氏二兄弟和朱熹在传统儒学的基础上创生"理学"，则使儒学义理发生了第二次大的转变，儒家哲学思想体系这一转变，成为后世三朝统治思想的宋明理学。宋儒治经以阐释义理、兼谈性命为主，因称理学或"道学"。滥觞于宋初胡瑗、孙复、石介，称为"理学三先生"。开创于周敦颐、邵雍、张载、二程，至南宋朱熹集其大成，建立了一套比较完整的唯理论体系，提出"理"先于天地而存在，"即物而穷理"的思想。

---

① 董仲舒：《春秋繁露·基义》。
② 孙景坛："董仲舒非儒家论"，《江海学刊》1995 年第 4 期。

至 20 世纪初"戊戌变法"以后，熊十力等又在理学基础上发展出"新儒学"，而进入 21 世纪之后，"新儒学"又进一步发展成为以"和谐"为精髓的当代大众儒学。

1. 理学

从广义上说，理学包括由朱熹所摄入的北宋"五子"（周敦颐、邵雍、张载和二程）的学说，并延伸到朱熹的弟子、后学及整个程朱的信奉者的思想。程朱理学的核心思想可以概括为三点：一，天理是万物的本源；二，人伦道德、尊卑等级、三纲五常都是天理，要存天理，灭人欲；三，在认识论上，主张"格物致知"，通过探究万物更好地理解天理，从而达到明德至善的目的。

二程把"理"或"天理"视做哲学的最高范畴，认为理无所不在，不生不灭，不仅是世界的本源，也是社会生活的最高准则。在穷理方法上，程颢"主静"，强调"正心诚意"；程颐"主敬"，强调"格物致知"。在人性论上，二程主张"去人欲，存天理"，并深入阐释这一观点使之更加系统化。二程学说的出现，标志着宋代理学思想体系的正式形成。

至南宋时，朱熹继承和发展了二程思想，建立了一个完备的唯理论思想体系。他认为，太极是宇宙的根本和本体，太极本身包含了理与气，理在先，气在后。太极之理是一切理的综合，它至善至美，超越时空，是"万善"的道德标准。在人性论上，朱熹认为人有"天命之性"和"气质之性"，前者源于太极之理，是绝对的善；后者则有清浊之分，善恶之别。人们应该通过"居敬"、"穷理"来变化气质。朱熹还把"理"推及到人类社会历史，认为"三纲五常"都是理的"流行"，人们应当"去人欲，存天理"，自觉遵守三纲五常的封建道德规范。

宋元明清时期，历代统治者多将二程和朱熹的理学思想意识形态化，程朱理学也因此成为人们日常言行的是非标准和穷理践

履的主要内容。南宋以后的 600 多年中，程朱理学在促进人们的
理论思维、教育人们知书识理、陶冶人们的情操、维护社会稳
定、推动历史进步等方面，发挥了积极作用。但与此同时，程朱
理学对中国封建社会后期的历史和文化发展，也产生了巨大的负
面影响，成为束缚人们手脚的教条，表现出明显的时代局限性。

　　2. 新儒学

　　新儒学又称新儒家，是近代西方文明输入中国以后，在中西
文明碰撞交融条件下产生的新的儒家学派。狭义的新儒学，是指
熊十力、梁漱溟、张君劢、冯友兰、方东美、唐君毅、牟宗三等
人所提倡的新儒学。广义的新儒学则可上溯到鸦片战争以来关于
儒学变革的所有学说。

　　新儒学萌芽于从戊戌变法到辛亥革命时期，这一时期主要表
现为康有为、梁启超等人日趋成熟的托古改制的社会改良思想，
即用儒学来解释改良思想。从戊戌变法到"五四"运动，新儒
学开始发生嬗变，孙文在学习西方民主经验和思考西方弊政的基
础上，效法儒家体制创立了政权与治权分立的民权学说和五权分
立的政体学说，创立以"忠孝、仁爱、信义、和平"等儒家道
德为基础的"三民主义"学说。从"五四"运动到新中国建立
是新儒学的开宗明义阶段，这一阶段主要表现为梁漱溟、张君
劢、熊十力等人开始在"新儒学"旗帜下进行的儒学研究。新
儒学开宗的政治基础是当时的官方意识形态三民主义中所包含的
儒学的内容。这一阶段的特征是新儒学活动主要体现于思想领
域；新儒学的目标是在汇通中西文化的前提下解释和发展儒学。
熊十力继承陆王心学构筑"新儒学思想体系"，冯友兰构筑"新
理学"。这一阶段的新儒学在思想研究领域进行了一些探索，但
是没有对社会发展产生有价值的影响。

　　3. 当代大众儒学

　　20 世纪 70 年代末开始，伴随着我国改革开放的全面推进，

学术界开始反思和讨论新儒学的功过利弊，在过去"新儒学"研究的基础上，对儒学和新儒学进行了全面彻底的去芜存菁、古为今用的研究改造工程，当代大众儒学由此诞生。

当代新儒学是当代中国和谐文化的组成部分，新兴的"大众儒学"是当代新儒学发展的最高成果。当代大众儒学认为，儒学的核心是仁和礼。仁就是以"爱人"之心推行仁政，使社会成员都享有生存和幸福的权利；礼就是用"正名"的方法建立社会的道德秩序，使社会成员对自身的社会地位都有稳定的道德认可和道德定位。社会成员普遍享有生存和幸福的权利，就没有造反作乱的必要；社会成员普遍认可社会的道德秩序，遵守符合自身具体情况的道德规范，造反作乱就没有意识形态基础。如此，社会就可以长治久安。由此，儒学就可以再次成为一种超越社会形态和阶级形态的政治统治方略和社会管理学说。儒学在历史上曾经作为古代中国奴隶社会某些诸侯国的主流意识形态，同时又是整个中国封建社会的主流意识形态——这一史实，已经充分说明了这一点。

当代大众儒学认为，仁和礼的关系是仁礼一体。不讲仁只讲礼，礼就不会被社会成员普遍认可，就会遭到反对；不讲礼只讲仁，社会成员不受道德约束，就会引发思想和行动上的无政府状态。所以仁和礼是不可分的。社会发展会使人们的道德观念不断发生变化，礼的一些具体内容需要根据时代的变化而予以改进和调整，这种改进和调整是仁的体现。儒学"仁礼一体"的体系同时包含了法的内容，礼和法应该很好地结合。礼的作用主要是预防犯罪，法的作用主要是惩罚犯罪。对犯罪个体的惩罚不是法的全部意义，惩罚所能产生的社会影响才是惩罚的主要目的。建立分层践行的"以礼为体，以法为用"的礼法体系，是实现社会长治久安的重要保障。

按照当代大众儒学的观点，儒学"礼之用，和为贵"的思想，表明礼的最高境界和最高目标，就是创造人与人之间的和谐暨全社会的和谐。践行和维护仁礼是社会和谐的基础，会对维护社会和谐产生积极作用。它同时也表明，礼的根本精神是不同地位的人们之间的相互协调、相互尊重。从这个意义上说，儒学文化实质上就是和谐文化。

当代大众儒学是儒学的本质。儒学主张"民贵君轻"，不是把"君"置于自己学说的中心，而是把"民"置于自己学说的中心。儒学认为"君君臣臣，父父子子"的内涵包括两个方面，一方面是君臣父子须恪守其道；另一方面则是君守道臣才能守道，父守道子才能守道。在居上位者违背仁和礼的时候，居下位者可以采取积极或消极手段来维护仁和礼。从这个意义上说，儒学的本质又是大众儒学，其根本精神是维护国家和社会的和谐运行。

第三章　儒学经典翻译研究

　　我国的儒学是春秋时期孔子立原始儒家学派以来，后经东汉以降无数经学家的承传发展形成的传统。儒家经典初为五，即《诗》、《书》、《礼》、《乐》、《易》，后加《春秋》为六经，及至宋代，成了包括《论语》和《孟子》在内的《十三经》。朱熹把《论语》、《孟子》、《大学》、《中庸》这四部书编在一起。它们分别出于早期儒家的四位代表性人物孔子、曾参、子思、孟子，故称"四子书"，简称"四书"。由于朱熹注释的《四书》既融会前贤学说，又独抒己见，经世致用；加之宋朝时期以程朱思想为代表的"程朱理学"之地位日隆，所以朱熹死后，朝廷便将其所编注的《四书》立为钦定本。从此，《四书》盛行天下。至元代延祐年间（1314—1320 年）恢复科举考试，正式把考试范围限制在朱注《四书》之内；明、清沿袭宋制而衍生出"八股文"考试制度，考题范围也都是限制在《四书》之内。由此，《四书》不仅成为儒家的经典，而且也成为上至天子下至庶民的必读书，千百年来积淀成了中华民族的性格、心理，以致成为民族精神的灵魂。从社会意义上说，《四书》的重大社会影响力，几同于西方的《圣经》，因此从一开始即吸引了来华传教士的目光。最初来华的罗明坚和利玛窦都对《大学》、《论语》等书有所翻译和著述，所使用的底本就是朱熹的《四书集注》。在中西交流史上，《大学》和《中庸》等书也都曾经出现了多种语言和多种形式的译本，其中有两个译本较为典型，一个出自英国传教士理雅各，一个出自美国诗人庞德。《论语》和《孟子》等则有更多译本。由于儒家经典巨制鸿幅，不可能对所有儒家经典的翻译逐一进行调查，更不可能逐字逐句对各译本与原文进行对比分析，因为这样不利于凸显翻译中所存在的问题，因此，我们仅以《四书》和《荀子》的典型译本为个案，从每部书中选出某些章句，将其原文和翻译进行分析，以观察和了解其翻译的基本情况。

第一节　《大学》翻译例析

《大学》一书自 16 世纪以来就被来华传教士翻译过多次。根据张西平的研究，利玛窦是翻译《大学》的第一人。[①] 罗明坚也翻译并发表过《大学》翻译的一部分。伯应理、殷铎泽、鲁日满、卫方济也都翻译了《大学》的全部或部分内容。他们的翻译使用的都是拉丁文。以上翻译都有断章取义和篡改之嫌，所以在此不作研究。卫礼贤（Richard Wilhelm）曾将《大学》翻译成德文。顾瑟芬（Seraphin Couvreur）翻译的《大学》法文本颇受推崇。以上译本因为语言的原因，此处也不作研究。将《大学》译成英文的主要有马礼逊（Robert Marrison）、理雅各（James Legge）和庞德（Ezra Pound）。由于马礼逊译本久已不传，故此只就世界范围内备受推崇的理雅各译本和在美洲大陆影响较大的庞德译本的翻译状况进行研究。

1. 大学之道，在明明德，在亲民，在止于至善

理雅各：What the Great Learning teaches, is—to illustrate il-lustrious virtue; to renovate the people; and to rest in the highest ex-cellence.

---

① 张西平：《传教士汉学研究》，大象出版社 2005 年版，第 137 页。

庞德：The great learning (adult study, grinding the corn in the head's mortar to fit it for use) takes root in clarifying the way wherein the intelligence increases through the process of looking straight into one's own heart and acting on the results; it is rooted in watching with affection the way people grow; it is rooted in coming to rest, being at ease in perfect equality.

《大学》开宗明义阐明"大学"的三个要义，即"明明德"、"亲民"和"止于至善"。朱熹说："大学者，大人之学也。"所谓大人，指的是品格高尚的人。因此，大学即品格高尚的人的学问。理雅各和庞德将其译成"great learning"，基本上可以表达原来的意思。但庞德的译文中，"great learning"后的括号中注释却错了。他把朱熹的"大人"误解为"成年人"（adult），失之肤浅。

"道"在汉语中有多种含义，这里"道"应该指"最高宗旨"或"根本目标"的意思。理雅各没有直接译出，错过了一个重要的儒学概念。庞德译作"way"，是把"道"当成了"方法"，与前文合起来就是"'大学'之根本在于这样的方法"，这样导致后文的翻译又出现了问题。

"明德"即圣人之大德。什么是圣人？圣人，也就是对于宇宙人生一切事理无不明白之人。圣人，即内心通明，不受物相遮蔽之明人。《尚书·多方篇》说："惟圣罔念作狂，惟狂克念作圣。"蔡沈、孙星衍等据郑康成注，都以"通明"解释圣人。又如虞书称帝尧为"钦明"，称帝舜为"文明"，也都以圣人为明人。所以大学"明明德"，就是"明"圣人之大德。什么是德？《说文》曰："德，外得于人，内得于己，从真心。"段玉裁注曰："内得于己，谓身心所自得。外得于人，谓德泽使人得之。"依此解释，"明明德"当有两义，一是发明自心的明德，但同时也要以明德泽民，使人人都能明明德，所以大学之道又须新民。

若不能新民，则为德不广，自心的明德就不能完全发明。

这样来看，"明明德"的翻译是有些问题的。其实，英语的 virtue，其内涵并不等于儒家的"德"。关于 virtue 的内涵及其衍变，可以参看第四章第一节关于"仁"的翻译的专门研究。

至于"明明德"的"明"字，理雅各的"illustrate"仅是"举例说明"或"借助图解等说明"的意思，词义较浅，而且只涉及施教者一方。而儒家之"明"在学者本人，即"内得于己，外得于人"之意。庞德用的是"clarify"，即"阐明"、"澄清"之义，仍然是指施教的方法，并不同时包括上文所指出的两种涵义。其弊无异于理雅各。

"亲民"的意思，据朱熹的解释，当是"新民"的意思。从原文的上下文逻辑来看，这一解释是合理的。那么用什么方法来"新民"？就是用明德使民众的思想道德不断更新，亦即使人人进步，有明德之义。理雅各用"renovate"，意思为"革新"、"修复"、"恢复（精神）"，显然很肤浅，不足以呈现原文的含义。庞德译作"intelligence increases"，其最大错误在于他把儒家的"大学"误解成了"intelligence"。Intelligence 主要指的是人的智能，包括对外部世界的认识、思想和推理能力。这里可以看出译者科学主义的根本观点，他并没有真正理解儒家之学主要在于正心和修身的人文之德。这样"intelligence"一词实际上与后文的"looking straight into the heart and acting on the results"形成了不可调和的矛盾。

"止于至善"当有两义：一是到达"至善"，二是到达至善以后，持之不移。所谓"至善"，当为"事理当然之极也"[1]。即成为"通明"宇宙万理的明德之人。"善"并不是简单的"善良"、"慈善"之义。因此，"止于至善"的"止"译作"rest"

---

①　朱熹：《四书集注》。

并不妥。这里指的是"持之不移"。而"善"译作"excel-lence"，也不妥。在 Webster's Dictionary 中，"rest"是"停止一切脑力和体力活动休息"之义，因此"止"译作"rest"适得其反。excellence 是"优秀"、"仁善"之义，用"highest excel-lence"来译"至善"意思比较笼统。庞德把"至善"译作"perfect equity"（彻底的公平），其中译者的民主观念赫然可见，并非原文之意。倒不如译作 get perfect in intelligence and ethic and keep so eternally.

2. 知止而后有定，定而后能静，静而后能安，安而后能虑，虑而后能得

理雅各：The point where to rest being known, the object of pursuit is then determined; and, that being determined, a calm unperturbedness may be attained to. To that calmness there will succeed a tranquil repose. In that repose there may be careful deliberation, and that deliberation will be followed by the attainment of the desired end.

庞德：Know the point of rest and then have an orderly mode of procedure; having this orderly procedure one can "grasp the azure", that is, take hold of a clear concept; holding a clear concept one can be at peace (internally), being thus calm one can keep one's head in moments of danger; he who can keep his head in the presence of a tiger is qualified to come to his deed in due hour.

所谓"知止"，就是知道自己最终要做一个什么样的人（当然此处的意思是做一个符合儒家道德的人）；所谓"有定"，指的是人的志向得以确定；所谓"静"就是内心泰然不妄动，不为利欲所诱；所谓"安"，指的是安然自得；"虑"指的是考虑事情周详；"得"即是实现自己最后的人生目标。理雅各的译文基本传达出了原文的意思。但 rest, repose 都是"休息"的意思，违背了"止"的真意。庞德的译文试图不受原文遣词的影响，

倾向于用自己的语言传达原文的意思。他将"有定"译作
"have an orderly mode of procedure"（有一个有条不紊的程序），
接着，他把"能静"译作"能获得清楚的概念"，后文的
"虑"，译文译作了"保持头脑冷静"，最后的"得"，他翻译成
了"在适当的时候采取行动"。这其中的问题较多。一是原文中
上述重要概念的含义被扭曲。"定"与"有一个有条不紊的程
序"毕竟不能同日而语；"静"也不能等同于"概念清晰"；
"虑"与"保持冷静"意思也差之千里；而"得"也并非指
"取得成就"。二是逻辑梗塞。细品译文就会发现，"Know the
point of rest"（知道所停息的地方）与"have an orderly mode of
procedure"（明确做事的程序）之间，"having this orderly proce-
dure"（有一个有条不紊的程序）与"take hold of a clear con-
cept"（获得有关事物的清晰概念）之间，以及"take hold of a
clear concept"（获得有关事物的清晰概念）与"keep one's head
in moments of danger"（保持冷静）之间，都没有必然的因果关
系。三是原文语言的简洁性不复存在。译者使用了如"grasp the
azure, keep his head in the presence of a tiger"这样的通俗比喻。
这样译文虽然读起来通俗活泼了许多，但却丧失了应有的严肃和
庄重，行文风格上与原文差距被拉大。

3. 物有本末，事有终始，知所先后，则近道矣

理雅各：Things have their root and their branches. Affairs have
their end and their beginning. To know what is first and what is last
will lead near to what is taught in the Great Learning.

庞德：Things have roots and branches; affairs have scopes and
beginnings. To know what precedes and what follows, is nearly as
good as having a head and feet.

从小篆字形看，"本"从"木"，下面的一横是加上的符号，
指明树根之所在。所以"本"的本义是指草木的根或靠根的茎

干。《说文》：本，木下曰本。《国语·晋语》：伐木不自其本，必复生。"末"是在"木"上加一点，指明树木末梢所在处。所以"末"的本义指树梢。《说文》：末，木上曰末。《左传·哀公十一年》：末大必折，是说树的枝叶太繁茂必然会被风折断，比喻属国实力太大会危及宗主国。

"物有本末，事有终始"前后句是同一个意思，是以"本"和"末"比喻事情的主次与先后。就"大学"来说，"本"即"明德"，"末"即"亲民"。朱熹解释说："明德为本，亲民为末。知止为始，能得为终。"① 理雅各和庞德都以 root 译"本"，以 branch 译"末"符合原文的比喻手法和喻义。但"终"字庞德用"scope"来译，与"beginning"并不对应。

这部分的最大问题是在"近道"两个字上。这里的"道"，从前后文来看，应该是指"大学"之道，也就是"大学"之真谛。理雅各译"道"为"what is taught in great learning"意思与原文相近，但仍显得模糊。庞德译"近道"为"is nearly as good as having a head and feet"几乎等于重复了上句话的内容，没有译出"近道"的内涵。笔者认为，这里不妨译作 is near the essence of great learning。

4. 古之欲明明德于天下者，先治其国；欲治其国者，先齐其家；欲齐其家者，先修其身；欲修其身者，先正其心；欲正其心者，先诚其意；欲诚其意者，先致其知；致知在格物。

理雅各：The ancients who wished to illustrate illustrious virtue throughout the kingdom, first ordered well their own states. Wishing to order well their states, they first regulated their families. Wishing to regulate their families, they first cultivated their persons. Wishing to cultivate their persons, they first rectified their hearts. Wishing to

---

① 朱熹：《四书集注·大学章句》，岳麓书社 2004 年版。

rectify their hearts, they first sought to be sincere in their thoughts. Wishing to be sincere in their thoughts, they first extended to the utmost their knowledge. Such extension of knowledge lay in the investigation of things. Things being investigated, knowledge became complete.

庞德: The men of old wanting to clarify and diffuse throughout the empire that light which comes from looking straight into the heart and then acting, first set up good government in their own states; wanting good government in their states, they first established order in their own families; wanting order in the home, they first disciplined themselves; desiring self – discipline, they rectified their own hearts; and wanting to rectify their hearts, they sought precise verbal definitions of their inarticulate thoughts (the tones given off by the heart); wishing to attain precise verbal definitions, they set to extend their knowledge to the utmost. This completion of knowledge is rooted in sorting things into organic categories.

本段中仍有"明明德"的翻译问题, 兹不赘述。新的问题是关于"修身"、"正心"、"诚意"、"格物"、"致知"的翻译。

所谓修身, 意思是培养人之所以为人的品质, 也就是仁义礼智之品格。理雅各将"修身"译为"cultivate their persons"。person 的主要意思是指人的身体, 不如译作"cultivate their personalities"。cultivate 的主要意思是"耕作", 引申为"培育"之义, 比较符合儒家所谓"修身"之由内心到行为循序渐进的自我人格完善的过程。庞德将其译作"disciplined themselves", 乍一看, discipline 确实有"训练"之意, 近乎"修", 但训练毕竟是外在的, 带有一定的强行性意味, 并没有"修"那种由内到外, 由心到行的循序渐进的内涵。

什么是"正心"呢? 朱熹说:"所谓修身在正其心者, 身有所忿懥，则不得其正；有所恐惧，则不得其正；有所好乐，则不得其正；有所忧患，则不得其正。心不在焉，视而不见，听而不闻，食而不知其味。此谓修身在正其心。"① "心不在焉"，亦即心不正。孟子也说，"学问之道无他，求其放心而已矣"。这是说人之生活在散乱或昏迷的状态中，并不安静在本位上。所以，只要能收住放肆在外的狂"心"，归到本位，即保持中正平和的心态，亦即有"仁善"之心，就是真正学问修养的道理了。因此，关于"正心"，理雅各和庞德都译作 rectify their hearts，应该说是基本上传达了原意的。

关于"诚意"。朱熹说："诚，实也。意者，心之所发也。实其心之所发，欲其一于善而无自欺也。"诚意也就是真诚，不假装，不掺假，专其心志于至善，于明德，不使心志飘忽不定。从这个意义上说，"诚意"相当于英文 sincere 或 sincerity。庞德把"诚意"译作"precise verbal definitions of their inarticulate thoughts"（模糊心思的准确表达）与原文意思相差较大，他在译本中把"诚"作为术语，按字形解释为"太阳的光照在确切的位置上"，② 其根据是"诚"中的"撇"那一画。这种解释过于穿凿。

最后是"格物致知"。格，至也。物，犹事也。致，推极也，知，犹识也。格物致知是儒家的一个十分重要的哲学概念。朱熹认为，"致知在格物者，言欲尽吾之知，在即物而穷其理也。"理雅各和庞德所译"extended to the utmost their knowledge"，意为"把知识面扩充到最大限度"，只讲了广度，没有讲深度，显然"至"字的意思没有完全译出。

---

① 朱熹：《四书集注·大学章句》，岳麓书社 2004 年版。
② Ezra Pound, Confucius: the Great Digest, the Unwobbling Pivot, the Analects. New Directions Publishing Corporation, 1951: 21.

5. 自天子以至于庶人，一是皆以修身为本。其本乱而末治者否矣，其所厚者薄，而其所薄者厚，未之有也！此谓知本，此谓知之至也。

理雅各：From the Son of Heaven down to the mass of the people, all must consider the cultivation of the person the root of everything besides. It cannot be, when the root is neglected, that what should spring from it be well ordered. It never has been the case that what was of great importance has been slightly cared for, and, at the same time, that what was of slight importance has been greatly cared for. This is meant by talking of the knowing the root of things, and this is meant by completion of knowledge.

庞德：From the Emperor, Son of Heaven, down to the common man, singly and all together, this self – discipline is the root. If the root be in confusion, nothing will be well governed. The solid cannot be swept away as trivial, nor can trash be established as solid. It just doesn't happen. "Take not cliff for morass and treacherous bramble."

这一部分的翻译老问题是前文提出的"修身"问题。新问题主要是"厚"、"薄"的翻译问题。

所谓"厚"、"薄"，分别应是"重视"和"轻视"的意思。这里主要强调修身为本的重要性。理雅各的翻译基本上传达了原意。庞德的翻译则有些问题："If the root be in confusion, nothing will be well governed." 的意思是"如果根本乱了，任何事情也治理不好。"从译文本身来说，"root"和"nothing"之间不能构成和汉语"本末"一样的对应。因此并不等于原文"其本乱而末治者否矣"的意思。庞德译文的最后一句"The solid cannot be swept away as trivial, nor can trash be established as solid." 意思是"有价值的东西不会被弃若敝屣，无价值的东西也不会被奉若珍宝"。这讲的是对待事物的态度，还不是原文所讲的做事情应该分清轻重缓急的处事原则。最末一句他译的意思是"不要把悬崖之石当作沼泽或者可恶的荆棘"。意思与上两句重复，只是语气加强了些。

6.《康诰》曰："克明德。"《太甲》曰："顾諟天之明命。"

理雅各：In the Announcement to Kang, it is said, "He was able to make his virtue illustrious." In the Tai Jia, it is said, "He contemplated and studied the illustrious decrees of Heaven."

庞德：It is said in the Kang Proclamation: He showed his intelligence by acting straight from the heart. It is said in the Great Announcement: He contemplated the luminous decree of heaven, and found the precise word wherewith to define it.

"克"，即"能"。"克明德"，即能够发明自身大德，并发扬光大以至于他人。理雅各正确译出了"克"的意思，但"明德"译作"virtue"，其含义仍旧没有译出。《康诰》是周公在康叔到封地殷上任之前对他的训诫辞。当时，周公刚刚平定了三监和武庚发动的叛乱。他要求康叔吸取历史教训，"明德慎罚"，治理好殷民，巩固已经取得的政权。原文是："王若曰：'孟侯，朕其弟，小子封。惟乃丕显考文王，克明德慎罚；不敢侮鳏寡，庸庸，祗祗，威威，显民，用肇造我区夏，越我一、二邦以修我西土。惟时怙冒，闻于上帝，帝休，天乃大命文王。殪戎殷，诞受厥命越厥邦民，惟时叙，乃寡兄勖。肆汝小子封在兹东土。'"庞德没有译出"克"的意思，而且他把"明德"译成了"表现才智"，违背了原意。另外，这里的"He"显得很突兀，令一般读者无法明确其所指，还是加上注释为好：He（King Wen）。

《史记·殷本纪》记载："帝太甲既立三年，不明，暴虐，不遵汤法，乱德，于是伊尹放之于桐宫。三年，伊尹摄行政当国，以朝诸侯。帝太甲居桐宫三年，悔过自责，反善，于是伊尹乃迎帝太甲而授之政。帝太甲修德，诸侯咸归殷，百姓以宁。"

据《商书·太甲》，伊尹在太甲修德自新后作书赞扬太甲："先王顾諟天之明命，以承上下神祇。社稷宗庙，罔不祇肃。天监厥德，用集大命，抚绥万方。惟尹躬克左右厥辟，宅师，肆嗣王丕承基绪。惟尹躬先见于西邑夏，自周有终。相亦惟终；其后嗣王罔克有终，相亦罔终，嗣王戒哉！祇尔厥辟，辟不辟，忝厥祖。""顾諟天之明命"原指商汤注视和顾念天之明命。朱熹解释说："顾，谓尝目在之也。諟，犹此也，或曰审也。"如此，理雅各的翻译基本上达原意。庞德译文的前半部分与理雅各相同，后半句的意思是"并找到确切的话来清楚说明天之明命"，属于多余。

7.《帝典》曰："克明峻德"。皆自明也。

理雅各：In the Canon of the emperor (Yao), it is said, "He was able to make illustrious his lofty virtue."

庞德：It is said in the Canon of the Emperor (Yau)：His intelligence shone vital over the hill – crest, he clarified the high reaching virtue, id est, that action which is due to direct self – knowledge.

朱熹解释"峻"为"大"，理雅各翻译"峻德"为"lofty virtue"，问题仍在 virtue 的内涵并不同于"德"。此处"明"并非"make illustrious"（使……杰出）之意。而是以德泽众，使人人有德之意。庞德则完全曲解了这句话的基本意思。他把"德"译作"intelligence"（才智），不妥；把"明"理解为"照耀"，"峻"理解成"山峰"，把"明峻德"译作"His intelligence shone vital over the hill – crest, he clarified the high reaching virtue"，着实令人摸不着头脑。细一琢磨，这里面的逻辑是，汤的才智照耀在高峻的山顶，因此也就把如山的隆德（high reaching virtue）澄明了。但用这种意象式的语言用来说理，且不说方枘圆凿，其所言之理既不准确也缺乏根据，纯粹是臆测而已。

8.《诗》曰："周虽旧邦，其命惟新。"是故君子无所不用其极也。

理雅各：In the Book of Poetry, it is said, "Although Chau was an ancient state, the ordinance which lighted on it was new." Therefore, the superior man in everything uses his utmost endeavours.

庞德：The odes say：

Although Chou was an ancient kingdom,

The celestial destiny

Came again down on it NEW.

Hence the man in whom speaks the voice of his forebears cuts no log that he does not make fit to be roof – tree (does nothing that he does not bring to a maximum, that he does not carry through to a finish).

朱熹注云："周国虽旧，至于文王，能新其德以及于民，而始受天命也。"这里的"命"应该指上天之命，所以理雅各译文的"ordinance"前应该加上 celestial 或者 Heavenly。庞德把"命"理解为命运，译作"destiny"当然是错误的。其译文的上下文是"上天的命运刚刚又一次落在周国。"其理不通。周国上承天命可以，但上天的命运怎能落到周国身上呢？难道周国能左右上天的命运吗？这绝非古人的理念。

"君子"在这里应该是承前文指有明德的君主，故"君子"译作"superior man"意思并不准确。庞德将其译为"the man in whom speaks the voice of his forebears"，意思是"继承先祖遗训的人"，同样也不准确。所谓"无所不用其极"，根据朱熹的解释，意思应该是指君子"自新新民，皆欲止于至善也"①。所以可以译作"pursue perfection in everything"。

9.《诗》云："邦畿千里，惟民所止。"《诗》云："缗蛮黄

---

① 朱熹：《四书集注》，岳麓书社 2004 年版。

鸟，止于丘隅。"子曰："于止，知其所止，何以人而不如鸟乎！"
《诗》云："穆穆文王，于缉熙敬止！"为人君，止于仁；为人
臣，止于敬；为人子，止于孝；为人父，止于慈；与国人交，止
于信。

理雅各：In the Book of Poetry, it is said, "The royal domain of
a thousand li is where the people rest." In the Book of Poetry, it is
said, "The twittering yellow bird rests on a corner of the mound."
The Master said, "When it rests, it knows where to rest. Is it possible
that a man should not be equal to this bird?" In the Book of Poetry, it
is said, "Profound was King Wan. With how bright and unceasing a
feeling of reverence did he regard his resting places!" As a sovereign,
he rested in benevolence. As a minister, he rested in reverence. As a
son, he rested in filial piety. As a father, he rested in kindness. In
communication with his subjects, he rested in good faith.

庞德：The Book of Poems says：

The royal domain is of 1000 li

Thither the people would fly to its rest

[would hew out its resting place].

The Book of Poems says：

The twittering yellow bird,

The bright silky warbler

Talkative as a cricket

Comes to rest in the hollow corner

Of the hill.

Kung said：Comes to its rest, alights, knows what its rest is,
what its ease is. Is man, for all his wit, less wise than this bird of the
yellow plumage that he should not know his resting place or fix the
point of his aim?

The Odes say:

As a field of grain

White – topped in even order,

The little flowering ears of grain

Bending in white, even order,

So glorious was King wan,

Coherent, splendid and reverent

In his comings to rest, in his bournes.

As prince he came to rest in humanity, in the full human quali-
ties, in the full human qualities, in his manhood;

As a minister, in respect;

As a son, in filial devotion;

As a father in carrying kindness down

Into particular acts, and in relation to the

People, in fidelity to his given word.

　　"《诗》"是指《诗经》。理雅各译的书名比较一致。庞德最
初将其译作"The Book of Poems",后文又译作"The Odes",前
后不一致,容易导致读者误认为指的是不同的书。

　　此部分翻译的第二个问题是"止"的翻译。这里"止"的
含义有所不同。有至、到、停止、居住、栖息等多种含义,随上
下文而有所区别。"为民所止"的"止"并非"休息"之意,
而是指"安居"的意思。理雅各译作"rest"不对。庞德译作
"fly to its rest"就更欠妥当。"fly"这里只能理解成"逃脱"的
意思。而原文并非主要指外族人逃到这里定居。似可译作
"peacefully reside"。"止于丘隅"的"止",具体是指鸟习惯在
某种地方"栖息",而不是暂时落在山冈上休息。可译作"in-
habit"。理雅各和庞德仍用"rest",不够准确。下文的"于止,
知其所止",可以理解为"需要栖息时,知道其应该栖息的地

方"。理雅各仍与前文一样译作"rest",不妥。庞德先用
"rest",然后用"alight"(鸟落在栖木上)和"ease"(舒适,
悠闲)作解释。也没有把握住原文的真意。

"何以人而不如鸟乎?"孔子此言是指人的德行和智力显然要
比动物优秀。理雅各将其译作"Is it possible that a man should not
be equal to this bird?"这里的"equal"让人感觉鸟成了人的标准,
人要向鸟看齐,显然违背了原文的意思。庞德译作"Is man, for
all his wit, less wise than this bird of the yellow plumage…?"此反诘
句隐含的前提是:鸟是富有智慧的(wise)。这不免让人感到怪
异。若把"wise"换成"intelligent",似乎会合理得多。

"穆穆文王,于缉熙敬止!"此句诗引自《诗经·大雅·文
王》。穆穆,仪表美好端庄的样子。这里用来喻指文王高尚的品
德。理雅各把"穆穆"译作"profound",是根据朱熹的解释。
朱熹说:"穆穆,深远之意。"但朱熹所说的深远,实指文王的品
德之高尚。"于缉熙敬止"中的"于"读作 wu,叹词。缉,继
续。熙,光明。止,语助词,无意义。按照朱熹的解释,意思是
"无所不敬而安所止也。"即无所不敬而安于至善。理雅各译作
"With how bright and unceasing a feeling of reverence did he regard
his resting places!"意思变成了"用一种持续而光明的敬意尊敬
所休息的地方"。"尊敬所休息的地方"按字面的意思当然讲不
通。若用"resting place"来喻指"至善"又不恰当。此句庞德
译作:

As a field of grain

White – topped in even order,

The little flowering ears of grain

Bending in white, even order,

So glorious was King wan,

Coherent, splendid and reverent

In his comings to rest, in his bournes.

译文前三行的根据不知在哪里。可能是根据另外某一注释本的阐释得来。"穆穆"译作"glorious"（光荣，显赫），不妥。"辑熙敬"被从字面上分别译作并列的"coherent, splendid, coherent"，让人不知所云。有生吞活剥之嫌。

"为人君，止于仁；为人臣，止于敬；为人子，止于孝；为人父，止于慈；与国人交，止于信。"这一句是作者在上文引用《诗经》诗句的基础上阐发做人的普遍道理，并不专指文王本人。理雅各和庞德的译文读来是对文王一人的赞美之词。另外，这里的五个止字仍然被译错了。

10. 汤之《盘铭》曰："苟日新，日日新，又日新"。《康诰》曰："作新民"。

理雅各：On the bathing tub of Tang, the following words were engraved：— "If you can one day renovate yourself, do so from day to day. Yea, let there be daily renovation." In the Announcement to Kang, it is said, "To stir up the new people."

庞德：In letters of gold on Tang's bath – tub：

AS THE SUN MAKES IT NEW

DAY BY DAY MAKE IT NEW

YET AGAIN MAKE IT NEW

It is said in the Kang proclamation："He is risen, renewing the people."

理雅各的理解和翻译基本上无误。庞德把"苟"翻译成"as"显然不对。把"日"翻译成"sun"也是错误的。此外，"it"的所指不清楚，从上下文看似乎是指浴盆。如果这样三句话铭刻在浴盆上，怎么能作自励的座右铭呢？

"作"即"鼓之舞之""振起"之意。理雅各译"作"为"stir up"有搅动并使不安之意，与原文意思不符。庞德译成"He is risen"令人费解。"He"指的是谁？这是个问题。
"作"被理解成"He"振作起来了，而不是使民众振作，就完
全错了。

11. 所谓平天下在治其国者，上老老而民兴孝；上长长而民
兴弟；上恤孤而民不倍。是以君子有絜矩之道也。

理雅各：What is meant by "The making the whole kingdom
peaceful and happy depends on the government of his state," is
this：——When the sovereign behaves to his aged, as the aged
should be behaved to, the people become filial; when the sovereign
behaves to his elders, as the elders should be behaved to, the people
learn brotherly submission; when the sovereign treats compassionately
the young and helpless, the people do the same. Thus the ruler has a
principle with which, as with a measuring square, he may regulate his
conduct.

庞德：The meaning of, "World Order（bringing what is under
heaven into equilibrium）is rooted in the good government of one's
own state," is this：If those in high place respect the aged, the peo-
ple will bring filial piety to a high level; If those in high place show
deference to their elders, the people will bring their fraternal defer-
ence to a higher level; if those in high place pity orphans, the people
will not do otherwise; it is by this that the great gentlemen have a
guide to conduct, a compass and square of the process.

本段"是以君子有絜矩之道也。"是指统治者的一言一行有
典范作用。理雅各将其译作"Thus the ruler has a principle with
which, as with a measuring square, he may regulate his conduct."
"絜矩"译成了"principle"，比作"square"，但译文的意思是
统治者用角尺去衡量自己的行为。没有传达出上下文的意思。庞
德译作"It is by this that the great gentlemen have a guide to con-

duct, a compass and square of the process." 只是把 "principle" 换成了 "guide"，把 "square" 换成了 "compass and square"，意思和理雅各的译文接近。不过他把 "君子" 译作 "great gentlemen" 显然没有理解到原文的 "君子" 所表示的 "统治者" 的意思。因此这整句话的翻译是错误的。

12. 所谓诚其意者，毋自欺也。如恶恶臭，如好好色，此之谓自谦。故君子必慎其独也！小人闲居为不善，无所不至，见君子而后厌然，掩其不善，而著其善。人之视己，如见其肺肝然，则何益矣。此谓诚于中，形于外。故君子必慎其独也。曾子曰："十目所视，十手所指，其严乎！"富润屋，德润身，心广体胖。故君子必诚其意。

理雅各：What is meant by "making the thoughts sincere." is the allowing no self – deception, as when we hate a bad smell, and as when we love what is beautiful. This is called self – enjoyment. Therefore, the superior man must be watchful over himself when he is alone. There is no evil to which the mean man, dwelling retired, will not proceed, but when he sees a superior man, he instantly tries to disguise himself, concealing his evil, and displaying what is good. The other beholds him, as if he saw his heart and reins;——of what use is his disguise? This is an instance of the saying——"What truly is within will be manifested without." Therefore, the superior man must be watchful over himself when he is alone. The disciple Tsang said, "What ten eyes behold, what ten hands point to, is to be regarded with reverence!" Riches adorn a house, and virtue adorns the person. The mind is expanded, and the body is at ease. Therefore, the superior man must make his thoughts sincere.

庞德：Finding the precise word for the inarticulate heart's tone means not lying to oneself, as in the case of hating a bad smell or loving a beautiful person, also called representing one's own nose.

On this account the real man has to look his heart in the eye even when he is alone.

There is , for the small man living unobserved, no iniquity that he will not carry through to the limit; if he sees a true man he turns and takes cover, hides his iniquities, sticks out his merits, but the other fellow sees the significance of this as if he saw into his lungs and liver; what is the good of his faking, what dish does it cover?

That is the meaning of the saying: the true word is in the middle inside and will show on the outside; therefore the man of real breeding who carries the cultural and moral heritage must look his heart in the eye when alone.

Tseng Tsze said: what ten eyes gaze at, what ten hands point to should preserve a certain de corum (ought to be mentionable, discussable).

You improve the old homestead by material riches and irrigation; you enrich and irrigate the character by the process of looking straight into the heart and then acting on the results. Thus the mind becomes your palace and the body can be at ease; it is for this reason that the great gentleman must find the precise verbal expression for his inarticulate thoughts.

此段翻译从整体上看基本反映了原意。几个应该注意的问题是：第一，"君子"、"小人"的翻译。君子在此处是道德高尚的人，却不一定是拥有崇高地位的人。因此理雅各将其译作"superior man"虽可接受，但不十分准确。这容易使英语读者把"君子"误解为仅仅是指地位高的"大人先生"。庞德在不同的地方将其译作"real man, true man, great gentleman, a man of real breeding"。前两者容易被人理解成"真正的男人"；gentleman 带有浓厚的西方色彩和独特的西方文化内涵。譬如 gentle-man 的品质是彬彬有礼，地位和品格较高，特别是对女士谦逊礼让等等。而中国的"君子"却不一定有财富和地位，但一定有仁义礼智信的崇高品德和智慧（详细的分析见第四章）。因此将君子译作"great gentleman"也不妥。"a man of real breeding"本义是"真正有教养的人"，也不足以反映"君子"的内涵。此外，君子是儒学的重要概念，它在不同的语境下有不同的含义，比如它可以指君主，也可以指思想道德高尚的人等，含义不同时当有不同的翻译，但含义相同时应该使译名前后一致，不然会产生混乱，并给人一种不严肃的感觉。庞德就没有做到这一点。第二，"富润屋，德润身"的"润"字理解为"装饰"显得浅薄，理雅各将其译作"adorn"不恰当。庞德第一个"润"译作"improve"，第二个译作"enrich and irrigate"也都没有切中要害。理解为"滋养"，英文用 nourish 较好。第三，庞德译文中的"诚"和"德"的翻译问题此处仍存在，已在前文中指出。

13.《康诰》曰："惟命不于常。"道善则得之，不善则失之矣。《楚书》曰："楚国无以为宝，惟善以为宝。"舅犯曰："亡人无以为宝，仁亲以为宝。"

理雅各：In the Announcement to K'ang, it is said, "The decree indeed may not always rest on us"; that is, goodness obtains the decree, and the want of goodness loses it. In the Book of Ch'u, it is said, "The kingdom of Ch'u does not consider that to be valuable. It values, instead, its good men." Duke Wan's uncle, Fan, said, "Our fugitive does not account that to be precious. What he considers precious is the affection due to his parent."

庞德：The K'ang proclamation has said: Heaven's decree is not given in permanence: Proceeding with rightness you attain it, and with unrightness spew it away. In the Ch'u History it is said: The

Ch'u state does not go in for collecting wealth (treasuring porcelain, jewels and money) but counts fair – dealing its treasure. Uncle Fan (refusing an offer of bribery) said: The lost man (King Wen in exile) does not treasure jewels and such wealth, counting his manhood and the love of his relatives the true treasure.

《楚书》曰："楚国无以为宝，惟善以为宝。"舅犯曰："亡人无以为宝，仁亲以为宝。"理雅各把此两句原文的历史和义理都歪曲了。上句是说《楚书》认为，楚国除了德以外没有什么珍重的，只珍重善德；下句中的亡人是指出逃秦国的晋文公重耳，舅犯说晋文公最珍视的是仁德和亲情。理雅各的上句译文"The kingdom of Ch'u does not consider that to be valuable. It values, instead, its good men." 中的"that"所指不清，与上文脱离。"善"译成了 good men。下句译文中"Our fugitive does not account that to be precious. What he considers precious is the affection due to his parent.""亡人"译得模糊；"仁亲"的意思没有译出来。庞德译前句为：In the Ch'u History it is said: The Ch'u state does not go in for collecting wealth (treasuring porcelain, jewels and money) but counts fair – dealing its treasure. 显然是与理雅各一样把"无以为宝"与后半句割裂了。并且他随意添加了宾语"collecting wealth (treasuring porcelain, jewels and money)"，把"善"译成 fair – dealing（公平交易），都篡改了原来的意思。后句译成"Uncle Fan (refusing an offer of bribery) said: The lost man (King Wen in exile) does not treasure jewels and such wealth, counting his manhood and the love of his relatives the true treasure." 除了有上句的错误外，把"亡人"译成"King Wen"（文王），是一种混淆。可能译者把"亡人"误解成了"周文王"，晋文公应该译作 Prince Wen (of Jin)。

14.《秦誓》曰："若有一介臣，断断兮，无他技，其心休休焉，其如有容焉。人之有技，若己有之。人之彦圣，其心好之，不啻若自其口出，实能容之。以能保我子孙黎民，尚亦有利哉！人之有技，媢疾以恶之。人之彦圣，而违之俾不通，实不能容。以不能保我子孙黎民，亦曰殆哉！"唯仁人放流之，迸诸四夷，不与同中国。此谓唯仁人为能爱人，能恶人。见贤而不能举，举而不能先，命也。见不善而不能退，退而不能远，过也。好人之所恶，恶人之所好，是谓拂人之性，灾必逮夫身。

理雅各: In the Declaration of the Duke of Ch'in, it is said, "Let me have but one minister, plain and sincere, not pretending to other abilities, but with a simple, upright, mind; and possessed of generosity, regarding the talents of others as though he himself possessed them, and, where he finds accomplished and perspicacious men, loving them in his heart more than his mouth expresses, and really showing himself able to bear them and employ them: ——such a minister will be able to preserve my sons and grandsons and black - haired people, and benefits likewise to the kingdom may well be looked for from him. But if it be his character, when he finds men of ability, to be jealous and hate them; and, when he finds accomplished and perspicacious men, to oppose them and not allow their advancement, showing himself really not able to bear them: such a minister will not be able to protect my sons and grandsons and people; and may he not also be pronounced dangerous to the state?"

It is only the truly virtuous man who can send away such a man and banish him, driving him out among the barbarous tribes around, determined not to dwell along with him in the Auddle Kingdom. This is in accordance with the saying, "It is only the truly virtuous man who can love or who can hate others."

To see men of worth and not be able to raise them to office; to raise them to office, but not to do so quickly: ——this is disrespect-ful. To see bad men and not be able to remove them; to remove them, but not to do so to a distance: ——this is weakness.

To love those whom men hate, and to hate those whom men love; ——this is to outrage the natural feeling of men. Calamities cannot fail to come down on him who does so.

Thus we see that the sovereign has a great course to pursue. He must show entire self – devotion and sincerity to attain it, and by pride and extravagance he will fail of it.

庞德: It is said in the Ch' in Declaration: If I had but one straight minister who could cut the crackle (ideogram of the ax and the documents of the archives tied up in silk), yes, if without other a-bilities save simple honesty, a moderate spender but having the mag-nanimity to recognize talent in others, it would be as if he himself had those talents; and when others had erudition and wisdom he would re-ally like it and love them, not merely talk about it and make a show from the mouth outward but solidly respect them, and be able to stand having talented men about him; such a man could sustain my sons and descendents and the black – haired people, and benefits would mount up from him.

But if, when others have ability, he acts like a jealous female sick with envy, and hates them; and if, when others have knowledge and sage judgments, he shoves them out of the way and prevents their promotion and just can't stand'em when they have real worth, he will not preserve my sons and grandsons and the Chinese people, in fact he can be called a real pest.

Only the fully humane man will throw out such a minister and send him off among the barbarians of the frontiers. He will not associate with him in the Middle Kingdom; that is what is meant by: Only the fully humane man can love another; or can really hate him.

To see high merit and be unable to raise it to office, to raise it but not to give such promotion precedence, is just destiny; to see iniquity and not have the capacity to throw it out; to throw it out and not have the capacity to send it to distant exile, is to err.

To love what the people hate, to hate what they love is called doing violence to man's inborn nature. Calamities will come to him who does this (definite physical calamities), the wild grass will grow over his dead body.

"断断兮", 朱熹注解为: "诚一貌也"。理雅各的翻译与此一致。庞德的翻译是按字面引申出去的, 他把"断"理解为"切断"。不合原文的意思。这里的"断断"应该理解为"绝对"的意思, 起状语作用。另外, 朱熹的解释也值得商榷。"举而不能先, 命也"这里, 关于"命"的意思, 经学家们有争议。朱熹的注释是: "命, 郑氏云: '当作慢。' 程子云: '当作'怠'。' 未详熟是。"理雅各是按"慢", 即"不尊重"的意思来翻译的。庞德则是按字面的意思"命运"来翻译的。从上下文来看, 这种翻译明显是错误的。

"灾必逮夫身。"庞德译作"Calamities will come to him who does this (definite physical calamities), the wild grass will grow over his dead body."其中后半句属于译者自己所加。

15. 是故君子有大道: 必忠信以得之, 骄泰以失之。生财有大道: 生之者众, 食之者寡, 为之者疾, 用之者舒, 则财恒足矣。仁者以财发身, 不仁者以身发财。未有上好仁而下不好义者也, 未有好义其事不终者也, 未有府库财非其财者也。孟献子曰: "畜马乘不察于鸡豚, 伐冰之家不畜牛羊, 百乘之家不畜聚敛之臣。与其有聚敛之臣, 宁有盗臣。"此谓国不以利为利, 以义为利也。长国家而务财用者，必自小人矣。彼为善之，小人之使为国家，灾害并至。虽有善者，亦无如之何矣！此谓国不以利为利，以义为利也。

理雅各：Thus the true man has his great mode of action which must be from the plumb center of his heart, maintaining his given word that he come to his deed in due hour. Pride and jactancy lose all this.

There is a great course also for the production of wealth. Let the producers be many and the consumers few. Let there be activity in the production, and economy in the expenditure. Then the wealth will always be sufficient.

The virtuous ruler, by means of his wealth, makes himself more distinguished. The vicious ruler accumulates wealth, at the expense of his life.

Never has there been a case of the sovereign loving benevolence, and the people not loving righteousness. Never has there been a case where the people have loved righteousness, and the affairs of the sovereign have not been carried to completion. And never has there been a case where the wealth in such a state, collected in the treasuries and arsenals, did not continue in the sovereign's possession.

The officer Mang Hsien said, "He who keeps horses and a carriage does not look after fowls and pigs. The family which keeps its stores of ice does not rear cattle or sheep. So, the house which possesses a hundred chariots should not keep a minister to look out for imposts that he may lay them on the people. Than to have such a minister, it were better for that house to have one who should rob it of its revenues. " This is in accordance with the saying: —— "In a state, pecuniary gain is not to be considered to be prosperity, but its prosperity will be found in righteousness. "

When he who presides over a state or a family makes his reve-
nues his chief business, he must be under the influence of some
small, mean man. He may consider this man to be good; but when
such a person is employed in the administration of a state or family,
calamities from Heaven, and injuries from men, will befall it togeth-
er, and, though a good man may take his place, he will not be able to
remedy the evil. This illustrates again the saying, "In a state, gain is
not to be considered prosperity, but its prosperity will be found in
righteousness. "

庞德: And there is a chief way for the production of wealth,
namely, that the procedures be many and that the mere consumers be
few; that the artisan mass be energetic and the consumers temperate,
then the constantly circulating goods will be always a – plenty.

"Good king is known by his spending, ill lord by his taking. "
The humane man uses his wealth as a means to distinction, the inhu-
mane becomes a mere harness, an accessory to his takings. There has
never been in high place a lover of the human qualities, of full man-
hood, but that those below him loved equity.

Never have such lovers of equity failed to carry through their
work to completion, nor have the treasures in such a ruler's libraries
and arsenals not been used to his benefit and stayed his. The official,
Meng Hsien, said: Men who keep horses and carriages do not tend
fowls and pigs; a family that uses ice in its ancestral ceremonies does
not run a cattle and sheep farm; one having a fief of a hundred war
chariots does not maintain a minister to clap people into the Black Ma-
ria (for non – payment of unjust taxes). Rather than have a minister
who claps people into the police van (nefariously) it would be better

to have one who robs the state funds.

That is the significance of the phrase: a country does not profit by making profits, its equity is its profit. When the head of a state or family thinks first of gouging out an income, he must perforce do it through small men; and even if they are clever at their job, if one employ such inferior characters in state and family business the tilled fields will go to rack swamp and ruin and edged calamities will mount up to the full; and even if, thereafter, an honest man be brought into the administration he will not be then able to find remedy for these ills.

That is the meaning of: A state does not profit by profits. Honesty is the treasure of states.

第一句庞德漏译。"不畜聚敛之臣"译作"claps people into the police van（nefariously）"，还给人一种不伦不类、无视历史背景的感觉，古人哪里有什么现代化的"警车"、"囚车"呢？

"伐冰之家"指的是卿大夫以上的贵族。所谓"伐冰"是指贵族们在丧葬和祭祀仪式上使用冰。理雅各的翻译不够透彻，庞德注意了"伐冰"的内涵，是按经学注释来翻译的，但也不够完备。可译作 uses ice in sacrificing and funeral ceremonies。"百乘之家"指的是有采邑的大臣，庞德翻译成"one having a fief of a hundred war chariots"，合理。"不畜聚敛之臣"，庞德译作"does not maintain a minister to clap people into the Black Maria（for non - payment of unjust taxes）"，使用的是比喻的说法，不够妥帖。因为"Black Maria"是"囚车"的意思，"clap into Black Maria"并不能表达原文的意思。

"国不以利为利，以义为利也。"这里的三个"利"意思不同。前一个"利"指的是财物上的所得，后两个"利"指的当是国家获得的真正益处，即以德受天命，以德服民之大利益。庞

德 "a country does not profit by making profits, its equity is its prof-
it." 中的 "profit" 有益处和利润的意思。用来翻译前一个
"利"字，尚可；用来翻译后两个"利"字，不妥。理雅各把第
一个"利"译成"pecuniary gain"，较确切；后两个"利"，译
成"prosperity"，似乎跟前面的"pecuniary gain"意思上不对应。
可以改译成 benefit。至于"义"，理雅各的"righteousness"主要
是一个道德概念，与"义"较吻合，庞德的"equity"则兼有道
德和法律两方面的含义，主要是公正的意思，不如前者恰当。

第二节　《中庸》翻译例析

《中庸》一书的翻译，在《四书五经》中一直算是比较少
的。意大利传教士殷铎泽（Prosper Intorcetta，1625—1696 年），
于 1661 年返回罗马的旅途中翻译了《中庸》，书名为《中国的
政治道德学》（*Sinarum Scientia Politic Moralis*）。这本书共有三个
版本，1667 年广州版，1669 年印度果阿版，1672 年巴黎版。这
部书包括一个前言，54 页的拉丁文译稿和 8 页的儒学书目。殷
铎泽是全译《中庸》的第一人。[①] 卫方济（Franciscus Noel，
1651—1729 年），比利时人。他用拉丁文翻译了"四书"的全
部。译者参照中国古注直译，把《中庸》译为《不变之中道》。
这是当时《中庸》稍完备的译本。此外，伯应理（Philippus
Couplet，1624—1693 年）与殷铎泽、恩理格（Christian Herd-
tricht）、鲁日满（Francicus de Rougemont）、卫方济等 17 位传教
士在根据利玛窦的《四书》译稿整理和翻译《中国哲学家孔子》
（即《四书》）时，也把《中庸》一同翻译过，并由殷铎泽做了
注释。但以上翻译使用的都是拉丁文。卫礼贤（Richard Wil-

---

① 姜林祥：《儒学在国外的传播与影响》，齐鲁书社 2004 年版。

helm）曾将《中庸》翻译成德文。顾瑟芬（Seraphin Couvreur）将《中庸》译成法文。以上译本因为语言的原因，此处不作研究。将《中庸》译成英文的主要有理雅各（James Legge）和庞德（Ezra Pound）。此就理雅各和庞德译本的翻译状况进行研究。

1. 天命之谓性，率性之谓道。

理雅各：What Heaven has conferred is called THE NATURE; an accordance with this nature is called THE PATH of duty;

庞德：What heaven has disposed and sealed is called the inborn nature. The realization of this nature is called the process.

理雅各前两句译文比较准确，尤其是"天命"和"率性"两语的翻译可谓中肯。天命即天赋。朱熹解释说："天以阴阳五行化生万物，气以成形，而理亦赋焉，犹命令也。"[1] 所以，这里的天命实际上就是指的人的自然禀赋，并无神秘色彩。但"道"的翻译仍觉不足，duty 一词犹让人觉得与前文不协调。既然是天性，就不仅仅是 duty（义务，责任）所能概括的。"天性"应该是高于包括社会伦理中的 duty 在内的一切人的因素。因此，道并不是"责任/义务之路"。庞德这两句译文比较独特，但给人一种难言的怪异感。将其译文回译过来就是：天已经安排好并盖了印章的叫做天性，天性的实现叫做过程。庞德的翻译既冗长又神秘，仿佛有个神在给每个人作安排并盖章印证一样。"率"是遵循的意思，译作 realization（实现）不合原意。

2. 道也者，不可须臾离也，可离非道也。是故君子戒慎乎其所不睹，恐惧乎其所不闻。莫见乎隐，莫显乎微。故君子慎其独也。

理雅各：The path may not be left for an instant. If it could be left, it would not be the path. On this account, the superior man does

---

① 朱熹：《四书集注·中庸章句》，岳麓书社 2004 年版。

not wait till he sees things, to be cautious, nor till he hears things, to be apprehensive. There is nothing more visible than what is secret, and nothing more manifest than what is minute. Therefore the superior man is watchful over himself, when he is alone.

庞德: You do not depart from the process even for an instant; what you depart from is not the process. Hence the man who keeps rein on himself looks straight into his own heart at the things wherewith there is no trifling; he attends seriously to things unheard. Nothing is more outwardly visible than the secrets of the heart, nothing more obvious than that one attempts to conceal.

原文是说人要遵循自然常道, 无法须臾离开。可离开的就不是自然之常道了。理雅各的翻译比较准确。庞德译文用一般现在时使"不离道"成了一种自然状态, 不合原意, 前后句也不合乎逻辑。我认为, 译文句中应该使用摹状词 may 或 can。"所不睹, 所不闻"指的是别人看不到, 听不到的地方。所以译文不准确。再者, "戒慎乎"译作"looks straight into his own heart", 与《大学》中"德"的译法一模一样, 两者难免混淆。"莫见乎隐, 莫显乎微"意思是说, 越是隐蔽的地方越是明显, 越是细微的地方越是显著。而译文是说, 越是心里想的秘密越是明显, 越是想藏匿的越是显而易见。与原文意思差距较大。

3. "中也者, 天下之大本也; 和也者, 天下之达道也。"

理雅各: This EQUILIBRIUM is the great root from which grow all the human actings in the world, and this HARMONY is the universal path which they all should pursue.

庞德: That axis in the center is the great root of the universe; that harmony is the universe's outspread process (of existence).

前文说: "喜怒哀乐之未发, 谓之中; 发而皆中节, 谓之和。"即, "中"是没有受到情绪影响时的平静心态, "和"是情绪在发生时应该有所节制，要合乎一定的礼节法度，不能过分。理雅各把"中"解作"equilibrium"（平衡），把"和"解作"harmony"，都比较符合这里的意思。庞德把"中"比作在中间的轴线，颇形象，但不够中肯。后文接着又说这条轴线是宇宙的大根本，用的是比喻手法，但中轴线是在中间的，根是在底部的，说轴线是根，这两个比喻之间似乎缺乏逻辑上的关联。前文既如此，后文的"和"却没用比喻，而用了"harmony"，与前文的"axis"比喻所体现的形象思维相比较，思维一下子变得抽象起来，在行文上也显得不够协调。而且这句话的意思是"和是生存的宽阔大道"。与原文相比较，似是而非。

4. 仲尼曰："君子中庸，小人反中庸。"君子之中庸也，君子而时中。小人之（反）中庸也，小人而无忌惮也。

理雅各：The superior man embodies the course of the Mean; the mean man acts contrary to the course of the Mean. The superior man's embodying the course of the Mean is because he is a superior man, and so always maintains the Mean. The mean man's acting contrary to the course of the Mean is because he is a mean man, and has no caution.

庞德：The master man finds the center and does not waver; the mean man runs counter to the circulation about the invariable. The master man's axis does not wobble. The man of true breed finds this center in season, the small man's center is rigid, he pays no attention to the times and seasons, precisely because he is a small man and lacking all reverence.

理雅各把中庸译作"中庸之道"本身没有错，但似乎这里的"course"用来指更为抽象的"道"更好些，比如上文的"率性之谓道"。"君子"译作"master man"不妥。Master可以指技术熟练的人，或主人；可译作大师、师傅，或少爷、老师等。

center 是中心的意思，并不是两个极端之中间的意思。本句的"中庸"被译作"finds the center and does not waver"和"runs counter to the circulation about the invariable"，概念不一致。其中"the invariable"可以理解为"不变的事务"，并不是中庸的意思。庞德把"君子之中庸也，君子而时中。"断错了句，所以译成了两句，而且中庸又换了译法："axis does not wobble"，意思是"轴不摇晃"。"时"的原意是"时时刻刻"的意思，被误译成了"in season"。"小人之中庸也，小人而无忌惮也。""Rigid"的意思含糊，似与原文毫无关系，令人不知所云，由于上文"时"的错误而此部分译文全盘皆错。"he pays no attention to the times and seasons,"完全是由"in season"而得来，因此，此部分译文纯属臆测。

5. 子曰："中庸其至矣乎！民鲜能久矣！"

理雅各：The Master said, Perfect is the virtue which is according to the Mean! Rare have they long been among the people, who could practice it!

庞德：He said：center oneself in the invariable：some have managed to do this, they have hit the true center, and then? Very few have been able to stay there.

这句话是讲孔子感叹中庸是最高的德行，很少人能做到中庸，这种情况已经很久了。理雅各的第二句翻译意思是"它们在民众中长久的情况很少，谁能践行它！"意思与原文并不相同。另外，前后文中"they"（它们）和"it"（它）不一致，所指模糊。庞德的整句翻译都错了。首先，中庸并不等于把自己放在不变的事物的中心。译文说有些人已经设法达到了把自己放在不变的事物中心的程度，但很少人能停留在那里。"鲜能久"被理解成了"很少人能长久做到中庸了"。

6. 子曰："天下国家可均也，爵禄可辞也，白刃可蹈也，中庸不可能也。"

理雅各：The Master said, "The kingdom, its States, and its families, may be perfectly ruled; dignities and emoluments may be declined; naked weapons may be trampled under the feet; - but the course of the Mean cannot be attained to. "

庞德：Kung said: The empire, kingdoms, can be governed harmoniously; honors and salaries can be refused, you can tread sharp weapons and bright steel underfoot, without being able to stand firm in the unwavering center.

孔子的话意思是说，天下国家可以治理，官爵俸禄可以放弃，雪亮的刀刃可以践踏而过，中庸却不容易做到。理雅各整句翻译基本上达意。庞德前两句译得尚合理，后两句却译错了，其意思是：锋利的武器和明亮的钢刀踩在脚下正中央，人无法站得牢。本来原文前三句是以三件事情难做来喻说中庸的极难之处，这后边的错误使本部分内容失去了意义。

7. 君子之道费而隐。夫妇之愚，可以与知焉，及其至也，虽圣人亦有所不知焉。夫妇之不肖，可以能行焉，及其至也，虽圣人亦有所不能焉。天地之大也，人犹有所憾。故君子语大，天下莫能载焉；语小，天下莫能破焉。

理雅各：The way which the superior man pursues, reaches wide and far, and yet is secret. Common men and women, however ignorant, may intermeddle with the knowledge of it; yet in its utmost reaches, there is that which even the sage does not know. Common men and women, however much below the ordinary standard of character, can carry it into practice; yet in its utmost reaches, there is that which even the sage is not able to carry into practice. Great as heaven and earth are, men still find some things in them with which to be dissatisfied. Thus it is that, were the superior man to speak of his way in all its greatness, nothing in the world would be found able to embrace it, and were he to speak of it in its minuteness, nothing in the world would be found able to split it.

庞德：The ethic of the man of breed implies a great deal, but is not showy; it is fecund, distributive, tranquil, secret and minute.

Quite humble or simple people can participate in this ethic, but in its utmost not even the sage can know all of the process; the simple and sub – mediocre can follow some of the precepts, but in its utmost mot even the sage can realize all of it. Great as heaven and earth men find something to say against them in criticism; when the man of breed uses the word "great" he means something which nothing can contain; when he defines the minute he means something which nothing can split.

君子之道的"道"当指前文的中庸之道，前文已有"The Path of the Mean"和"the Course of the Mean"两种译法，这里又出现了"the way"的译法，与前文不一致，这势必造成概念上的混乱。庞德翻译第一句时尽管用了很多词，做了很多阐释，但并没有击中要害，并且把精神歪曲了。"道"并不是只讲伦理，"费"和"隐"就是"广大"和"精微"，是至大至精，无处不在的意思。但庞德的译文说：有教养的人的伦理含义很多，但并不是为了炫耀，它丰富、广博、安静、秘密、微小。与原文的意思并不一样。"人犹有所憾"意思是尽管天地广大，但人们仍不满足其广大。并不是像庞德所说的那样，人们仍然"批评天地"。"语大"不是用"大"字之意，而是指君子讲天地万物之根本大道，因此，译作"the word great"不妥；"语小"是指君子讲至精的道理，即精理微言，亦非"小"字之意，因此庞德翻译的"大"、"小"，表面看上去很贴切，实际上不着边际。

8. 其次致曲，曲能有诚。诚则形，形则著，著则明，明则动，动则变，变则化。唯天下至诚为能化。

理雅各：Next to the above is he who cultivates to the utmost the shoots of goodness in him. From those he can attain to the possession of sincerity. This sincerity becomes apparent. From being apparent, it becomes manifest. From being manifest, it becomes brilliant. Brilliant, it affects others. Affecting others, they are changed by it. Changed by it, they are transformed. It is only he who is possessed of the most complete sincerity that can exist under heaven, who can transform.

庞德：He who does not attain to this can at least cultivate the good shoots with him, and in cultivating them arrive at precision in his own terminology, that is, at sincerity, at clear definitions. The sincerity will begin to take form; being formed it will manifest; manifest, it will start to illuminate, illuminating to function, functioning to effect changes. Only the most absolute sincerity under heaven can effect any change [in things, in conditions].

"其次致曲"意思是当不能达到完全"诚"的境界时，就在某一个方面努力达到"诚"。朱熹曰："曲，一偏也。"达到这一境界的人可谓贤人。"形"即显露之意。朱熹曰："形，积中而发外。"① "著"是"显著"之意。朱熹解释为"加显"。"明"是在"显"之上进一步发出光辉的意思。"动"是指"诚能动物"②，"变"指物在"诚"的动力下发生变化，即"物从而变"③。"化"是指天下至诚能化育万物，比如日月即如此。

从根本上讲，朱熹认为这一节经文是"言天道也"，即阐述

---

① 朱熹：《四书集注·中庸章句》，岳麓书社 2004 年版。
② 同上。
③ 同上。

普遍道理，并非指某一个人。因此，理雅各用"shoots of good-ness"来翻译"曲"字，是把"曲"和"本"相类比，就误解了"曲"的含义。从"明则动"往下，理雅各的译文不通，起因是"they"的所指陷入混乱。最后一句的翻译，译者把"诚"从天道落到人道上，从而变得狭隘。

庞德的翻译中"shoots of goodness"可能是承袭了理雅各的观点。其最大的问题是把"诚"理解成了人在语言表达上的真诚，因此使用了诸如"terminology, clear definitions"之类的词。他的译文缺乏前后的一致性，前文指人，后文转向指天，前后逻辑有矛盾。从"The sincerity will begin to take form"一句开始，后文与前文出现了明显的逻辑和语意断裂。

9. 诚者，自成也；而道，自道也。诚者，物之终始，不诚无物。是故君子诚之为贵。诚者，非自成己而已也，所以成物也。成己，仁也；成物，知也。性之德也，合外内之道也，故时措之宜也。

理雅各：Sincerity is that whereby self – completion is effected, and its way is that by which man must direct himself. Sincerity is the end and beginning of things; without sincerity there would be nothing. On this account, the superior man regards the attainment of sincerity as the most excellent thing. The possessor of sincerity does not merely accomplish the self – completion of himself. With this quality he completes other men and things also. The completing himself shows his perfect virtue. The completing other men and things shows his knowledge. Both these are virtues belonging to the nature, and this is the way by which a union is effected of the external and internal. Therefore, whenever he—the entirely sincere man——employs them, ——that is, these virtues, ——their action will be right.

庞德：He who defines his words with precision will perfect himself and the process of this perfecting is in the process (that is, in the process par excellence defined in the first chapter, the total process of nature). Sincerity is the goal of things and their origin, without this sincerity nothing is. On this meridian the man of breed respects, desires sincerity, holds it in honor and defines his terminology. He who possesses this sincerity does not lull himself to somnolence perfecting himself with egocentric aim, but he has a further efficiency in perfecting something outside himself. Fulfilling himself he attains full manhood, perfecting things outside himself he attains knowledge. The inborn nature begets this activity naturally, this looking straight into oneself and thence acting. These two activities constitute the process which unites outer and inner, object and subject, and thence constitutes a harmony with the seasons of earth and heaven.

　　"诚者，自成也；而道，自道也"两句，朱熹注曰："言诚者物之所以自成，而道者人之所当自行。"即，从宏观上讲，诚是指物的本性，"诚以心言，本也"①。道则是根本法则，它是自然成就而非人为。换句话说就是，诚也自然，道也自然。因此朱熹认为此段经文是"言天道也"②。理雅各的首句翻译即从天道降落到了人道上，从自然变成人为，其错误自不待言。庞德用"defines his words with precision"翻译"诚"这一哲学范畴，是错将其误认为语言范畴。其实诚是指"心"，指本性。"而道，自道也"庞德也把它错译成"自我完善是道"了。

　　"诚者，非自成己而已也，所以成物也。"这句话的意思是，诚不仅能使人完善自我，而且能由己及物，即"诚"能使人彻底洞察和了解事物，也就是后文所说的"知"。庞德的翻译"He

---

①　朱熹：《四书集注·中庸章句》，岳麓书社 2004 年版。
②　同上。

who possesses this sincerity does not lull himself to somnolence perfecting himself with egocentric aim, but he has a further efficiency in perfecting something outside himself" 都引入了利己主义（egocentric）观念，真乃谬之极矣！人怀有诚心，并不能使身外之物完善，但庞德恰恰是这样翻译的。其实，诚之所谓成物，仅是成内心之物而已，即用诚心来洞悉外物而已。庞德把这两层意思全部翻译反了。

10. 故至诚无息，不息则久，久则征，征则悠远，悠远则博厚，博厚则高明。博厚，所以载物也；高明，所以覆物也；悠久，所以成物也。博厚配地，高明配天，悠久无疆。如此者，不见而章，不动而变，无为而成。

理雅各：Hence to entire sincerity there belongs ceaselessness. Not ceasing, it continues long. Continuing long, it evidences itself. Evidencing itself, it reaches far. Reaching far, it becomes large and substantial. Large and substantial, it becomes high and brilliant. Large and substantial; ——this is how it contains all things. High and brilliant; ——this is how it overspreads all things. Reaching far and continuing long; ——this is how it perfects all things. So large and substantial, the individual possessing it is the co - equal of Earth. So high and brilliant, it makes him the co - equal of Heaven. So far - reaching and long - continuing, it makes him infinite. Such being its nature, without any display, it becomes manifested; without any movement, it produces changes; and without any effort, it accomplishes its ends.

庞德：Hence the highest grade of this clarity has no limit, it neither stops nor stays. Not coming to a stop, it endures; continuing durable, it arrives at the minima (the seeds whence movement springs). With this penetration of the solid it has effects upon things, with this shining from on high, that is with its clarity of comprehension, now here, now yonder, it stands in the emptiness above with the sun, seeing and judging, interminable in space and in time, searching, enduring, and therewith it perfects even external things. In penetrating the solid it is companion to the brotherly earth [offers the cup of mature wine to the earth] standing on high with the light of the intellect it is companion of heaven persisting in the vast, and in the vast of time, without limit set to it. Being thus in its nature; unseen it causes harmony; unmoving it transforms; unmoved it perfects.

理雅各的翻译比较完全和准确地再现了本段经文的含义。顶真推理的思维方法也基本上保留了下来。庞德的此段翻译，问题仍然出在对"诚"的根本理解上。因此整个一段的意旨都被歪曲了。"诚"译作"clarity"仍然不准确，这只是"defines his words with precision"的另一说法而已。"征"是"表露于外"的意思，并不是"minima"——孕育事物的种子。

11. 天地之道，可一言而尽也：其为物不二，则其生物不测。天地之道，博也，厚也，高也，明也，悠也，久也。今夫天，斯昭昭之多，及其无穷也，日月星辰系焉，万物覆焉。今夫地，一撮土之多，及其广厚，载华岳而不重，振河海而不泄，万物载焉。今夫山，一卷石之多，及其广大，草木生之，禽兽居之，宝藏兴焉。今夫水，一勺之多，及其不测，鼋鼍、蛟龙、鱼鳖生焉，货财殖焉。

理雅各：The way of Heaven and Earth may be completely declared in one sentence. - They are without any doubleness, and so they produce things in a manner that is unfathomable. The way of Heaven and Earth is large and substantial, high and brilliant, far - reaching and long - enduring. The Heaven now before us is only this bright shining spot; but when viewed in its inexhaustible extent, the sun, moon, stars, and constellations of the zodiac, are suspended in it, and all things are overspread by it. The earth before us is but a handful of soil; but when regarded in its breadth and thickness, it sustains mountains like the Hwa and the Yo, without feeling their weight, and contains the rivers and seas, without their leaking away. The mountain now before us appears only a stone; but when contemplated in all the vastness of its size, we see how the grass and trees are produced on it, and birds and beasts dwell on it, and precious things which men treasure up are found on it. The water now before us appears but a ladleful; yet extending our view to its unfathomable depths, the largest tortoises, iguanas, iguanodons, dragons, fishes, and turtles, are produced in it, articles of value and sources of wealth abound in it.

庞德: The celestial and earthly process can be defined in a single phrase; its actions and its creations have no duality. (the arrow has not two points) There is no measuring its model for the creation of things. The celestial and earthly process pervades and is substantial; it is no high and gives light, it comprehends the light and is lucent, it extends without bound, and endures. In the heavens present to us, there shine separate sparks, many and many, scintillant, but the beyond [what is beyond them] is not like a corpse in a shut cavern. Sun, moon and the stars, the sun's children, the signs of the zodiac measuring the times, warners of transience, it carries all these suspended, thousand on thousand, looking down from above the multitude of things created, it carries them, now here, now there, keeping watch over them, inciting them, it divides the times of their motions; they are bound together, and it determines their successions in a fixed order. The visible heaven is but one among many. This earth that bears you up is a handful of sand, but in its weight and dusky large, it holds The Flower Mount and Dog Mountain without feeling the weight of them; Hoang Ho, the river, and oceans surge and the earth loses not a drop of their waters, holding them in their beds, containing the multitude of their creatures. Mount Upholder that you now look upon is but a fold of rock amid many, a pebble, and on its sides grow the grasses and trees, sheltering wild fowl and the partridge, the four‑footed beasts and stags; gems are hidden within it abundantly that were for delight or for commerce. This water is but a spoonful a‑mid many; it goes forth and in its deep eddies that you can in no wise fathom there be terrapin and great turtles, monsters, crocodiles, drag‑ons, fish and crustaceans to make rich whomso will seek with a bold eye into their perils.

　　"天地之道"，即天地存在和运行孕育万物的根本道理。理雅各用 "The way of Heaven and Earth" 不能达其真意。庞德用 "The celestial and earthly process" 也不能达其原意。所谓 "为物不二" 是指天地造物的真诚，因为其一心一意地孕育万物，所以生出的万物气象万千，浩瀚无涯，不可测度。这样，理雅各翻译 "其为物不二，则其生物不测。" 为 "They are without any doubleness, and so they produce things in a manner that is unfathoma‑ble." 已经不是原文的意思。一者 "without any doubleness" 不是 "不二"，诚是除了真诚而无他之意。而用 "in a manner that is unfathomable" 来说明 "生" 也不对。实际上，原文中的 "不测" 指的不是 "生" 字，而是指 "物" 不可测。这部分译文，基本上歪曲了原文的意思。后文的翻译，理雅各基本不存在问题。庞德的译文冗长，大多属于自我理解的阐发，字面上与原文差距较大，如 "一卷石" 即一块拳头大的石头，并非 "a fold of rock"。虽在表述上有浓重的文学语言的比喻和夸张之风，但意旨大致正确。不过，从整体上来说，庞德用这种偏文学化的语言来翻译儒家哲学思想，总给人以隔靴搔痒、方枘圆凿之感。这是庞德儒家经典翻译中存在的一个普遍现象。文学语言到底适不适合用来翻译哲学经典，这个问题值得在翻译理论上予以分析和探讨。

第三节　《论语》翻译例析

《论语》是儒家经典中被翻译得最早的书。早期传教士利玛窦首先翻译《四书》，命名为《中国箴言》，其中有选自《论语》的章句。

据马祖毅研究，《论语》的最早的全译本出自意大利耶稣会士殷铎泽（Prosper Intercetta, 1625—1696 年）和葡萄牙耶稣会士郭纳爵（Ignatius da Costa, 1599—1666 年）之手，属拉丁文译本，1667 年在广州出版。① 据顾彝考查，《论语》最早的西文完整版本于 1687 年在巴黎出版，即耶稣会会士的柏应理拉丁文《中国哲学家孔子，用拉丁文解释中国人的智慧》（*Confucius Sinarum Philosophus*, *Sive Scientia Sinensis Latine Exposita*）。② 1868 年俄国汉学家王西里俄文《论语》出版，后来巴·波波夫也翻译了《论语》。德国汉学家卫礼贤（Richard Wilhelm, 1871—1930 年）于 20 世纪初翻译了德文版《论语》。

19 世纪后半叶以后，陆续出现了英文《论语》译本。理雅各于 1861 年翻译的英文版《论语》，是有史以来质量最高的外文全译本。1916 年英国汉学家亚瑟·韦利翻译出版《论语》全

---

① 马祖毅：《汉籍外译史》，湖北教育出版社 1997 年版，第 34—44 页。
② 顾彝："《论语》在海外的传播"，《北京图书馆馆刊》1999 年第 2 期。

译本，这是另一质量较高的译本。1947 年美国诗人庞德翻译并出版《论语》全译本，[①] 这是一本具有诗性语言的译本。另外，1907 年英国伦敦 J. Murray 出版公司还出版了翟利斯（Lionel Giles）的《论语》选译本（"The sayings of Confucius : a new translation of the greater part of the Confucian analects"）。

1997 年，美国诺顿出版社出版了澳大利亚籍比利时汉学家、小说家和文化评论家西蒙·利斯（Simon Leys）（即彼埃尔·里克曼斯 - Pierre Ryckmans）的译本。顾彝赞扬利斯的版本精细且优美。其实，利斯版本中的问题也较多。

1997 年，美国牛津大学出版社出版了由美籍华人黄治中翻译的《论语》译本。该译本可谓目前所见的最新的译本。除了《论语》译文以外，该译本还包括了"引言"、"术语"、"比较历史年代表"、"发音指南"、"地图"、"中国历史年代表"、"孔夫子生平"、"孔夫子的弟子"和"索引"等部分。

另外，西方还出版了一批新的《论语》译本，说明儒家思想的传播在西方又出现了一个高潮。其中包括：*The Analects/ Confucius : translated by David Hinton*，由大卫·辛顿（David Hinton）翻译，华盛顿汇点公司（Counterpoint）1998 年出版；*The analects of Confucius : a philosophical translation*，由罗杰·T. 埃米斯（Roger T. Ames）和小亨利·罗兹蒙特（Henry Rosemont, Jr）翻译，由纽约 Ballantine Publishing Group 于 1998 年出版；*The original analects : sayings of Confucius and his successors, a new translation and commentary*，由 E. 布鲁斯·布鲁克斯（E. Bruce Brooks）和 A. 泰科·布鲁克斯（A. Taeko Brooks）翻译并注释，哥伦比亚大学出版社于 1998 年出版；*The Analects / Confucius :*

---

① Confucius: the Great digest, the Unwobbling pivot, the analects. New York: New Directions Pub. Corp. , 1969, c1951.

Translated with an Introduction and Notes，由雷蒙德·多森（Raymond Dawson）翻译，牛津大学出版社于 1993 年出版；*The Analects*；*or*，*The Conversations of Confucius with his Disciples and Certain others*，由威廉·爱德华·苏特希尔（William Edward Soothill）翻译，后由其女郝茜（Hosie）编辑，并由牛津大学出版社于 1937 年出版；*Confucius*：*translated by D. C. Lau*，由刘殿爵翻译和注释，由香港中文大学出版社 1992 年出版。

这些译本中，流传较为广泛的是理雅各、韦利、刘殿爵、庞德译本。所以，此处以上述四个译本为样本，对《论语》的翻译状况进行分析。

1. 子曰："学而时习之，不亦说乎？有朋自远方来，不亦乐乎？人不知而不愠，不亦君子乎？"

理雅各：The Master said, "Is it not pleasant to learn with a constant perseverance and application? Is it not delightful to have friends coming from distant quarters? Is he not a man of complete virtue, who feels no discomposure though men may take no note of him?"

刘殿爵：The Master said, "Is it not a pleasure, having learned something, to try it out at due intervals? Is it not a joy to have friends come from afar? Is it not gentlemanly not to take offence when others fail to appreciate your abilities?"

韦利：The Master said, To learn and at due times to repeat what one has learnt, is that not after all a pleasure? That friends should come to one from afar, is this not after all delightful? To remain unsoured even though one's merits are unrecognized by others, is that not after all what is expected of a gentleman?

庞德：He said: Study with the seasons winging past, is not this pleasant? To have friends coming in from far quarters, not a delight?

Unruffled by men's ignoring him, also indicative of high breed.

　　第一句的原意可以解释为：对于学过的知识，要时不时地温习它。朱熹注曰："学之为言效也。人性皆善，而觉有先后，后觉者必效先觉之所为，乃可以明善而复其初也。习，鸟数飞也。学之不已，如鸟数飞也。说，喜意也。既学而又时习之，则所学者熟，而中心喜说，其进自不能已矣。程子曰：'习，重习也。时复思绎，浃洽于中，则说也。'又曰：'学者，将以行之也。时习之，则所学者在我，故说。'谢氏曰：'时习者，无时而不习。坐如尸，坐时习也；立如齐，立时习也。'"理雅各将该句译作"to learn with a constant perseverance and application"，以"application"一词较好的体现了温习、应用之义，"constant application"即要将学过的知识时常加以运用；但同时在该句中，理雅各又以"perseverance"一词来强调学习要有坚持不懈的精神。深究其用意，足见理雅各本人对学和习的持之以恒视为同等重要。仲修有云："既欲学圣人，自无作辍。出入起居之时，学也。饮食游观之时，学也。疾病死生之时，亦学也。"① 可见，欲为学，持之以恒乃根本。理雅各的翻译，正是符合这个观点，可谓难能可贵。

　　刘殿爵将"习"理解为"try out"，回归到原文中来理解该词，即为对于学过的知识要时常试验一下（辨其善用与否，正确与否），还是有些偏颇。

　　韦利将"时习"译为"at due times to repeat what one has learnt"，其中"repeat"一词体现了对于所学知识要不断重复，不断复习的含义，但与理雅各的"practice"相比较，"repeat"给人以机械重复的印象，对于所学知识要时常温故知新这一点则没能很好地体现出来，因此译文不够准确。

---

　　① 程树德：《论语集释一》，中华书局2006年版，第4页。

另外，三位译者一致将"学"字理解为学习。"学"到底是什么意思呢？"'所谓学者，非记问诵说之谓，……所以学圣人也'；孔子以'不迁怒，不贰过为好学'，此其一；以'言行寡尤悔为学'，此其二；'以修身为本'，此谓三。"① 可见，孔子的"学"讲的是如何学做人，是道德修养之"学"，而将"学"过分简单化地理解为学知识必然会导致对儒家思想中"圣人之学"的片面理解。

第二句关乎一个"朋"字。三位译者都将此处的"朋"理解为"friends"，而据阮元论语校勘记，郑氏康成的注释是：同门曰朋，同志曰友。② 而"有朋自远方来"作：友朋自远方来。有、友同用。此说在《吕氏春秋》贵直篇中可考："有人自南方来"，句法极相似，据此，"有朋"当作同窗讲，即 classmates；而另据考宋祥凤朴学齐札记："定公五年，鲁自大夫以下皆僭越于正道，故孔子不仕，退而修诗书礼乐。弟子弥众，至自远方，莫不受业焉。"③ 弟子至自远方，即"有朋自远方来也"。"朋"此处指弟子，英语是 disciple。鉴于该篇是孔子对弟子为学之道的教诲，受众是孔子的门人，因此将该句译为"Is it not delightful to have classmates coming afar？"比较合理。由此看来，三位译者的译法停留在对原文字面意义的理解上，而忽视了字面以外的文化传承。

第三句，"人不知而不愠，不亦君子乎？"中国自古以来讲求君子之道，重视人的内在修养。人不知而不愠，此处解读有两法：一为人不知学而不怒，二为人不知我而不怒。今人皆认可后一种说法，三位译者也都遵循此意，然对于本章言学之意，理解

---

① 程树德：《论语集释一》，中华书局 2006 年版，第 4 页。
② 同上书，第 5 页。
③ 同上。

为"别人不了解我，我也不怨恨"，就有些偏离了主旨。即便按照后一种说法，理雅各将"人不知"理解为"别人没有注意到"（take no note of），理解上过于肤浅。别人不了解我，是不了解我的学识、能力抑或优点，这一点上刘和韦利的理解是相通的；另外一处分歧是对"愠"的解读。愠，此处的意思是怨恨。而理雅各将其理解为"discomposure"，不安或者不舒服，显然是不正确的；刘将"愠"理解为生气，即是受"愠怒"一词的影响；韦利则将其理解为"不愉快"。

2. 有子曰："其为人也孝弟，而好犯上者，鲜矣；不好犯上，而好作乱者，未之有也。君子务本，本立而道生。孝弟也者，其为仁之本与！"

理雅各：The philosopher Yu said, "They are few who, being filial and fraternal, are fond of offending against their superiors. There have been none, who, not liking to offend against their superiors, have been fond of stirring up confusion." The superior man bends his attention to what is radical. That being established, all practical courses naturally grow up. Filial piety and fraternal submission! - are they not the root of all benevolent actions?

刘殿爵：Yu Tzu said, "It is rare for a man whose character is such that he is good as a son and obedient as a young man to have the inclination to transgress against his superiors; it is unheard of for one who has no such inclination to be inclined to start a rebellion. The gentleman devotes his efforts to the roots, for once the roots are established, the Way will grow therefrom. Being good as a son and obedient as a young man is, perhaps, the root of a man's character."

韦利：Master Yu said, those who in private life behave well towards their parents and elder brothers, in public life seldom show a disposition to resist the authority of their superiors. And as for such

men starting a revolution, no instance of it has ever occurred. It is up-
on the trunk that a gentleman works. When that is firmly set up, the
Way grows. And surely proper behavior towards parents and elder
brothers is the trunk of Goodness?

庞德: Few filial and brotherly men enjoy cheeking their superi-
ors, no one averse from cheeking his superiors stirs up public disor-
der. The real gentleman goes for the root, when the root is solid the
(beneficent) process starts growing, filiality and brotherliness are the
root of manhood, increasing with it.

　　此段文字是孔子的弟子有若阐释的有关君子为仁之道。"孝
弟也者，其为仁之本与"。孝，指的是晚辈孝顺父母，综观以上
各个版本，无论是"being filial"；"he is good as a son"，还是
"behave well towards their parents"，都尚能传达出孝道的主旨。
而"弟"通"悌"，即年幼者对兄长要心怀尊敬，其中暗含长幼
之分的道理。因此，刘殿爵版本中的"obedient"和韦利版本中
的"behave well towards their elder brothers"都较忠实于原文；理
雅各将其译为"fraternal"；庞德将这种情感理解为"brotherli-
ness"，即兄弟之间的友爱，则模糊了长幼之分而将其归为一种
平等的兄弟互爱，与原文体现的中国传统伦理道德尊老、尊长的
理念有出入。

　　此外，各位译者对"道"的理解也莫衷一是。道，所行道
也，[①] 本义同 way, road, path。而作为儒家思想的精髓之所在，
孔孟之道、仲尼之道，"道"字其实代表的是孔子学说所倡导的
社会道德规范体系，即 all the morals，是一种形而上学的意识形
态，也是为人、处世、为学等方方面面的综合尺度和标准，更是
得以区分君子与小人的准绳。一言以蔽之，"道"蕴涵在儒家思

---

① （汉）许慎:《说文》。

想的各个角落，与"君子"与"仁"是相辅相成的。"君子务本，本立而道生"，理雅各将"道"译作"all practical courses"，没有脱离"道"的本义的影响，与意识形态层面的规范、标准相去甚远；刘和韦利将其译作"the Way"，而没有做进一步的解释，可见二人同感"道"的可知而不可道（说，讲）；但从另一个方面说，将这整套的道德规范用 the Way 这样一个专门词汇来代表也不失为一种有效方法，但需要在适当的地方作详细的注释；庞德在译本开篇就为"道"作了解读："the process. Footprints and the foot carrying the head; the head conducting the feet, an orderly movement under lead of the intelligence." 在头脑即智慧、才能指导下的有秩序的行为，强调所思与所行的协调统一。庞德的定义在一定意义上反映出了思想意识对具体行为的决定性作用，但未曾涉及道德规范方面的重要指导意义，所以尚未达到原文真义。

3. 曾子曰："慎终，追远，民德归厚矣。"

理雅各：The philosopher Tsang said, "Let there be a careful attention to perform the funeral rites to parents, and let them be followed when long gone with the ceremonies of sacrifice; – then the virtue of the people will resume its proper excellence."

刘殿爵：Tseng Tzu said, "Conduct the funeral of your parents with meticulous care and let not sacrifices to your remote ancestors be forgotten, and the virtue of the common people will incline towards fullness."

韦利：Master Tseng said, when proper respect towards the dead is shown at the end and continued after they are far away the moral force of a people has reached its highest point.

庞德：Tseng – tse said: look clearly to the end, and follow it up a long way; the people acting on conscience will get back to the solid.

此言出自孔子的弟子曾参。慎终，人死为终。这里指父母的去世，即谨慎地对待父母的去世；追远，"远"指祖先，即追念久远的祖先。曾子认为："谨慎地对待父母的去世，三日而殡，三月而葬，才是对父母尽孝；追念久远的祖先，对先辈感念不忘，才会自然导致老百姓日趋忠厚老实。"由此可见，该句是对孝道的阐发。父母在时，"入则孝"，对于父母的去世，要谨慎待之；与此同时，还要追怀逝去的先辈，老百姓若能做到以上两点，民风自然朴实、淳厚。可见，曾子借此句旨在倡导上至国君，下至平民，都能够注重祭祀、重视礼教。从总体上看来，刘殿爵的译本最忠实于原文，这与译者对原文的准确把握以及深受祖国传统文化熏染是不可分的。而其他三位译者中，理雅各对"慎终"的理解尚无可厚非，但将"追远"译为"let them be followed when long gone with the ceremonies of sacrifice"却显得差强人意，他显然是将慎终和追远所指代的对象都理解成了父母，这与原文是不符的。韦利与庞德的译文中更是没有明确指出其所指代的对象，不能不说是一种遗憾。

4. 子曰："道之以政，齐之以刑，民免而无耻；道之以德，齐之以礼，有耻且格。"

理雅各：The Master said, "If the people be led by laws, and uniformity sought to be given them by punishments, they will try to avoid the punishment, but have no sense of shame. " If they be led by virtue, and uniformity sought to be given them by the rules of propriety, they will have the sense of shame, and moreover will become good.

刘殿爵：The Master said, "Guide them by edicts, keep them in line with punishments, and the common people will stay out of trouble but will have no sense of shame. Guide them by virtue, keep them in line with the rites, and they will, besides having a sense of shame, reform themselves."

韦利: the Master said, govern the people by regulations, keep order among them by chastisements, and they will flee from you, and lose all self – respect. Govern them by moral force, keep order among them by ritual, and they will keep their self – respect and come to you of their own accord.

庞德: He said: if in governing you try to keep things leveled off in order by punishments, the people will, shamelessly, dodge. Governing them by looking straight into one's heart and them acting on it (on conscience) and keeping order by the rites, their sense of shame will bring them not only to an external conformity but to an organic order.

此句是孔子对专尚刑名者发表的看法。在他看来，施政者依靠苛政严刑只可约束百姓的外在行为，但其内心不见得顺服。若其本未立，犯罪的心理就会依然存在。然德者，得其性者也，礼者，体其情者也，情有所耻而性有所本，得其性则本至，体其情则知至，以礼教指导百姓，自然会使他们懂廉耻，分善恶，对自己外在的言行、内在的思想都会加以改正。各个版本对"免而无耻"和"有耻且格"的译法出入较大。除韦利外，其他三位译者都将"有耻且格"理解为有羞耻之心，并且自己改正错误，意思上符合逻辑；韦利将"免而无耻"理解为"flee from you, and lose all self – respect"，即逃避施政者，且失去羞耻之心，再与他的"有耻且格"（they will keep their self – respect and come to you of their own accord）联系起来看，显然是将"格"理解为"来"，即归顺的意思，逻辑上似乎比较通顺，强调百姓对待两种施政方式态度的截然不同。但原文重在强调的是截然相反的两套施政方针对百姓的不同影响。因此，韦利的译文背离了原文的主旨。庞德将"免而无耻"译为"shamelessly dodge"，即"不知羞耻地躲避"。存在两个问题：其一，躲避的宾语没有交代，是躲避施政者抑或是躲避惩罚，都不得而知；其二，原文中"免"和"无耻"是并列成分，庞德却错将"无耻"当成了躲避时的状态，只突出了"免"字，亦不妥。

5. 子曰："君子周而不比，小人比而不周。"

理雅各：The Master said, "The superior man is catholic and not partisan. The mean man is partisan and not catholic."

刘殿爵：The Master said, "The gentleman enters into associations but not cliques; the small man enters into cliques but not associations."

韦利：The Master said, a gentleman can see a question from all sides without bias. The small man is biased and can see a question only from one side.

庞德：He said: A proper man is inclusive, not sectary; the small man is sectary and not inclusive.

原文中，"周"指以道义为基础来团结人。"比"指由于暂时的利害关系而相互勾结。[1]孔子说："君子团结而不与人勾结，小人与人勾结而不团结。"即君子基于道义广结志同道合之人，小人喻于一己之利而结党营私。与原文出入最大的当属韦利的译文，他将君子与小人的区别定格为君子能摒弃偏见，全面地看待问题，而小人则心存偏见，孤立、片面地看待问题，将君子小人区分的标准由交友之道转变成处事之法，改动非常明显。另外三位译者中，理雅各将君子与小人之分归为 catholic or partisan，即"包罗万象的"（多指人的嗜好、品位等）或者"有偏见的"；庞德将其分为 inclusive 和 sectary，即"包含的，多样的"或者"宗派主义的"，两组词的意思与原文中的"周"和"比"差别

---

① 杨伯峻：《论语》，岳麓书社 2000 年版，第 12 页。

较大，可以说都没有很好地体现出君子广泛团结和小人结党营私的区别。刘殿爵将"周"、"比"分别译作"enter into associations"和"enter into cliques"，后者意思较清楚，前者则并不是"周"的意思。

6. 子曰："周监于二代，郁郁乎文哉！吾从周。"

理雅各：The Master said, "Chau had the advantage of viewing the two past dynasties. How complete and elegant are its regulations! I follow Chau."

刘殿爵：The Master said, "The Chou is resplendent in culture, having before it the example of the two previous dynasties. I am for the Chou."

韦利：The Master said, Chou could survey the two preceding dynasties. How great a wealth of culture! And we follow upon Chou!

庞德：He said: Chou revised the two dynasties, how full and precise was its culture, I follow Chou.

周朝的文化和典章制度集前夏、商两朝精粹之大成，因此可谓辉煌绚烂，丰富多彩。其时灾害不生，祸乱不作达四十余年。文中"监"通"鉴"，借鉴之义。理雅各用 view 一词来表示"监"，从观察的意思，与原文借鉴之义不是非常吻合。刘没有专门译出"监"一词，而是用"having before it the example of the two previous dynasties"来传达出周朝文化之所以丰富多彩皆归因于有前朝为榜样的意思；韦利专门用 survey 一词来解释"监"，似乎是将其理解为"视察、鉴定"的意思，与原文意思不相符。庞德用 revise 一词来对应"监"，表达出"修订、修正"的意思，品读其中含义，颇有些意味，但亦非原意。

7. 子曰："人之过也，各于其党。观之，斯知仁矣。"

理雅各：The Master said, "The faults of men are characteristic of the class to which they belong. By observing a man's faults, it may be known that he is virtuous. "

刘殿爵: The Master said, "In his errors a man is true to type. Observe the errors and you will know the man. "

韦利: The Master said, Every man's faults belong to a set (i. e. a set of qualities which includes virtues). If one looks out for faults it is only as a means of recognizing Goodness.

庞德: He said: A man's errors, every one of em' belong to his environment (clique, party, gang he associates with), watch his faults and you can judge his humanity.

此处的意思是人各不同，而人的不同决定了其所犯的错误也有所不同。换言之，物以类聚，人以群分，同一类人所犯的错误也相类似。观察一个人所犯的错误就会知道他是什么样的人了。值得注意的是"仁"在这里通"人"，而非仁义、仁慈。

通观以上各个译本，属韦利的译文与原文距离最大。首先，他将"各于其党"的"党"理解为"a set of qualities which includes virtues"。既然是"过"，过失、错误，又怎能被看做 virtues 呢？此处互相矛盾，由此也就导致了其第二句的译文中"仁"的错误理解；理雅各也是误读了"仁"的含义。再看庞德的译文，其中第一句与原文是比较符合的，但从第二句中的"humanity"一词可以看出，庞德犯了与韦利同样的错误，误解了"仁"此处的含义。另外，庞德在第一句中把"过"译为"errors"，而在第二句中又换作"faults"，是有意追求文字的变化，还是疏漏？总之，上下文之间缺乏必要的一致性。综合比较之下，刘的译文较为简洁、准确。

8. 子曰："君子怀德，小人怀土；君子怀刑，小人怀惠。"

理雅各: The Master said, "The superior man thinks of virtue; the small man thinks of comfort. The superior man thinks of the sanctions of law; the small man thinks of favors which he may receive. "

刘殿爵：The Master said, "While the gentleman cherishes benign rule, the small man cherishes his native land. While the gentleman cherishes a respect for the law, the small man cherishes generous treatment."

韦利：The Master said, Where gentlemen set their hearts upon moral force (te) the commoners set theirs upon the soil. Where gentlemen think only of punishments, the commoners think only of exemptions.

庞德：The proper man is concerned with examining his consciousness and acting on it, the small man is concerned about land; the superior man about legality, the small man about favours.

此句探讨的仍是君子与小人之分。君子关心社会的明德，小人关心安身之所；君子安分守法，小人贪图利益。一言以蔽之，君子之所以为君子，小人之所以为小人，在于公私分际。

君子心怀明德，德即道德、德行（morals）。理雅各将其解释为"virtue"，韦利将其解释为"moral force"，在此处均较适当。刘殿爵把"德"理解为"benign rule"，仁治，虽然从意义上也讲得通，但似乎强调的是君子对施政者的关注，与原文意思不吻合；庞德却把"怀德"解释成"examining his consciousness and acting on it"，自我反省，自我检查，失掉了"德"的本意。对"土"字的理解，多数译者都坚持"故土"的意思。只有理雅各将其解读为"comfort"，即安逸、舒适之意，与原文有出入。

此外，"刑"字此处不当"刑罚"讲，而是法规制度的意思。韦利的"punishments"当属误译，由此还导致了他对"惠"字的误解。"惠"即恩惠、利益，不是豁免（exemption）的意思。按照理雅各和庞德的译法，将其作"favours"尚可，刘殿爵的"generous treatment"没有完全体现出原文的含义。"君子怀刑，小人怀惠"，可引申为君子安分守法，恪守法规，而小人贪图利益、好处，即便违法的事情也会去做。因此，也可用"in-terests"一词表达"惠"的意义。

9. 子贡曰："我不欲人之加诸我也，吾亦欲无加诸人。"

理雅各：Tsze – kung said, "What I do not wish men to do to me, I also wish not to do to men."

刘殿爵：Tzu – kung said, "While I do not wish others to impose on me, I also wish not to impose on others."

韦利：Tzu – kung said, what I do not want others to do to me, I have no desire to do to others. The Master said, Oh Ssu! You have not quite got to that point yet.

庞德：Tze – Kung said: What I don't want done to me, I don't want to do to anyone else.

此处的焦点在于对"加"字的理解。一作会意字，从"力"，从"口"。本义是添枝加叶说假话、虚报，有诬谤，诬陷之义，英语是 slander。一作凌驾，欺凌，如"加胜于赵"（《史记·廉颇蔺相如列传》），英语是 override 或 bully。无论作以上哪一种解释，均可通。除刘殿爵外，其余三位译者都没有将该字在译文中翻译出来，因此，文中 do 的宾语就不明确，似乎各位都受到"己所不欲，勿施于人"这句话的影响而忽略了"加"的实际意义。刘殿爵将该字解释为"impose on"一词，取"施加影响"之意，较适当。

10. 子曰："默而识之，学而不厌，诲人不倦，何有于我哉？"

理雅各：The Master said, "The silent treasuring up of knowledge; learning without satiety; and instructing others without being wearied：——which one of these things belongs to me?"

刘殿爵：The Master said, "Quietly to store up knowledge in

my mind, to learn without flagging, to teach without growing weary, these present me with no difficulties."

韦利：The Master said, I have listened in silence and noted what was said, I have never grown tired of learning nor wearied of teaching others what I have learnt. These at least are merits which I can confidently claim.

庞德：He said: like a dog by a spent campfire remembering, studying and not satiate, teaching others without being weary, how can these things apply to me?

此处的各个译本牵涉对最后一句的理解："何有于我哉"中的"何有"并不是"有何"的倒装形式，可见理雅各是受到后者的影响而误译了。韦利却把它解释为"these at least are merits which I can confidently claim"，意思是"我所具有的优点"，显然是根据前文而衍生出的个人理解，与原文主旨相悖。而庞德将其翻译成"how can these things apply to me"，也没能体现出原文的意思。相比之下，刘殿爵的译文与原文意思较一致。

11. 子曰："二三子以我为隐乎？吾无隐乎尔。吾无行而不与二三子者，是丘也。"

理雅各：The Master said, "Do you think, my disciples, that I have any concealments? I conceal nothing from you. There is nothing which I do that is not shown to you, my disciples; - that is my way."

刘殿爵：The Master said, "My friends, do you think I am secretive? There is nothing which I hide from you. There is nothing I do which I do not share with you, my friends. There is Ch'iu for you."

韦利：The Master said, My friends, I know you think that there is something I am keeping from you. There is nothing at all that I keep from you. I take no steps about which I do not consult you, my friends. Were it otherwise, I should not be Ch'iu.

庞德：He said：You two or three, do I hide anything from you? I do not hide anything from you, I don't go along and not give it you, that's me. （You are getting the real Ch'iu, Confucius – Hillock.）

一是"二三子"所指代的人究竟是谁的问题。子，弟子，因此"disciple"是比较恰当的理解，而"子"当朋友讲没有依据。庞德只按照字面意思将其翻译为"you two or three"，然是没解"子"的原意。

对"吾无行而不与二三子者"一句的翻译几个译本都不够精准。"行"，即行动，做事的意思，相当于英语的do；"与"，相当于英语的with。理雅各将该句译为"There is nothing which I do that is not shown to you"；刘殿爵译为"There is nothing I do which I do not share with you"，韦利译为"I take no steps about which I do not consult you"，庞德译为"I don't go along and not give it you"。显然，前两者对"行"字的意义把握比较中肯；对于"与"字而言，韦利理解为"consult"，即商议、请教的意思；庞德翻译为give，都与原文意思相左。

"是丘也"，意思是"这就是我孔丘啊！"唯独刘殿爵将该句译作"There is Ch'iu for you"。既然"Ch'iu"指孔丘本人，何谓"for you"呢？读来令人不知所云。

12. 子绝四：毋意，毋必，毋固，毋我。

理雅各：There were four things from which the Master was entirely free. He had no foregone conclusions, no arbitrary predeterminations, no obstinacy, and no egoism.

刘殿爵：There were four things the Master refused to have anything to do with：he refused to entertain conjectures or insist on certainty；he refused to be inflexible or to be egotistical.

韦利：There were four things that the Master wholly eschewed：

he took nothing for granted, he was never over – positive, never obsti-nate, never egotistic.

庞德: He was cut off from four things; he had no prejudices, no categoric imperatives, no obstinacy or no obstinate residues, no time – lags, no egotism.

朱熹说: "意,是私意始萌,既起此意。必,是期要必行。固,是既行之后,滞而不化。我,是缘此后便只知有我。此四者似有终始次序。必者,迎之于前;固者,滞之于后。"① 另朱熹《四书集注·论语集注·子罕》说: "绝,无之尽者。毋,史记作'无'是也。意,私意也。必,期必也。固,执滞也。我,私己也。四者相为终始,起于意,遂于必,留于固,而成于我也。盖意必常在事前,固我常在事后,至于我又生意,则物欲牵引,循环不穷矣。"杨伯峻的解释为: "不臆测,不武断,不固执,不自以为是。"② 对于"毋固"和"毋我",各个译本的翻译基本可达意,尽管各译者的用词稍有差异但与原文是符合的。而对"意"的翻译,理雅各用的是"foregone conclusions",有事先下结论的意思,没有体现出臆测的意思;韦利用"take for granted",较好;庞德用"prejudice",也有一定道理。刘殿爵用"conjecture"(猜测,猜想)一词,也较适当。但他把"勿"译作"refuse"不妥。程子说: "此毋字,非禁止之辞。圣人绝此四者,何用禁止。"③ "毋必",的翻译也有些问题。根据原文,"必"应该是"predetermination"的意思。理雅各的"arbitrary predeterminations"有事先任意作决定的意思,韦利的"over – positive"意思过于肯定,庞德的"categoric imperatives"是"绝

---

① 朱熹:《朱子语类·论语集注·子罕》。
② 杨伯峻:《论语》,岳麓书社 2000 年版。
③ 朱熹:《四书集注·论语集注·子罕》,岳鹿书社 2004 年版。

对律令"的意思，都与原文相左。此外，庞德将孔子的"绝四"译成了绝"五"，与原文在结构上无法对应，而且"no time - lags"在原文中根本找不到根据，因此不可取。

13. 子张问善人之道。子曰："不践迹，亦不入于室。"

理雅各：Tsze - chang asked what were the characteristics of the good man. The Master said, "He does not tread in the footsteps of others, but moreover, he does not enter the chamber of the sage."

刘殿爵：Tzu - chang asked about the way of the good man. The Master said, "Such a man does not follow in other people's footsteps; neither does he gain entrance into the inner room."

韦利：Tzu - chang asked about the Way of the good people. The Master said, He who does not tread in the tracks cannot expect to find his way into the inner Room.

庞德：Tze - Chang asked: How does a "shan" man (good man) act? He said: He does not trample footsteps, he does not enter the (inner) apartment.

可见，理雅各、刘殿爵和庞德都误解了"践迹"与"入室"的关系，理雅各将其误认为递进关系：不"践迹"，更不能"入室"；刘和庞德误以为是并列关系：既不"践迹"也不要"入室"；只有韦利的译文准确再现了原文前后两句的假设关系。此外，韦利以脚注的方法对"tread in the tracks"做了进一步的补充。若直接增译为"tread in the tracks of the ancients"意思就更加一目了然，也更有助于读者对"target - readers"的理解。

关于"室"的译法。相比之下，理雅各译"室"为"the chamber of the sage"，显示出译者解读原文较彻底，体现了在向前人学习的基础上学问修养得到提升，从而入得贤人之境的内涵，比其他几位译者直接译为"inner room"或"inner apartment" 中肯。

14. 子张问政。子曰："居之无倦，行之以忠。"

理雅各：Tsze – chang askcd about government. The Master said, "The art of governing is to keep its affairs before the mind without weariness, and to practice them with undeviating consistency."

刘殿爵：Tzu – chang asked about government. The Master said, "Over daily routine do not show weariness, and when there is action to be taken, give of your best."

韦利：Tzu – chang asked about public business. The Master said, Ponder over it untiringly at home; carry it out loyally when the time comes. (Literally, 'Home it untiringly, carry it out loyally.')

庞德：Tze – chang asked about government. He said：Not to lie down on it; to act from the middle of the heart.

其中，"居"指居于朝而不是居家，因此韦利的"ponder over it untiringly at home"是彻底的误译。理雅各和刘对"居之无倦"的解释可算中肯。庞德将该句译为"not to lie down on it"，有不要躺在上面睡懒觉，不要磨洋工的意思，也暗合了居于官位不能懈怠的意思。表达较形象，但稍显冗长。各译者对"行之以忠"的解读，则各有千秋。理雅各用"to practice them with undeviating consistency"，表达了认真贯彻君令的意思；刘殿爵用"to give of your best"来强调执行君令要尽其所能；韦利的"carry it out loyally"无可厚非，但接下来的"when the time comes"就有些令人不知所云了。

15. 冉子退朝。子曰："何晏也?"对曰："有政。"子曰："其事也? 如有政，虽不吾以，吾其与闻之。"

理雅各：The disciple Zan returning from the court, the Master said to him, "How are you so late?" He replied, "We had government business." The Master said, "It must have been family affairs.

If there had been government business, though I am not now in office, I should have been consulted about it."

刘殿爵：Jan Tzu returned from court. The Master said, "Why so late?" "There were affairs of state." The Master said, "They could only have been routine matters. Were there affairs of state, I would get to hear of them, even though I am no longer given any office."

韦利：Once when Master Jan came back from Court, the Master said, why are you so late? He replied, saying, there were affairs of state. The Master said, you must mean private business. If there had been affairs of state, although I am not used, I too should have been bound to hear of them.

庞德：To Zan－tze, coming from court, he said：Why so late? Answered：There was official business. He said：May have been business affaires du prince, but if it were government business, even though I'm not in office, been very hard for me not to hear of it.

根据原文可以看出，冉子和孔子对"政"的理解是不同的。冉有所说的"政务"在孔子眼中只能算作"一般性的事务"，即"routine matters"；并不像理雅各认为的"family affairs"（家庭事务），或者是庞德所理解的"business affaires du prince"，即"君主的私人事务"。真正的"政务"，在孔子看来，指的是国家大事，因此应该翻译成"affairs of state"较为合理。

另外，"闻"字在汉语中有听说的意思，而在该章的各个译本中，唯有理雅各没有采用 hear of 一词，而是用了被动式 be consulted about（被请教）的说法。据《左传》一书记载，季氏曾向孔子征求关于田赋的意见，因此"如有政，吾其与闻之"应该是求教的意思。所以理雅各的翻译较准确。

16. 子曰："小子何莫学夫诗。诗，可以兴，可以观，可以群，可以怨。迩之事父，远之事君；多识于鸟兽草木之名。"

理雅各：The Master said, "My children, why do you not study the Book of Poetry? The Odes serve to stimulate the mind. They may be used for purposes of self – contemplation. They teach the art of sociability. They show how to regulate feelings of resentment. From them you learn the more immediate duty of serving one's father, and the remoter one of serving one's prince. From them we become largely acquainted with the names of birds, beasts, and plants."

刘殿爵：The Master said, "Why is it none of you, my young friends, study the Odes? An apt quotation from the Odes may serve to stimulate the imagination, to show one's breeding, to smooth over difficulties in a group and to give expression to complaints. Inside the family – there is the serving of one's father; outside, there is the serving of one's lord; there is also the acquiring of a wide knowledge of the names of birds and beasts, plants and trees."

韦利：The Master said, Little ones, Why is it that none of you study the Songs? For the Songs will help you to incite people's emotions, to observe their feelings, to keep company, to express your grievances. They many be used at home in the service of one's father; abroad, in the service of one's prince. Moreover, they will widen your acquaintance with the names of birds, beasts, plants and trees.

庞德：He said: Me's infants, why does no one study the great Odes? The Odes can exhilarate (lift the will). Can give awareness (sharpen the vision, help you spot the bird). Can teach dissociation. Can cause resentment (against evil). Bring you near to being useful to your father and mother, and go on to serving your sovereign. Remember the names of many birds, animals, plants and trees.

几个译文的优与劣体现在对关键字的把握上。"兴"，是指诗可以用来激发人们的情感，刘殿爵对其把握不准。"观"，是指人们可以通过诗来观察和了解社会百态，洞察社情民意。理雅各的"self‑contemplation"；刘殿爵的"to show one's breeding"，展示一个人的教养；庞德的"give awareness"，都不中肯。韦利将其译为"observe their feelings"有一定道理，但没有完全表达出原来的意思。"群"是"和而不流"①，即合群之意。庞德或许是受到"人以群分"的影响把意思颠倒了。"怨"，是指用诗讽谏统治者阶层，并非抱怨或者怨恨的意思，与后面的"远之事君"相呼应，体现了诗对从政者的影响力，而单纯地按照字面意思将"怨"理解为英语"resentment"或"complaining"的意思，都有失偏颇。

第四节　《孟子》翻译例析

　　较之于论语，《孟子》的翻译要少得多。据艾儒略的《大西利先生行述》，利玛窦曾将《四书》翻译成拉丁文，但后来散佚。② 法国汉学家儒莲（Stanislas Julian，1796—1873 年），传教士顾赛芬（Seraphin Couvreur）都分别翻译过《孟子》。德国汉学家卫礼贤（Richard Wilhellm）、俄国汉学家巴·波波夫也翻译了《孟子》，但传播范围较小。《孟子》的英文译本并不多，理雅各译本最完整，内容上也最接近原文。1970 年刘殿爵翻译《孟子》，于伦敦企鹅出版社（Penguin）出版。大卫·辛顿（David Hinton）1998 年翻译《孟子》，由华盛顿 counterpoint 公司出版。列奥纳德·A. 莱耶尔于 1932 年翻译《孟子》，于伦敦、纽约、多伦多朗曼公司（Longman，Green and Co.）出版。另外，

---

① 朱熹：《四书集注·论语集注·阳货》，岳麓书社 2004 年版。
② 马祖毅：《汉籍外译史》，湖北教育出版社 1997 年版，第 34—44 页。

威廉·毕西·斯坦（William Bysshe Stein）1828 年翻译《四书》（The Chinese classical work commonly called the Four Books）由美国佛罗里达根思维尔公司（Gainesville, Fla.）出版，但似乎其中并没有《孟子》的完整译本。为了研究的方便，此只选择理雅各、莱耶尔、刘殿爵的译本为样本，对《孟子》的翻译状况进行比较分析。

1. 对曰："贤者而后乐此，不贤者虽有此，不乐也。"

理雅各：Mencius replied, "Being wise and good, they have pleasure in these things. If they are not wise and good, though they have these things, they do not find pleasure."

刘殿爵："Only if a man is good and wise," answered Mencius, "is he able to enjoy them. Otherwise he would not, even if he had them."

莱耶尔：Mencius answered, "To be glad in them a man must first be worthy. The unworthy man, even if he has them, is not glad."

（汉）赵岐、（宋）孙奭《孟子注疏》说："此章言圣王之德，与民共乐，恩及鸟兽，则忻戴其上，大平化兴；无道之君，众怨神怒，则国灭祀绝，不得保守其所乐也。"[①] 朱熹注释说："'贤者而后乐此。不贤者虽有此，不乐也。'乃一章之大旨。"[②] 故此段对"贤者"能否正确理解是翻译能否达意的关键。"贤者"是我国古代对人的一种极高评价。《说文》中有"贤——多才也"的解释。《史记》中有"相如既归，赵王以为贤大夫"的记载，也有"时贤：当代有贤能有声望的人"、"贤才：德才并美之人"等称谓。由此可见，"贤者"就是"有德行，多才能"

---

① （汉）赵岐、（宋）孙奭：《孟子注疏》电子版·卷一上·梁惠王章句上。
② 朱熹：《孟子集注》，齐鲁书社 2006 年版，第 3 页。

的人，包含两方面内容：一是品行，二是才能，两方面兼而有之的人，才可被尊为贤者。理雅各和刘殿爵分别将其译为"wise and good"，"good and wise"即表达这两方面的意思，较好地传达了"贤者"的内涵。莱耶尔则用"worthy"、"unworthy"来表达"贤"与"不贤"的概念。从词源上来看，"worthy"作为形容词是"having merit"之意，而"merit"意为"功绩，价值，真相，优点"。如此，"worthy"一词在这里表达的是"有功绩，有价值，有优点的人"之意。意思显然过于笼统。一个人可以是在任何一方面有功绩，有价值，有优点。有价值的人未必"品行和才能"出众。这个关键词的误译使得莱耶尔的译文不能将孟子反复重申的"圣王之德，与民同乐"的思想有效地传达出来。以我们的观点，此处的"贤"更注重强调德行，才能的多寡尚在其次。

2. 仲尼曰："始作俑者，其无后乎！"为其象人而用之也。如之何其使斯民饥而死也？

理雅各：Chung – ni said, " 'Was he not without posterity who first made wooden images to bury with the dead?' So he said, because that man made the semblances of men, and used them for that purpose：—— what shall be thought of him who causes his people to die of hunger?"

刘殿爵：When Confucius said, "The inventor of burial figures in human form deserves not to have any progeny," he was condemning him for the use of something modeled after the human form. How, then, can the starving of this very people be countenanced?

莱耶尔：Chung – ni said, "Could he that first made burial figures have left an heir?" This was because he made images of men and buried them：then what of him hat makes his people starve and die?

朱熹《四书集注》说："俑，丛葬木偶人也。古之葬者，束草为人，以为从卫，谓之刍灵，略似人形而已。中古易之以俑，则有面目机发而太似人矣，故孔子恶其不仁，而言其必无后也。"①注解既说明了俑为何物，也解释了其用处和发展，表明孔子对始作俑者痛恨的原因。《孟子注疏》也说："俑：古代用以殉葬的木偶或陶偶。在奴隶社会，最初用活人殉葬，由于社会生产力的发展，劳动力渐被重视，后来便改用俑来殉葬。孔子不了解这一情况，误认为先有俑殉，后有人殉，故对俑殉深恶痛绝。"②可见翻译时自然要译出"俑"为何物，但译出其作为人形殉葬物的使用目的似乎更为重要，译文只有同时把这两者解释给没有中国古文化背景的译入语读者，才可以使他们正确理解孟子的意图。

理雅各将"始作俑者"译为"he who first made wooden images to bury with the dead"（第一个制作木质形象用来与死者一起埋葬的人），通过"to bury with the dead"译出了"俑"作为殉葬物的目的，但"wooden images"——"木制偶像"并没有译出"俑"的人形特征，这样可能会影响读者对此句的理解。

刘殿爵译为："The inventor of burial figures in human form。"（埋葬的人形物的发明者），对西方读者来说恐怕不好懂。只说明了"俑"的人形特征，却似乎并没有强调其用于殉葬的目的。这样翻译也并不到位。莱耶尔的译文"he that first made burial figures"（第一个制作埋葬物的人）尤其不可取。既没有说明"俑"的人形特征，也没有说明其殉葬目的，失去了这两个特征，原文的意思便无法呈现。似可将其译作"he who first made wooden figures in human form to bury with the dead"。

3. 彼陷溺其民，王往而征之，夫谁与王敌？故曰："仁者无敌。"

---

① 朱熹：《孟子集注》，齐鲁书社 2006 年版，第 6 页。
② （汉）赵岐、（宋）孙奭：《孟子注疏》电子版·卷一上·梁惠王章句上。

理雅各：Those rulers, as it were, drive their people into pit-falls, or drown them. Your Majesty will go to punish them. In such a case, who will oppose your Majesty? In accordance with this is the saying, —— "The benevolent has no enemy."

刘殿爵：These princes push their people into pits and into water. If you should go and punish such princes, who is there to oppose you? Hence it is said, "The benevolent man has no match."

莱耶尔：Ch'in and Ch'u snare and drown their people. Go and smite them, King; and who shall stand against the King? Hence the saying, Love has no one against it.

本句出现两个"敌"字。第一处"夫谁与王敌?"，朱熹注曰："以彼暴虐其民，而率吾尊君亲上之民往正其罪，彼民方怨其上而乐归与我，则谁与我为敌哉?"①《孟子注疏》中有更加透彻的解释："彼，谓齐、秦、楚也。彼困其民，愿王往征之也。彼失民心，民不为用，夫谁与共御王之师而为王之敌乎?"② 可见此处的"敌"意思是"与之为敌，对抗"。理雅各和刘殿爵将之译成"oppose"（反对，对抗），意思正确；而莱耶尔所译的"stand against"（抵抗）意思是不正确的，先有反对，对抗，才有抵抗。这显然与原文意思不符。

朱熹曰："'仁者无敌'，盖古语也。百里可王，以此而已。"③《孟子注疏》解释为"邻国暴虐，己修仁政，则无敌矣。王请行之，勿有疑也"④。可以看出，以邻国之暴虐是不可能"抵挡，敌得过"修仁政之王的。正如《尔雅》所解"敌——匹

---

① 朱熹：《孟子集注》，齐鲁书社 2006 年版，第 7 页。

② （汉）赵岐、（宋）孙奭：《孟子注疏》电子版·卷一上·梁惠王章句上。

③ 朱熹：《孟子集注》，齐鲁书社 2006 年版，第 7 页。

④ （汉）赵岐、（宋）孙奭：《孟子注疏》电子版·卷一上·梁惠王章句上。

也。"即"没有与之匹敌的对手。"这样看来，理雅各译为"has no enemy"（没有敌人）；莱耶尔译为"has no one against it"（没有人反对，违抗）皆有误。其真正的意思不是说没有敌人，没人反抗，而是纵然有敌人也无人敌得过。刘殿爵的翻译"has no match"（没人能匹敌），较中肯。

至于"仁者"，不是莱耶尔所用的"Love"，详细的论述见本书第四章关于"仁"的翻译研究，此不赘述。

4. 曰："无伤也，是乃仁术也，见牛未见羊也。君子之于禽兽也，见其生，不忍见其死；闻其声，不忍食其肉。是以君子远庖厨也。"

理雅各："There is no harm in their saying so," said Mencius. "Your conduct was an artifice of benevolence. You saw the ox, and had not seen the sheep. So is the superior man affected towards animals, that, having seen them alive, he cannot bear to see them die; having heard their dying cries, he cannot bear to eat their flesh. Therefore he keeps away from his slaughter – house and cook – room."

刘殿爵："There is no harm in this. It is the way of a benevolent man. You saw the ox but not the lamb. The attitude of a gentleman towards animals is this: once having seen them alive, he cannot bear to see them die, and once having heard their cry, he cannot bear to eat their flesh. That is why the gentleman keeps his distance form the kitchen."

莱耶尔：Mencius said, That does no harm. This is love's sleight. You saw the ox, you had not seen the sheep. A gentleman that has seen a bird or beast alive cannot bear to see him die; if he has heard his voice he cannot bear to eat his flesh. This is why a gentleman puts the slaughter – house and kitchen far away.

本句中对"仁术"的正确理解是翻译的重点。《说文》曰："术，邑中道也。"《广雅》注曰："术，道也。"朱熹曰："术，谓法之巧者。盖杀牛既所不忍，衅钟又不可费，于此无以处之，则此心虽发，而终不得施矣。然见牛则此心已发而不可遏，未见羊，则其理未形而无所妨，故以羊易牛，则二者得以两全而无害，此所以为仁之术也。"① 可见"仁道"即"推行仁政的策略。""术"是齐宣王为推行其"仁政"采取的两全之策，虽不完美，毕竟可见其"仁慈"之心。《孟子译注》说："是仁德的表现方式。"《孟子注疏》亦注为："为仁之道。"综上注解可见对齐宣王的"仁"是肯定的，评价是正面的。

如此，理雅各和莱耶尔对"仁术"的翻译是有问题的。理雅各译成"an artifice of benevolence"（仁的策略，手段）。"artifice"源于"art"意思虽为"技艺，技巧，策略，手段"但内含"人为为之"之意。这样译文暗示齐宣王不是真"仁"，而是通过人为手段表现自己是"仁"。这与原文之意恰恰相反，表现出来的感情色彩是相反的。

莱耶尔的"love's sleight"中的"sleight"意为"手法，诡计"。从词源学的角度来看，它有"cleverness, cunning, slyness""聪明，狡猾，奸诈"的内涵。本身即含贬义，那么译文则是"为显示自己之仁而耍的花招"。与原文的评价正好相反。

刘殿爵译成"The way of a benevolent man."（仁慈之人的做事方式），意思基本上正确，评价也是积极肯定的。

《说文》说："庖，厨也。厨，庖屋也。"由此可见"庖"和"厨"同义，都指"厨房"。并无"屠杀，屠宰"之意。因此理雅各的译文"his slaughter-house and cook-room"和莱耶尔的"slaughter-house and kitchen"意思都是"他的屠宰场和厨房"，

① 朱熹：《孟子集注》，齐鲁书社 2006 年版，第 12 页。

与原文意思相左。刘殿爵译作"the kitchen"（厨房）忠实于原文的意义。

5. 曰："不为者与不能者之形何以异？"曰："挟太山以超北海，语人曰'我不能'，是诚不能也。为长者折枝，语人曰'我不能'，是不为也，非不能也。故王之不王，非挟太山以超北海之类也；王之不王，是折枝之类也。"

理雅各：The king asked, "How may the difference between the not doing a thing, and the not being able to do it, be represented?" Mencius replied, "In such a thing as taking the T'ai mountain under your arm, and leaping over the north sea with it, if you say to people – 'I am not able to do it,' that is a real case of not being able. In such a matter as breaking off a branch from a tree at the order of a superior, if you say to people – 'I am not able to do it,' that is a case of not doing it, it is not a case of not being able to do it. Therefore your Majesty's not exercising the royal sway, is not such a case as that of taking the T'ai mountain under your arm, and leaping over the north sea with it. Your Majesty's not exercising the royal sway is a case like that of breaking off a branch from a tree."

莱耶尔：The King said, "How is the difference shown between his that will not and him that cannot? Mencius said, If I am to clasp a big hill and jump the North Sea, and I say that I cannot do it, I really cannot do it; but if I am to break a twig for an elder, and I say that I cannot do it, it is not that I cannot do it, but that I will not do it. That you do not reign, King, is not like the clasping a big hill and jumping the North Sea; your not reigning, King, is like the not breaking a twig."

刘殿爵："What is the difference in form between refusal to act and inability to act?" "If you say to someone, 'I am unable to do it,' when the task is one of striding over the North Sea with Mount T'ai under your arm, then this is a genuine case of inability to act. But if you say, 'I am unable to do it,' when it is one of massaging an elder's joints for him, then this is a case of refusal to act, not of inability. Hence your failure to become a true King is not the same in kind as 'striding over the North Sea with Mount Tai under your arm', but the same as 'massaging an elder's joints for him'".

"折枝"一词的理解一向有较大争议。《汉语大词典》中"折枝"有三个义项。一，折取草茎树枝。喻轻而易举。朱熹《四书集注》："为长者折枝，以长者之命，折草木之枝，言不难也。"二，一说为按摩。赵岐注："折枝，按摩。"三，一说为折腰，枝，通"肢"。[①]后亦用为长者效劳之典。

可见对这一词的解释一直是没有定论的，但我们可以从对孟子思想进行研究的著作中来寻其根源。在众多的《孟子》研究著作中，受到人们一致赞誉的主要有东汉赵岐的《孟子章句》、朱熹的《孟子集注》和宋代孙奭的《孟子注疏》，以及较近的金良年的《孟子译注》。赵岐曰："折枝，按摩，折手节解罢枝也。一罢枝，即疲肢"；朱熹解为"折草木之枝"[②]。《孟子注疏》曰："折枝，按摩折手节解罢枝也。少者耻是役，故不为耳，非不能也"[③]；而《孟子译注》注曰："给年长的人弯腰行礼"。另外唐朝的陆善经也解释成"折草木之枝"，又有清朝赵佑《四书温故录》说："《文献通考》载陆筠解为声折腰枝，犹今拜揖也。"

但赵岐注解在名物训诂方面保存了不少古义，注释大体上也较为精到，是被世人所公认的优点，又因为赵岐离战国时代较

---

① 见《文献通考·经籍考》引宋陆筠《翼孟音解》。

② 朱熹：《孟子集注》，齐鲁书社 2006 年版，第 12 页。

③ （汉）赵岐、（宋）孙奭：《孟子注疏》电子版·卷一下·梁惠王章句上。

近，对古代的成语、习语较为熟悉。而后世的注家，因时代久远，对一些古代的常用语较为生疏，因此往往容易望文生义，产生误解。唐人陆善经不明"折枝"的古义，解释成"折草木之枝"。表面上看起来似乎很通俗，而实际上是望文生义。朱熹也不懂"折枝"之义，所以沿袭了陆善经的错误。清朝赵佑也是因不明古义而出现的望文生义。由此可见，赵岐的注释在保存古义方面功劳匪浅，其准确地解释了"折枝"的含义，即在古代是指按摩、搔痒等一些解除身体疲乏的动作。

理雅各和莱耶尔作为外国学者，自然弄不清楚"折枝"的古义。理雅各的"breaking off a branch from a tree at the order of a superior"（受长者之命为而从树上折树枝）和莱耶尔的"break a twig for an elder"（为老者折枝）都是拘泥于字面意思或是受古人注解的影响而导致译文错误。只有刘殿爵的译文"massaging an elder's joints for him"（为老年人按摩关节），使得原文意思得以正确传递，保留了其中的古代伦理文化内涵。

6. "然则小固不可以敌大，寡固不可以敌众，弱固不可以敌强。海内之地方千里者九，齐集有其一。以一服八，何以异于邹敌楚哉？盍亦反其本矣。"

理雅各：Yes;——and so it is certain that a small country cannot contend with a great, that few cannot contend with many, that the weak cannot contend with the strong. The territory within the four seas embraces nine divisions, each of a thousand li square. All Ch'u together is but one of them. If with one part you try to subdue the other eight, what is the difference between that and Tsau's contending with Ch'u? For, with such a desire, you must likewise turn back to the radical course for its attainment.

刘殿爵：That means that the small is no match for the big, the few no match for the many, and the weak no match for the strong.

Within the Seas there are nine areas of ten thousand Li square, and the territory of Ch'u makes up one of these. For one to try to overcome the other eight is no different from Tsou going to war with Ch'u. Why not go back to fundamentals?

莱耶尔：Then the small can nowise stand against the great; the few can nowise stand against the many; the weak can nowise stand against the strong. Of the nine thousand square miles of land that the sea incloses, Ch'u has gathered one. What difference is there between conquering eight with one and Tsou standing against Ch'u? Therefore, let us go back to the root of it.

此段中有四个"敌"字，前三个与第四个的意义是不一样的。前三个"敌"字是敌对的结果，意思是"敌得过"，而最后一个是指邹与楚之战，指敌对的状态，意为"与之为敌，对抗"，其结果便是齐宣王所说的"楚人胜"。理雅各译文把四个"敌"都译为"contend with""对付，与……斗争，竞争"表达的是一种状态，用于翻译前三个表示结果的"敌"字是不合适的；用于翻译第四个"敌"也不合适，"邹敌楚"是邹与楚作战，并不是"对付，竞争"这么简单；莱耶尔的译文存在同样的问题，用一个"stand against"翻译四个含义不同的"敌"字，"stand agaisnt"意思是"抵抗"，这种表状态的词用于翻译前三个表示结果的"敌"字，显然不合适，必然影响意思。用于第四个表状态的"敌"字的翻译可以，但意思依然不到位，"抵抗"毕竟不是"作战"；刘殿爵的翻译用"be no match for"（不能与之匹敌）这是翻译前三个"敌"字所表达的"敌不过"的结果，而用"war with"（与之作战）翻译第四个表状态的"邹敌楚"，意思正确。

古人认为我国疆土四面被海所环抱，因而称国境以内为海内。"海内之地方千里者九"意思是"天下千里见方的地方有九块"，莱耶尔的翻译"大海环围起来的土地面积九千平方英里"，改变了原文的主题，从"方千里者"变成了"海内之地"，扭曲了原文的意思；理雅各的译文"四海之内的领土包含九块区域，每块千里见方"，虽能达意，但译文略嫌冗长，原文简洁的行文风格不复存在；相比之下刘殿爵的译文"海内有九块万里见方的区域"，无论是意思还是语言风格上都与原文吻合，只是不知为何将"千里"译成"万里"。

最后对"盍亦反其本矣"的翻译问题。此处的"本"是孟子一直向齐王进谏的统治天下的根本原则——"行仁政"，意思是"（大王）何不回到（行仁政）这根本上来呢？"理雅各将"本"译成"radical course"（根本路线），但"radical"含"激进"之意，恰与"行仁政"的原则有悖。莱耶尔用"root"，即"根，根源，根本"，虽字面上意思相对应，但内涵不符。刘殿爵用"fundamental"（基本原则）最能达意。但三者的译文都没有将"本"的"行仁政"的内涵表达出来。似可译作"With such a desire, why not go back to the fundamental of effecting Rennist government?"

7. 今王发政施仁，使天下仕者皆欲立于王之朝，耕者皆欲耕于王之野，商贾皆欲藏于王之市，行旅皆欲出于王之涂，天下之欲疾其君者皆欲赴愬于王。其若是，孰能御之？

理雅各："Now if your Majesty will institute a government whose action shall be benevolent, this will cause all the officers in the kingdom to wish to stand in your Majesty's court, and all the farmers to wish to plough in your Majesty's fields, and all the merchants, both travelling and stationary, to wish to store their goods in your Majesty's market – places, and all travelling strangers to wish to make their tours on your Majesty's roads, and all throughout the kingdom who feel aggrieved by their rulers to wish to come and complain to your Majesty. And when they are so bent, who will be able to keep them back?"

刘殿爵："Now if you should practise benevolence in the government of your state, then all those in the Empire who seek office would wish to find a place at your court, all tillers of land to till the land in outlying parts of your realm, all merchants to enjoy the refuge of your market – place, all travelers to go by way of your roads, and all those who hate their rulers to lay their complaints before you. This being so, who can stop you from becoming a true King?"

莱耶尔：Now, if you were to govern by love, King, every officer below heaven would wish to stand in the King's court; every ploughman would wish to plough the King's wilds; every merchant and trader would wish for a stall in the King's markets; every wayfaring man would wish to travel the king's highways; every man below heaven that wished ill to his lord would wish to plead before the King; and if this were so, who could stop them?

　　本部分第一句"今王发政施仁"的意思是"如果现在大王发布政令、施行仁政"，指得是在大王现有的政治中施行仁政。理雅各译文回译过来意思是"现在如果大王创立行为仁慈的政府"，这样就意味着大王现在还没有创立自己的国家。与原文有差别；莱耶尔的译文"如果你用爱去统治（天下）"，也不能表达原文实施仁政的意思；刘殿爵的翻译："如果你能在你的国家管理上实施善行"，效果好些。

　　"使天下仕者皆欲立于王之朝"意思是使得天下做官的人都想到大王的朝廷里去任职。理雅各和莱耶尔译作："所有的官员都想站在你的朝廷之上。"翻译拘泥于原文字面意思，太直白，不够达意。刘殿爵的译文较有效地解释了原文的意思：即，"所有想当官的人都想在您的朝廷上谋得职位。"

　　对于"耕者皆欲耕于王之野"的"野"字，大多数译者的理解与翻译也有问题。虽然《说文》曰："邑外谓之郊，郊外谓之野。"但此处强调的是百姓愿意在大王的国土上耕作，并不强调在郊在野的问题，故为"田野，土地"之意。刘殿爵译成"the land in outlying parts of your realm"（您领土偏远部分的土地）或莱耶尔的译文"the King's wilds"（大王的荒野），都没有言中原文的真正所指。理雅各将其翻译为"in your Majesty's fields"（在大王的土地上耕作）应该是正确的。

"商贾皆欲藏于王之市"一句中的"藏"字做动词有两个意思，既"积蓄，收藏"和"隐匿"。此处应取"隐匿"之意。"以之为匿身之所"即"以大王的市场为做买卖的场所"。暗示其市场为商人提供了很好的经营场所。刘殿爵的译文"enjoy the refuge of your market‑place"（寻求大王的市场为庇护），其中"refuge"，意思是"庇护，避难，避难所"，含有大王的市场是商人的避难所之意。这种翻译虽欲表达原文中大王市场给商人提供的场所之有利程度，但意思显然太过，经商谈不上避难与庇护。理雅各译成"to store their goods in your Majesty's market‑places"（在大王的市场上存储货物），则把"藏"字理解成了"积蓄，存储"之意，也不正确；莱耶尔的译文是"every merchant and trader would wish for a stall in the King's markets"（每个商人都想在大王的市场有一个货摊），基本可以表达原文的意思。笔者认为可以译为"all the merchants wish to do business in your Majesty's market‑places."

至于"行旅皆欲出于王之涂"的翻译，理雅各将"行旅"译为"all traveling strangers""旅行的陌生人"，其中"陌生人"一词的使用让人费解。而莱耶尔把"王之涂"译成"the king's highways"，即"大王的公路"，用产生于十七世纪的词"highway"来翻译公元前三四百年时我国战国时代的道路无疑是不合适的。

"天下之欲疾其君者皆欲赴愬于王"一句中的"疾"字意思为："厌恶，憎恨"；理雅各译成"who feel aggrieved by their rulers"（感受到其君王虐待者），从原文的"憎恶其君的人"变成了"受到君王的虐待的人"，误译了原文的意思；而莱耶尔译为"every man below heaven that wished ill to his lord"（天下诅咒其君的人），则是由错解"疾"字之意而导致的错误；而刘殿爵的翻译"all those who hate their rulers"（所有憎恨他们的君主的人）简洁又达意。另外，朱熹对"愬"字的解释是"与诉同"因此理雅各和刘殿爵用"complain"或"lay their complaints"都可达意，而莱耶尔用"plead"（辩护，恳求）一词却使译文失去了原文的意思。

最后一句"其若是，孰能御之?"其中的"其"字是代词，指代的是上述的种种情况，即"如果上面的情况真能做到的话"。而"孰能御之"的"之"字，指代的是"大王"，意思是"谁能抵御大王"即"谁能阻挡大王统一天下?"，指出其段首提出的"发政施仁"的好处。理雅各的译文"And when they are so bent, who will be able to keep them back?"（当他们有如此倾向时，谁又能阻止他们呢?）很明显是把"其"和"之"理解成了上句中的"疾其君者"，导致整句意思完全错误。莱耶尔的译文也有同样的问题："and if this were so, who could stop them?"（如果是这样的话，谁能阻止他们呢?），他把"御之"的"之"字理解成了"他们"即"疾其君者"而不是"大王"。刘殿爵的译文"This being so, who can stop you from becoming a true King?"（如果是这样的话，谁能阻止你成为真正的君王呢?）对原文中的代词理解正确，表意清楚。

8. 乐天者保天下，畏天者保其国。

理雅各：He who delights in Heaven, will affect with his love and protection the whole kingdom. He who stands in awe of Heaven, will affect with his love and protection his own kingdom.

刘殿爵：He who delights in Heaven will continue to enjoy the possession of the Empire while he who is in awe of Heaven will continue to enjoy the possession of his own state.

莱耶尔：Those that delight in Heaven protect all below heaven; those that fear Heaven protect their own land.

朱熹说："天者，理而已矣。大之事小，小之事大，皆理之当然也。自然合理，故曰乐天。不敢违理，故曰畏天。包含遍覆，无不周遍，保天下之气象也。制节谨度，不敢纵逸，保一国之规模也。"[1] 乐天即乐行天命，畏天即敬畏天理。乐于听从天命的能安定天下，畏惧天命的能保住他的国家。所谓"普天之下，莫非王臣；率土之滨，莫非王土。"古人称对江山社稷的统治权为"天下"，即普天之下，称国之君为"天子"，而且认为让某人成为"天子"，即上天之子，是上天的旨意。可见"天下"是比"其国"范围大的一个概念。恰恰是孟子时期，诸侯割据情形的体现。整个国家便是人们心中的"天下"，而诸侯的割据范围便是各自的"其国"。

理雅各译文的意思是："乐天者用爱和保护去影响整个王国，畏天者用爱和保护去影响他自己的王国。"用"kingdom"（王国）一词自然无法表达出原文中"天下"和"其国"各自的含义："the whole kingdom"（整个王国）和"his own kingdom"（他自己的王国）究竟有什么区别呢？这个问题会使读者茫然搔首。此外，作者添加了"with love"，但却对原文意思的解释并无帮助。

刘殿爵的译文"乐天者拥有天下，而畏天者拥有自己的国家"。中国人常说的"天下"有两层主要含义：一，普天之下；

---

[1]　朱熹：《孟子集注》，齐鲁书社 2006 年版，第 2、18 页。

二，对普天下人的领导与治理权。译文用"Empire"和"state"分别译"天下"和"其国"，使其得以清楚区分，"state"是"empire"的一部分。

莱耶尔用直译把"天下"译成"all below heaven"，这种表达对于没有我国古代文化背景的英语读者来说，意思是"天底下的一切事物"而不是一个"国家"的概念了，显然也是不可取的。

此句若译为："He who delights in Heaven is capable of governing the whole empire, while he who stands in awe of Heaven can maintain the possession of his own state."似可以更好地表达出"乐天者"和"畏天者"的区别。

9. 乐民之乐者，民亦乐其乐；忧民之忧者，民亦忧其忧。乐以天下，忧以天下，然而不王者，未之有也。

理雅各：When a ruler rejoices in the joy of his people, they also rejoice in his joy; when he grieves at the sorrow of his people, they also grieve at his sorrow. A sympathy of joy will pervade the kingdom; a sympathy of sorrow will do the same：——in such a state of things, it cannot be but that the ruler attain to the royal dignity.

刘殿爵：The people will delight in the joy of him who delights in their joy, and will worry over the troubles of him who worries over their troubles. He who delights and worries on account of the Empire is certain to become a true King.

莱耶尔：If a man takes pleasure in the people's pleasures, the people will take pleasure in his pleasures too; if a man sorrows for the people's sorrows, the people will sorrow for his sorrows too. He that took part in the pleasures of all below heaven and sorrowed with all below heaven has never failed to become a king.

此段中"乐民之乐，民亦乐其乐"中的第一个"乐"为动词，意为"以之为乐，为之感到快乐"。理雅各用"rejoice in"
"对什么感到高兴，感到欣喜"，往往指对自己或别人的快乐，
幸福或成就感到高兴，符合原文意思。刘殿爵用"delight in"，
意思是为之高兴，也可达意；而莱耶尔的"take pleasure in"意
为"从什么中获得快乐，享受"，侧重从别人的快乐中获得自己
的快乐，自己享受为目的，而原文是"为别人的快乐而快乐"，
目的是为了别人。

同样"忧民之忧"的翻译也有问题。刘殿爵的译文中的
"worry over"意思是"为之烦恼，忧虑，困扰，折磨"，而
"trouble"的意思是"烦恼，麻烦，问题"，全句意思是"为百姓
的烦恼而烦恼，焦虑"，基本上能够传达原文的意思。莱耶尔用
"sorrows for the people's sorrows"（为百姓的忧伤而悲痛）遣词分
量过重；理雅各的译文"grieves at the sorrow of his people""为百
姓的悲痛而悲痛"，分量也太重。

"乐以天下，忧以天下"的翻译也有待商榷。根据 Online
Etymology Dictionary，理雅各译文中的"sympathy"有"conform-
ity of feelings"（感觉的一致）"fellow feeling"（同感）的意思。
那么其译文直译即为"欢乐的同感遍及全国，忧伤的同感也遍
及全国"，即"全国一起欢乐，一起忧伤"，忽视了本句的主语
是"君王"，也就弱化了原文中对"君王"与天下人同欢乐，共
分忧的强调，不可取；刘殿爵的译文"He who delights and wor-
ries on account of the Empire"（因其国家而高兴，忧虑），这种简
单的处理也简化了对"王者之所以王天下"的条件的强调，原文
中对仗的行文风格也丧失殆尽。莱耶尔的译文"参与全天下的
欢乐，为全天下悲伤的人"，用"take part in"（参加，参与）
与"pleasure"搭配不当，而"为全天下人悲伤"也不是"与天
下人同忧"，改变了原文意思。笔者认为可以译为：He who
shares joys and sorrows together with his people all under Heaven has

never failed to become a true king.

10. 孟子谓齐宣王曰："王之臣有托其妻子于其友，而之楚游者。比其反也，则冻馁其妻子，则如之何？"王曰："弃之。"曰："士师不能治士，则如之何？"王曰："已之。"曰："四境之内不治，则如之何？"王顾左右而言他。

理雅各：Mencius said to the king Xüan of Qi, "Suppose that one of your Majesty's ministers were to entrust his wife and children to the care of his friend, while he himself went into Ch'u to travel, and that, on his return, he should find, that the friend had caused his wife and children to suffer from cold and hunger; —— how ought he to deal with him?" The king said, "He should cast him off." Mencius said, "Suppose that the chief criminal judge could not regulate the officers under him, how would you deal with him?" The King said, "Dismiss him." Mencius proceeded, "If within the four borders of your kingdom there is not good government, what is to be done?" The king looked to the right and left, and spoke of other matters.

刘殿爵：Mencius said to King Hsuan of Chi, "Suppose a subjuest of Your Majesty's, having entrusted his wife and children to the care of a friend, were to go on a trip to Chu, only to find, upon his return, that his friend had allowed his wife and children to suffer cold and hunger, then what should he do about it?" "Break with his friend." "If the Marshal of the Guards was unable to keep his guards in order, then what should be done about it?" "Remove him from office." "If the whole realm within the four borders was ill-governed, then what should be done about it?" The King turned to his attendants and changed the subject.

莱耶尔：Mencius talking to King Hsuan of Chi said, if your minister were to trust his wife and child to a friend, king, and go on a joureny to Chu, and when he came bak his wife and chile were cold and starved, what should he do? He should cut him off, said the King. If the Chief Knight could not order the Knights, what should be done? End him, said the King. If within the four borders there is no order, what should be done? The King looked left and right, and spake of other things.

朱熹注曰:"弃,绝也。"① 《孟子注疏》说:"言当弃之,绝友道也。"② 故此处意为"断绝朋友关系"。理雅各的"cast him off"(抛弃,丢弃他)和莱耶尔的"cut him off"(切断,断绝他),意思生硬,不如刘殿爵的"Break with his friend"(与他朋友断绝关系),通过添加"his friend"表意更加清楚明了。

所谓"已之",《孟子注疏》解释为:"言当止之,而不可与为士师也"③;朱熹注:"已,罢去也。"④ 意为"罢免"。理雅各译为"Dismiss him"(开除他,免去他的职务)和刘殿爵的"Remove him from office"(免去他的职务),两者虽然翻译方法不同,但都可达意。后者稍嫌复杂。而莱耶尔译作"End him"(结果了他),就与原文意相差很大了。"End Somebody"意思是"致某人于死地",这种翻译可谓是"失之毫厘,谬以千里。"

最后是"王顾左右而言他"的理解与翻译问题。《说文》曰:"顾,环视也。"这个比较容易理解。这里的关键是对"左右"的理解问题。"左右"一般被用作方位词,正如理雅各和莱耶尔所译的"right and left"或"left and right",但这种译法表现出译者缺乏我国古代称谓知识,误将其当作了方位词。我国古

---

① 朱熹:《孟子集注》,齐鲁书社 2006 年版,第 23 页。
② (汉)赵岐、(宋)孙奭:《孟子注疏》电子版·卷二下·梁惠王章句下。
③ 同上。
④ 朱熹:《孟子集注》,齐鲁书社 2006 年版,第 23 页。

代称近臣和随从为"左右"，表示这些人是君王身边左右的随从。刘殿爵所译的"attendants"（侍从）一词才正确表达了原文的意思。

11. 孟子见齐宣王曰："所谓故国者，非谓有乔木之谓也，有世臣之谓也。王无亲臣矣，昔者所进，今日不知其亡也。"

理雅各：Mencius, having an interview with the king xüan of Qi, said to him, "When men speak of an ancient kingdom, it is not meant thereby that it has lofty trees in it but that it has ministers sprung from families which have been noted in it for generations. Your Majesty has no intimate ministers even. Those whom you advanced yesterday are gone today, and you do not know it. "

刘殿爵：Mencius went to see King Hsuan of Chi. "A state of established traditions", said he, "is so called not because it has tall trees but because it has ministers whose families have served it for generations. You no longer have trusted ministers. Those you promoted yesterday have all disappeared today without your even being aware of it. "

莱耶尔：Mencius saw King Hsuan of Chi, and said, when we speak of an old kingdom, we do not mean that it has lofty trees, we mean that it had lines of ministers. You have no near ministers, King: those that came in last night are gone, unknown to you, today.

所谓"故国"，《孟子注疏》中说："孟子见齐宣王而问之，言人所谓旧国者，非谓有高大木而谓之旧国也，以其有世世修德之旧臣也，故谓之旧国，故曰有世臣之谓也。故，旧也。"[①]故国之所以被称之为旧国，因其有世世修德的旧臣，因其有世世相

---

① （汉）赵岐、（宋）孙奭：《孟子注疏》电子版·卷二下·梁惠王章句下。

传的传统。理雅各和莱耶尔分别将其别译作"an ancient king-dom"和"an old kingdom"。首先"kingdom"一词不符合我国战国时期"国"的概念，而且"ancient"和"old"只强调其"古老，旧，年代久远"的特色，刘殿爵的译文"A state of es-tablished traditions"（有特定传统的国家），仅强调了传统。若译作"A state of long standing and established traditions"似更贴切。第二是对"世臣"的理解。"世臣，累世修德之旧臣也。"① 朱熹注："世臣，累世勋旧之臣，与国同休戚者也。"② 理雅各译作"ministers sprung from families which have been noted in it for gener-ations"（家族中世代在国中为官的有名的大臣），"Noted"意为"著名"，并不能表明功勋卓越。刘殿爵的"ministers whose fami-lies have served it for generations"（家族世代效忠国家的大臣），"效忠国家"与原文意思更加吻合。莱耶尔的译文"lines of min-isters"（成排的大臣），意思完全错误，这种翻译不知源自哪一出处。

所谓"亲臣"，朱熹解释说："亲臣，君所亲信之臣，与君同休戚者也。"③ 理雅各所译的"intimate ministers"中的"inti-mate"一词意思是"亲密的，隐私的"，往往有关系暧昧的隐含意思，这个译法大大歪曲了原文中"亲臣"的含义；莱耶尔用"near ministers"，"near"一词主要强调时间、空间、地点或程度上接近，另外也有"亲近，亲密"之意，但"亲臣"不指关系亲密，而是强调可以信任，也造成了意思上的扭曲。刘殿爵译作："trusted ministers"，"trusted"（可信任的）一词直接道出了这一概念的含义。

① （汉）赵岐、（宋）孙奭：《孟子注疏》电子版·卷二下·梁惠王章句下。
② 朱熹：《孟子集注》，齐鲁书社2006年版，第24页。
③ 同上。

本段最后一个问题在于对"昔者所进"中"进"字的理解。朱熹对本段注曰:"昨日所进用之人,今日有亡去而不知者,则无亲臣矣,况世臣乎?"① 言人君进贤退恶。"进贤"即指进用贤能之人。因此可见此处"进"指的是"进职,任用,提拔"之意。理雅各用"advanced"一词"前进,促进"与"任用,提拔"之意相去甚远;而莱耶尔直接按字面意思译成了"came in"(进来),根本不能理解原文;只有刘殿爵所用的"promoted"(提拔,晋升)一词较达意。

12. 圣人之于民,亦类也。出于其类,拔乎其萃,自生民以来,未有盛于孔子也。

理雅各:So the sages among mankind are also the same in kind. But they stand out from their fellows, and rise above the level, and from the birth of mankind till now, there never has been one so complete as Confucius.

刘殿爵:The Sage, too, is the same in kind as other men. Though one of their kind, he stands far above the crowd. Ever since man came into this world, there has never been one greater than Confucius.

莱耶尔:And a holy man and the people are of a kind too. He stands out from his kind, he shoots above the thicket. From the birth of the people till now there has been no one greater than Confucius.

《中华古诗文》对"圣人"有注如下:"德高望重,有大智,已达到人类最高最完美境界的人。"可见我国古代的圣人是真实存在的人,因其过人的完美表现而被尊称为"圣人"。理雅各和刘殿爵所用的"sage"(贤人,圣人,德高望重之人)是合乎此意的;而莱耶尔译作"Holy man"(神圣的人),"holy"一词指

---

① 朱熹:《孟子集注》,齐鲁书社 2006 年版,第 24 页。

"神圣的，圣洁的"，也指上帝或基督。这个词意思含有浓重的宗教信仰色彩，不适合用来指我们现实世界中的圣人。

关于"出"，朱熹的注释为："出，高出也。拔，特起也。萃，聚也。"[①] 可见"出"为动词，超出之意。韩愈《师说》中有"古之圣人，其出人也远矣"的句子，可谓是对孟子这句话的一个解读。萃，为聚，指群、类，聚在一起的人或事物。故此"出于其类，拔乎其萃"为并列结构，刘殿爵将这两句译为"Though one of their kind, He stands far above the crowd."（尽管是其类中一员，却远远高于其类），把动词"出于"（超出）译成了介词"来自于"，把原文的并列结构改成了偏正结构，导致了译文的错误。理雅各的翻译"they stand out from their fellows, and rise above the level"（他们超出其同类，高于他们的水平）正确理解了原文的结构，比较达意。莱耶尔的译文把"拔乎其萃"译成"shoots above the thicket"（从灌木丛中伸展而出）很明显是没能理解"萃"在此处的意思，而是拘泥于字面意思而译作其本义"草丛生的样子"，意思完全错误。建议译成："He stands out from his fellows, and rises far above the crowd."

13. 今天下地丑德齐，莫能相尚。无他，好臣其所教，而不好臣其所受教。

理雅各：Now throughout the kingdom, the territories of the princes are of equal extent, and in their achievements they are on a level. Not one of them is able to exceed the others. This is from no other reason, but that they love to make ministers of those whom they teach, and do not love to make ministers of those by whom they might be taught.

刘殿爵：Today there are many states, all equal in size and vir-

---

① 朱熹：《孟子集注》，齐鲁书社 2006 年版，第 42 页。

tue, none being able to dominate the others. This is simply because the rulers are given to employing those they can teach rather than those from whom they can learn.

莱耶尔: To – day, every mind is on a level, and none can rise above the other, merely because men love to have ministers whom they can teach, and do not love to have ministers that teach them.

关于"丑",朱熹注释为:"丑,类也。"① "地丑"为"土地相等"之意。理雅各和刘殿爵的翻译都可达意;而莱耶尔的翻译"every land below heaven is unsightly",意思是:天下每一块土地都很难看。"unsightly"意思是"难看,让人厌恶的"。无疑莱耶尔把"丑"字按现代汉语理解成了"丑陋,难看"之意,使译文完全失去了原文的意思。

至于"德齐","齐"意思是"平等,相等","德"是"道德、德行"之意,"德齐"即为"德行相似"。理雅各将"德"译成"their achievement"(他们的成就),莱耶尔译作"mind"(头脑,智慧),概念完全错误,刘殿爵译作"virtue"(德行,美德),尚可达意。

朱熹解释说:"尚,过也。"② 即"超过,高出"之意。整句意思是:"谁也超不过谁"。理雅各译作"Not one of them is able to exceed the others."(没人能超过其他人),用"exceed"(超越,超出,胜过)一词,意思传达非常到位;而刘殿爵译作"none being able to dominate the others"(没人能统治其他人),"dominate"意思是"支配,统治",原文是一个比较,"dominate"一词意思太过。莱耶尔的"none can rise above the other"(没有人能高于其他人之上)也基本可以达意,只是不如"ex-

① 朱熹:《孟子集注》,齐鲁书社 2006 年版,第 52 页。
② 同上。

ceed"一词更能表达出"比较"的意思。

14. 分人以财谓之惠，教人以善谓之忠，为天下得人者谓之仁。是故以天下与人易，为天下得人难。

理雅各：The imparting by a man to others of his wealth, is called "kindness." The teaching others what is good, is called "the exercise of fidelity." The finding a man who shall benefit the king-dom, is called "benevolence." Hence to give the throne to another man would be easy; to find a man who shall benefit the kingdom is difficult.

刘殿爵：To share one's wealth with others is generosity; to teach others to be good is conscientiousness; to find the right man for the Empire is benevolence. Hence it is easier to give the Empire away than to find the right man for it.

莱耶尔：To share our riches with men is kindness; to teach men goodness is faithness; to get the man for all below heaven is love. Thus, to give a man all below heaven is easy, but to get the man for all below heaven is hard.

《孟子注疏》："其以己之财物市与人者，是谓忠惠也。"[①] 即把财物分给别人叫做"惠"。《说文》："惠，仁也。"分己财物与人，是对别人的关爱，恩惠。理雅各和莱耶尔将"惠"译作"Kindness"（仁慈，亲切，好意，善意），基本可以达意；刘殿爵译之为"generosity"（慷慨，大方，宽大），虽然分财物与人是慷慨的行为，但从上下文来看，这里谈论的并不是人慷慨与否的问题。朱熹说："分人以财，小惠而已。教人以善，虽有爱民之实，然其所及，亦有限而难久。唯若尧之得舜，舜之得禹、皋陶，乃所谓为天下得人者，而其恩惠广大，教化无穷矣，此其所

①　（汉）赵岐、（宋）孙奭：《孟子注疏》电子版·卷五下·滕文公章句上。

以为仁也。"① 可见此处孟子的意思是 "分人以财" "教人以善" "为天下得人者" 都是仁爱的行为，而唯有 "为天下得人者" 是最大的 "仁" 之行为，因为其惠及全天下。所以刘殿爵译作 "generosity" 不合原文所论述的角度，"惠" 本身也并无慷慨之意，因此这个译文当属译者的自我发挥。笔者认为此处的 "惠" 字可以译作 "benefaction"（恩惠，善行，施予）既说明了 "分人以财物" 的性质，又传达了其 "仁爱，善行" 的实质。

至于 "教人以善谓之忠"，根据《孟子注疏》："以己之有善而以教诸人，谓其心之忠也，中心之谓忠。"② "忠" 即忠诚无私，尽心竭力。是教人以善，忠心爱民之意。理雅各译作 "the exercise of fidelity"（忠诚的行为），"fidelity" 意思是 "忠诚，忠于职守、义务或责任"，从这个意思来看，"fidelity" 所表达的忠诚，是忠于自己的岗位，职责之意，不符合原意；莱耶尔用 "faithness" 一词，意思是："信任，信念，宗教信仰，对真理、价值、人、意见或事物的确实性的坚定不移的信仰"，与原文所表达的意思偏离得更远了。刘殿爵译作 "conscientiousness"，意思是 "本着良心的：由良心指引或与良心一致的；有原则的；尽责的，诚心的"，比较而言，只有这个词能较好地传达原文 "教人以善" 的实质，又能表达出 "忠" 这一概念的主要内涵。

"为天下得人者谓之仁" 的意思是 "为天下物色贤才叫仁"。正如朱熹所说，"其恩惠广大，教化无穷矣，此其所以为仁"。刘殿爵和理雅各的译文都较好地传达出了原文为天下谋有用之才的意思，唯有莱耶尔的译文 "to get the man for all below heaven is love"（得到适合全天下的那个人），没有对 "man" 一词进行任何的修饰，意思含混，什么样的人是适合全天下的人呢？没有译

---

① 朱熹：《孟子集注》，齐鲁书社 2006 年版，第 74 页。

② （汉）赵岐、（宋）孙奭：《孟子注疏》电子版·卷五下·滕文公章句上。

出"有用于天下的贤才"这一意思，不免会令人感到费解。

15. 富贵不能淫，贫贱不能移，威武不能屈。此之谓大丈夫。

理雅各：To be above the power of riches and honours to make dissipated, of poverty and mean condition to make swerve from principle, and of power and force to make bend: —— these characteristics constitute the great man.

刘殿爵：He cannot be led into excesses when wealthy and honoured or deflected from his purpose when poor and obscure, nor can he be made to bow before superior force. This is what I would call a great man.

莱耶尔：Not to be made wanton by wealth and honours; not to be moved by lowness and want; not to be bent by terror and force; this may be called a great man.

所谓"淫"，朱熹注："淫，荡其心也。"① 即富贵不能迷乱他的思想，不为金钱、权位所诱惑而沉湎于酒色。刘殿爵的译文"He cannot be led into excesses when wealthy and honoured"（当有钱有势时，也不会过度，无节制）。其中的"excess"意思是"过度，无节制，超额，极端"，达意；理雅各的译文"to be above the power of riches and honours to make dissipated"，意思是"不易受到财富权势力量的诱惑而沉湎于酒色"。"be above"的意思是"不易受到……，不屑于，超出……之外"，而"dissipated"意思是"沉迷于酒色，消散，闲游浪荡"，也可达意。莱耶尔译作"not to be made wanton by wealth and honours"，"wanton"意思是"淫乱：轻浮或放荡，堕落"，虽然"淫"也有此意，但与原文相比较，意思太过，程度太甚。

---

① 朱熹：《孟子集注》，齐鲁书社 2006 年版，第 80 页。

"贫贱不能移"意思是不会因为生活贫困，地位卑微而改变自己的操守。朱熹注："移，变其节。"① 莱耶尔的译文"not to be moved by lowness and want"（不因贫贱而移动），他按字面意思把"移"译成"move"，失去了原文的意思。理雅各将"移"译作"make swerve from principle"，刘殿爵译作"deflected from his purpose when poor and obscure"。其中"swerve"意思是"突然转向，转弯；偏斜；突然改变方向"，原文中并没有"突然"这一意义的修饰；"principle"意思是"准则，道义，行为模式"；而"purpose"意思是"目的，意图，用途，效果，决心，意志"；"deflect from"意思是"使从……偏斜，使从……转变方向"。比较之下"deflect from"优于"swerve"，而"principle"当然比"purpose"更接近"操守"的含义。因此作者认为可将"移"译为"deflect from his principle"。

至于"威武不能屈"，《说文》："威，畏也"，指权势之威严。"武"，即武力。"威""武"当是并列结构。所谓"屈"，朱熹注："屈，挫其志也。"② "屈服"之意。全句意思是权势武力不能压服其意志。刘殿爵的译文"nor can he be made to bow before superior force"（不会使他向更强大上级的武力鞠躬屈膝），用"bow"（鞠躬屈膝）表达"屈服"尚可，但"superior force"（上级的武力）很明显是把"威武"这一并列结构的名词译成了偏正结构的名词，"威"的含义没有译出；而莱耶尔的译文，把"威武"译成了"恐怖和武力"（not to be bent by terror and force），虽然结构正确，意思却与原文相悖；理雅各的译文"of power and force to make bend"（权势和武力不能使其屈服屈膝），用"power and force"来译"威武"，"bend"来译"屈"，行文

---

① 朱熹：《孟子集注》，齐鲁书社2006年版，第42页。
② 同上书，第80页。

简练，意思中肯。

16. 曾子曰："胁肩谄笑，病于夏畦。"

理雅各：The philosopher Zeng said, "They who shrug up their shoulders, and laugh in a flattering way, toil harder than the summer labourer in the fields."

刘殿爵：Tseng Tzu said, "It is more fatiguing to shrug one's shoulders and smile ingratiatingly than to work on a vegetable plot in the summer."

莱耶尔：Tseng‐tzu said, "To fawn and laugh is harder for the ribs and shoulders than working in the summer rice fields."

朱熹："胁肩，竦体。谄笑，强笑。皆小人侧媚之态也。病，劳也。夏畦，夏月治畦之人也。言为此者，其劳过于夏畦之人也。"① "胁肩谄笑" 意思是耸起肩膀，装出笑脸，形容极端谄媚的样子。刘殿爵和理雅各的译文都译出了 "耸肩谄笑" 的意思，但刘殿爵译的 "ingratiatingly" 意思是 "逢迎的，迷人的，吸引人的"，不如理雅各所译的 "flattering"（谄媚的，讨好的，奉承的），意思更加到位。莱耶尔将之译为 "To fawn and laugh is harder for the ribs and shoulders"（讨好和谄笑比在地里干活更令肋骨和肩膀感到难受），译文读来十分令人费解。

"病于夏畦" 中的 "病于" 意思是比之更加疲累，困乏。理雅各译作 "toil harder"（劳作更辛苦），刘殿爵的 "more fatiguing"（更疲劳）都可达意。莱耶尔的 "harder" 一词意思是 "更辛苦，更艰难"，范围太广，自然就译不出 "疲劳，劳累" 的意思。"畦" 本意是 "田地" 之意，有五十亩为一畦的说法。但根据《孟子注疏》："言其意苦劳极，甚于仲夏之月治畦灌园之勤

① 朱熹：《孟子集注》，齐鲁书社 2006 年版，第 86 页。

也，治畦曰灌园也。"① 既然"治畦"为"灌园"，"园"当指"菜园"，故此处的"畦"当指"菜地"。理雅各译作"field"（田地），范围过大；莱耶尔译作"rice field"（稻田），与原文意思不符，不知出自何处；刘殿爵译作"a vegetable plot"（菜地）较恰当。

17. 孟子曰："自暴者，不可与有言也；自弃者，不可与有为也。言非礼义，谓之自暴也；吾身不能居仁由义，谓之自弃也。"

理雅各：Mencius said, With those who do violence to themselves, it is impossible to speak. With those who throw themselves away, it is impossible to do anything. To disown in his conversation propriety and righteousness, is what we mean by doing violence to one's self. To say—— "I am not able to dwell in benevolence or pursue the path of righteousness," is what we mean by throwing one's self away.

刘殿爵：Mencius said, "It is not worth the trouble to talk to a man who has no respect for himself, and it is not worth the trouble to make a common effect with a man who has no confidence in himself. The former attacks morality; the latter says, " I do not think I am capable of abiding by benevolence or of following rightness.

莱耶尔：Mencius said, nothing can be said to the man that wrongs himself; nothing can be done for the man that throws himself away. To flout good form and right in your speech is to wrong yourself. To say, "I cannot dwell in love or follow the Way" is to throw yourself away.

关于此段文字，朱熹作了这样的注释："暴，犹害也。非，

---

① （汉）赵岐，（宋）孙奭：《孟子注疏》电子版·卷六下·滕文公章句下。

犹毁也。自害其身者，不知礼义之为美而非毁之；虽与之言，必不见信也。自弃其身者，犹知仁义之为美，但溺于怠惰，自谓必不能行；与之有为，必不能勉也。程子曰：'人苟以善自治，则无不可移者。虽昏愚之至，皆可渐磨而进也。惟自暴者拒之以不信，自弃者绝之以不为，虽圣人与居，不能化而入也。此所谓下愚之不移也。'"①

　　"言非礼义，谓之自暴也。"《说文》训为："非，违也。从飞，下翅取其相背也。"因此可见"非"意思是"违背，不合"。"礼义"是在奴隶社会和封建社会的等级制度下，与之相适应的一套礼义制度。"暴，犹害也"，即糟蹋，损害的意思。则此处"自暴"的意思是言语不合礼义，违背礼义。言语不合礼义，等于损害自己的形象。理雅各的译文"To disown in his conversation propriety and righteousness, is what we mean by doing violence to one's self."（在他的谈话中不使用礼节和正义的人即我们所说的残暴自己），用"propriety"（适当性，礼节）和"righteousness"（正当，正义）来翻译"礼义"也是字面意思的翻译，而且译文本身逻辑不畅。言谈不合礼节和正义，谈不上"do violence to one's self"（残暴自己）；刘殿爵用意译的方法译成"attacks morality"（攻击道德），首先"不合"并不见得"攻击"，"道德"也并非"礼义"，意译太过背离了原文意思，不可取；莱耶尔的"To flout good form and right in your speech is to wrong yourself."（蔑视讲话中好的形式和正确性即为诋毁自己），"wrong"（冤枉，诽谤，诋毁）也不同于"损害"。而且"礼义"一词的意思完全没有翻译出来。

　　了解了"自暴"的意义，则可知"自暴者，不可与有言也"意思是"不值得与不尊重自己的人讲话"。因为"自害其身者，

---

　　①　朱熹：《孟子集注》，齐鲁书社 2006 年版，第 100 页。

不知礼义之为美而非毁之；虽与之言，必不见信也"，而不必与之有言之意。理雅各的译文 "With those who do violence to themselves, it is impossible to speak"，意思是："和那些残暴自己的人是不可能讲话的"，很明显与原文意思不相符。"自暴"并非"施暴于自己，摧残自己"，而是因为"不知礼义之为美而非毁之以自害其身"，即以不合礼义的言语损害自己的形象，也就是自己不尊重自己之意。

"不可与有言"与"不可能与之讲话"，意义也不同。刘殿爵的译文 "It is not worth the trouble to talk to a man who has no respect for himself" 意思是不值得费劲与不尊重自己的人谈话。基本上传达了原文的意思。莱耶尔的译文 "Nothing can be said to the man that wrongs himself" 意思是对诋毁自己的人什么都不能说。这里不是能不能的问题，而是值不值得，有没有意义的问题。译文的角度偏离了原文。

"吾身不能居仁由义，谓之自弃也。""居仁"即为守仁，而"由义"即行义。意思是自认为不能守仁行义，叫自己抛弃自己，即不自信。理雅各译作 "To say – 'I am not able to dwell in benevolence or pursue the path of righteousness,' is what we mean by throwing one's self away." 意思是说"我不能居住在'仁'这一居所里，不能追求'正义'之路，就是我们所说的抛弃自己"。直译"居仁由义"和"自弃"的字面意思，难以让读者体会作者的真意；刘殿爵译作 "The latter says, 'I do not think I am capable of abiding by benevolence or of following rightness.'"（我不认为自己能守仁求义），译出了字面背后所含的意义；莱耶尔的译文 "To say, 'I cannot dwell in love or follow the Way' is to throw yourself away."（说"我不能居住在爱的居所里，不能追求道"即是抛弃你自己），和理雅各一样，也是直译字面意思，令人费解。其中把"仁"译作 "love"（爱），"义"译作 "the Way"

（道），都很牵强。关于此点问题，详细论述见第四章。

"自弃者，不可与有为也"即"不值得与自弃者一起做事情"，因为"自弃其身者，犹知仁义之为美，但溺于怠惰，自谓必不能行；与之有为，必不能勉也"。理雅各的译文"With those who throw themselves away, it is impossible to do anything."（对于抛弃自己的人，是不可能做任何事的），莱耶尔的译文"nothing can be done for the man that throws himself away."（不能为抛弃自己的人做任何事情），均因没能正确理解原文而只按字面意思直译，而使意思完全偏离了原文。刘殿爵的翻译"and it is not worth the trouble to make a common effect with a man who has no confidence in himself."（不值得费劲与不自信的人一起做事情），用解释的方法基本上传达了原文的意思。

18. 孟子曰："存乎人者，莫良于眸子。眸子不能掩其恶。胸中正，则眸子了焉；胸中不正，则眸子眊焉。听其言也，观其眸子，人焉廋哉？"

理雅各：Mencius said, "Of all the parts of a man's body there is none more excellent than the pupil of the eye. The pupil cannot be used to hide a man's wickedness. If within the breast all be correct, the pupil is bright. If within the breast all be not correct, the pupil is dull. Listen to a man's words and look at the pupil of his eye. How can a man conceal his character?"

刘殿爵：Mencius said, "There is in man nothing more ingenuous than the pupils of his eyes. They cannot conceal his wickedness. When he is upright within his breast, a man's pupils are clear and bright; when he is not, they are clouded and murky. How can a man conceal his true character if you listen to his words and observe the pupils of his eyes?"

莱耶尔：Mencius said, "No part of man is better than the eye.

The eye cannot hide his wickedness. If all within the breast be straight, the eye is clear; if all within the breast be not straight, the eye is dim. Listen to his words, watch his eye; can the man evade you?"

"此章指言目为神候，精之所在，存而察之，善恶不隐，知人之道，斯为审矣。"① 可见"眼睛是心灵的窗户"这句意大利文艺复兴时期画家达·芬奇从人物画的角度来说的名言，早在其一千多年前，中国的孟子就已经从识人的角度把这个道理说得非常清楚了。

"胸中正"的"正"字，指人的"正直"，心地正直，为人坦荡。理雅各的"correct"（正确的），意思错误；莱耶尔用"straight"，意思是"直的，诚实，率直的"看似符合原意，仔细推敲会发现这个词主要指人的性格直率，当然也不是心地正直，角度不符；刘殿爵的"upright"（正直的，诚实的，合乎正道的）达意。

《说文》："眊，目少精也。"朱熹《集注》："眊者，蒙蒙目不明之貌。盖人与物接之时，其神在目，故胸中正则神精而明，不正则神散而昏。"② 由此可见，"眊"意思是眼睛无神，看不清楚。理雅各译作"dull"，意思是感觉或理解迟钝的，无趣的，呆滞的，阴暗的，侧重的是因智力较差而产生的迟钝，与原文所言意思不一致；刘殿爵的"clouded and murky"（有暗影的，或雾蒙蒙的，昏暗的），和莱耶尔的"dim"（暗淡的，模糊的，无光泽的）都可以达意。

关于"听其言也，观其眸子，人焉廋哉"的理解与翻译问题。对于"廋"字，《玉篇》中有这样的解释："廋，隐匿也。"朱熹

---

① （汉）赵岐、（宋）孙奭：《孟子注疏》电子版·卷七下·离娄章句上。

② 朱熹：《孟子集注》，齐鲁书社 2006 年版，第 103 页。

《集注》："廋，匿也。言亦心之所发，故并此以观，则人之邪正不可匿矣。然言犹可以伪为，眸子则有不容伪者。"① 所以该句意思是听一个人说话的时候，注意查看他的眼睛，其善恶就无法隐藏。理雅各的译文"How can a man conceal his character?"（人怎么可以隐藏其品质呢?）和刘殿爵的"How can a man conceal his true character?"（人怎么能隐藏他的真实品质呢?）都可以达意，唯有莱耶尔的"can the man evade you?"（这人怎么能逃避你呢?），"evade"意思是"逃避，躲避"，译文错误。

19. 孟子曰："大人者，不失其赤子之心者也。"

理雅各：Mencius said, "The great man is he who does not lose his child's heart."

刘殿爵：Mencius said, "A great man is one who retains the heart of a new–born babe."

莱耶尔：Mencius said, the great man is he that does not lose the child heart.

根据《孟子注疏》："大人谓君。国君视民，当如赤子，不失其民心之谓也。一说曰：赤子，婴儿也，少小之子，专一未变化，人能不失其赤子之心，则为真正大人也。《正义》曰：此章指言人之所爱，莫过赤子，视民则然，民怀之张。大人之行，不过是也。孟子言世之所谓为之大人者，是其能不失去其婴儿之时心也，故谓之大人，如《老子》所谓'常德不离，复归于婴儿'之意同。"② 至朱熹则注为："大人之心，通达万变。赤子之心，则纯一无伪而已。然大人之所以为大人，正以其不为物诱，而有以全其纯一无伪之本然；是以扩而充之，则无所不知，无所不能，而极其大也。"③ 则此处

① 朱熹：《孟子集注》，齐鲁书社 2006 年版，第 103 页。

② （汉）赵岐、（宋）孙奭：《孟子注疏》电子版·卷八上·离娄章句下。

③ 朱熹：《孟子集注》，齐鲁书社 2006 年版，第 114 页。

"赤子"的意思当是："有德行的君子，是不失掉婴儿般纯真天性的人。"

理雅各的译文"he who does not lose his child's heart. "（不失掉他的孩子的心的人），把比喻语言译成了具体的事物，失去了原文的语言色彩，意思也完全错误；莱耶尔译作"he that does not lose the child heart. "（没有失掉孩子般心灵的人），照字面意思的直译，理解上也不正确；刘殿爵的译文"one who retains the heart of a new – born babe. "（保持婴儿般心灵的人），意思符合原文，基本能保留住原文的语言风格。

20. 章子，子父责善而不相遇也。责善，朋友之道也；父子责善，贼恩之大者。

理雅各：Now between Chang and his father there arose disagreement, he, the son, reproving his father, to urge him to what was good. To urge one another to what is good by reproofs is the way of friends. But such urging between father and son is the greatest injury to the kindness, which should prevail between them.

刘殿爵：In his case father and son are at odds from taxing each other over a moral issue. It is for friends to demand goodness from each other. For father and son to do so seriously undermines the love between them.

莱耶尔：Now Chang – tzu, the son, exhorted his father to do good, and they never met. To exhort one another to do good is the way between friends. Exhortations to goodness between father and son destroy kindness.

朱熹曰："遇，合也。相责以善而不相合，故为父所逐也。"①"子父责善"是父子相互责求善行之意。理雅各的译文

---

① 朱熹：《孟子集注》，齐鲁书社 2006 年版，第 123 页。

"he, the son, reproving his father, to urge him to what was good"（儿子责备其父以敦促其行善）和莱耶尔的"Now Chang – tzu, the son, exhorted his father to do good,"（儿子章子劝诫其父做好事）都是误把"父子相责"译成了"儿子责父"。而且莱耶尔把"不相遇"（意见不一致，不能相处到一块）译成了"they never met"（他们从来没有遇见过），明显的字面翻译，完全错误。刘殿爵的译文"father and son are at odds from taxing each other over a moral issue." 意思是"父子为有关道德的事情责备彼此而争执。"正确传达了原意。

据《说文》："恩，惠也"，《礼记·丧服四制》注："恩者，仁也。"但父子之"恩"显然不是一种恩惠或善行。朱熹说："朋友当相责以善，父子行之，则害天性之恩也。"[1] 所谓"天性之恩"是父子之间天性所存的感情。则此处"恩"当父子之间的情谊、感情讲。理雅各和莱耶尔都将之译作"kindness"（仁慈，善行），属于"恩"的字面意思，不合于父子间的关系常理，属于理解错误，不能达意；刘殿爵的译文"the love between them"（父子之间的爱），则能达意。

21. 人少，则慕父母；知好色，则慕少艾；有妻子，则慕妻子；仕则慕君，不得于君则热中。

理雅各：The desire of the child is towards his father and mother. When he becomes conscious of the attractions of beauty, his desire is towards young and beautiful women. When he comes to have a wife and children, his desire is towards them. When he obtains office, his desire is towards his sovereign：——if he cannot get the regard of his sovereign, he burns within.

刘殿爵：When a person is young he yearns for his parents; when

---

① 朱熹：《孟子集注》，齐鲁书社 2006 年版，第 123 页。

he begins to take an interest in women, he yearns for the young and the beautiful; when he has a wife, he yearns for his wife; when he enters public life he yearns for his prince and becomes restless if he is without one.

莱耶尔：Man clings, as a child, to his father and mother; when he knows the love of women, he clings to girlish bloom; having a wife and children, he clings to his wife and children; being in office, he clings to his lord. If he cannot win his lord he is hot within.

此段的翻译问题有二。

其一是对"慕"的翻译，此处"慕"为依恋，爱慕之意。理雅各所用的"desire"意思是"想望，期望，希望"，不妥。而莱耶尔译作"cling to"（依附，依靠，坚持），倾向于对意见的坚持和习惯等的墨守，也不是原文中感情上的"依恋"；刘殿爵用"yearn for"，意思是"渴望，向往"，与原文意思较贴近。

其二，此处所谓"妻子"即指妻子之意。并不是理雅各和莱耶尔所译的"a wife and children"（妻子和孩子）。

关于"仕则慕君，不得于君则热中"，"仕"做官之意；朱熹说："不得，失意也。热中，燥急心热也。"①"不得于君"即为官场失意，得不到君主的欢心与信任。全句意思当为："做了官便讨好君主，得不到君主的欢心，便焦急得内心发热。"② 理雅各对前半句的翻译基本达意，但后半部分译文"if he cannot get the regard of his sovereign, he burns within."中的"regard"意思是"关心，注意，尊敬，致意，问候"，与"欢心，信任"不相符。

莱耶尔的"If he cannot win his lord he is hot within"（如果他

---

① 朱熹：《孟子集注》，齐鲁书社 2006 年版，第 123 页。

② 理雅各、杨伯峻：《四书》，湖南出版社 1994 年版，第 432 页。

赢不了他的统治者，他就内心发热。"lord"意思是"封建领主，地主，统治者，上帝"，并含有浓重的宗教色彩，不适合我国古代的君主。

刘殿爵的译文"when he enters public life he yearns for his prince and becomes restless if he is without one."（当他进入公共生活，就渴望他的君王，没有君王就不能平静），就让人很是费解。其中的"进入公共生活"不知从何而来，而"if he is without one"当是把"不得于君"理解成了"不能赢得一个君王"。此种理解缺乏根据。

此句似可译成："When he obtains office, he yearns for his sovereign, if he cannot win the heart of his sovereign, he becomes restless".

22. 莫之为而为者，天也；莫之致而至者，命也。

理雅各：That which is done without man's doing is from Heaven. That which happens without man's causing it to happen is from the ordinance of Heaven.

刘殿爵：When a thing is done though by no one, then it is the work of Heaven; when a thing comes about though no one brings it about, then it is decreed.

莱耶尔：What is done, though no one does it, is Heaven; what comes, though no one contrives it, is the Bidding.

朱熹注释此句说："然此皆非人力所为而自为，非人力所致而自至者。盖以理言之谓之天，自人言之谓之命，其实则一而已。"① 他认为此处"天"和"命"是一回事，只不过从理来看，可以说是天意，但从人的角度来说当称之为命运。由此可见"天"即为"天意"，而"命"则为"命运"。《孟子注疏》中的

---

① 朱熹：《孟子集注》，齐鲁书社2006年版，第136页。

注解也说明了这一点："人莫之为然而为然者，故曰天使然也，人莫能致之此事而其事自至者，是其命有是也。"①"天使然"即"天意"，而"其命有是也"即"人的命运如此"。

　　理雅各的译文意思是"没有人做的事情被做了，这种事来自上天"。他将"天"译为"from Heaven"，好像指这种情况是在上天会发生的事情，不能表达所谓"天意发生的事情"之意；后半句译成"没有人招致它发生的事情发生了，这是上天的命令"，此处理雅各把"命"理解为"the ordinance of Heaven"（上天的命令），也不妥。因为即便按照朱熹的注解认为此处"人的命运"即为"天意"的话，那毕竟"天意"与"上天的命令"也还不是一回事。

　　刘殿爵的译文意思是"一件事情尽管没人做也被做了，则是上天的杰作"，把"天"译作"the work of Heaven"（上天的杰作），感觉把"天意"这样一个极抽象的概念具体化了，比较别扭；而后半句"没人致使一件事情发生，它却发生了，这便是天命"。"decree"意思是"天命，天意"，用于翻译"天"似乎更为达意。

　　莱耶尔的译文意思是"没人做而被做了的事情是天"，把此处的"天意"直接翻译成"heaven"（天）当然是错误的；而后半句"尽管没人策划就来的事情就是命令"。把"致"翻译成"contrive"（发明，设计，创造，心怀不轨地计划，策划），不知是何意，而"bidding"（命令，吩咐，出价，投标）一词当然更不是"命"的含义。

　　如果把此处的"天"译作"decree"，而把从人的角度来看的"命"翻译成"destiny"，或许更达意？

　　23. 孔子有见行可之仕，有际可之仕，有公养之仕也。

---

① （汉）赵岐、（宋）孙奭：《孟子注疏》电子版·卷九上·万章章句上。

理雅各：Confucius took office when he saw that the practice of his doctrines was likely; he took office when his reception was proper; he took office when he was supported by the State.

刘殿爵：Confucius took office sometimes because he thought there was a possibility of practising the Way, sometimes because he was treated with decency, and sometimes because the prince wished to keep good people at his court.

莱耶尔：Confucius took office because he foresaw progress, or because his reception was good, or so as to be fed by the state.

根据《说文》："行，道也。"《孟子注疏》："行可，冀可行道也。鲁卿季桓子秉国之政，孔子仕之，冀可得因之行道也。"① 因此朱熹也说："见其道之可行也。"② 理雅各和刘殿爵的翻译都能达意，但理雅各将"行"译作"his doctrines"（他的教义，学说），看不出其内容实质；刘殿爵作"the Way"（道），译出了"行"的实质即儒家思想的"道"；虽然孔子的教义，学说即是推行儒家的道，但毕竟其教义学说的内容远非只有"道"一个，因此刘殿爵的译文过于笼统；莱耶尔译作"foresaw progress"，意思是"预见到进步"，又是字面化的翻译，偏离了原意。

所谓"际可"，根据《孟子注疏》的解释："际，接也。卫灵公接遇孔子以礼，故见之也。"③ 朱熹解释说："际，接也。际可，接遇以礼也。"④ 即以礼相待之意。理雅各和莱耶尔分别译成"He took office when his reception was proper"（当他的接待合适时，他就为官。）和"He took office because his reception was

---

① （汉）赵岐、（宋）孙奭：《孟子注疏》电子版·卷十下·万章章句下。
② 朱熹：《孟子集注》，齐鲁书社 2006 年版，第 149 页。
③ （汉）赵岐、（宋）孙奭：《孟子注疏》电子版·卷十下·万章章句下。
④ 朱熹：《孟子集注》，齐鲁书社 2006 年版，第 149 页。

good"（他做官因为他的接待是好的），这里"his reception"到底是他对别人的接待，还是别人对他的接待，表意不明。如果要用"reception"来译，也应该译作"the reception for him"（对他的接待），但这种"礼遇"应该不是仅仅指见面接待之时，而应该是一个长远的态度，否则作为圣人的孔子也不会留下做官了。因此用"reception"（接待，欢迎，招待会）来译并不合适。刘殿爵译作"because he was treated with decency"（因为他被体面地对待），更能传达孔子对待为官的态度。

　　而所谓"公养"，《孟子注疏》中说："卫孝公以国君养贤者之礼养孔子，孔子故留宿以答之也。"① 朱熹注解说："国君养贤之礼也。"② 则孔子做官的第三个条件即"国君养贤"。理雅各的译文"when he was supported by the State"（当他由国家赡养时），"养贤"之"养"虽为"赡养"，但其强调国君"留贤才以为国效力"之意，译文主语由原文的"国君"变成了"he"（孔子），这使得条件发生改变，从而"国君养贤用才"变成了"孔子寻求国家的奉养"，严重扭曲了孔子的为官原则。莱耶尔的译文"so as to be fed by the state"（为了由国家供养而做官），把"由国家养"完全目的化，可以说与原文意思恰恰相反，使孔子变成了向国家牟私利者。刘殿爵的译文"the prince wished to keep good people at his court."（国君希望留用圣人在其朝），表意正确。

　　24. 告子曰："食、色，性也。仁，内也，非外也；义，外也，非内也。"

　　理雅各：The philosopher Kao said, "To enjoy food and delight in colours is nature. Benevolence is internal and not external; right-

---

① （汉）赵岐、（宋）孙奭：《孟子注疏》电子版·卷十下·万章章句下。
② 朱熹：《孟子集注》，齐鲁书社 2006 年版，第 149 页。

eousness is external and not internal."

刘殿爵：Kao Tzu said, "Appetite for food and sex is nature. Benevolence is internal, not external; rightness is external, not internal."

莱耶尔：Kao – tzu said, Eating and women are nature. Love is inward, not outward; right is outward, not inward.

朱熹注解此句说："告子以人之知觉、运动者为性，故言人之甘食、悦色者即其性。故仁爱之心生于内，而事物之宜由乎外；学者但当用力于仁，而不必求合于义也。"① 所谓"人之甘食"很好理解，而所谓"人之悦色"的"色"意思很多，当如何解释呢？杨伯峻注："饮食男女"②，而《孟子译注》直接解释为"食欲、性欲"是人的天性。根据上下文也可见此处的"色"当指"男女之欲"。理雅各的译文"To enjoy food and delight in colours is nature"（喜欢食物，因颜色而高兴）无疑把"色"理解成了"颜色"这一意义，不能不说失之肤浅；莱耶尔译作"eating and women are nature"（吃饭和女人是天性），虽然他对"色"有进一步的理解，但"女人"毕竟不能等同于"男女间性的情欲"，而且译文处理太过简单，语言显得有些粗俗，失去了原文对人性思考的哲学意味，给人以庸俗感；刘殿爵的译文"Appetite for food and sex is nature"（对食物和性的欲望是人的天性），较正确地传达了原文意思，用词也与原文的风格相吻合。

25. 孟子曰："岁富，子弟多赖；岁凶，子弟多暴。非天之降才尔殊也，其所以陷溺其心者然也。"

理雅各：Mencius said, "In good years the children of the people are most of them good, while in bad years the most of them aban-

---

① 朱熹：《孟子集注》，齐鲁书社 2006 年版，第 157 页。
② 理雅各、杨伯峻：《四书》，湖南出版社 1994 年版，第 468 页。

don themselves to evil. It is not owing to any difference of their natural powers conferred by Heaven that they are thus different. The abandonment is owing to the circumstances through which they allow their minds to be ensnared and drowned in evil. "

刘殿爵：Mencius said, "In good years the young men are mostly lazy, while in bad years they are mostly violent. Heaven has not sent down men whose endowment differs so greatly. The difference is due to what ensnares their hearts. "

莱耶尔：Mencius said, "It is not because Heaven shaped them of different stuff that lads are mostly steady in a rich year and mostly cruel in a bad year, but because their hearts have been snared and drowned. "

此句的主要问题在于对"赖"和"暴"的翻译。早期的译本如《孟子注疏》、《孟子集注》都把"赖"解释为"善"；而杨伯峻《孟子注译》等较近的注释本则都把它解作"懒惰"。高级汉语词典中并没有发现"赖"有"善"这一意义和用法，相反可以见到"赖通懒，懒惰之意"的解释。"暴"的翻译问题同"赖"。《孟子注疏》解释"暴"为"恶也"。杨伯峻等其他今译本都解释为"强暴"。

朱熹注此句为："赖，籍也。丰年衣食饶足，故有所赖籍而为善。凶年衣食不足，故有以陷溺其心而为暴。"[①]《注疏》解释为："孟子言丰熟之年，凡人之子弟，多好善，赖，善也；凶荒之年，凡人之子弟，多好暴恶。然而非上天降下才性与之殊异也，而其所以由饥寒之厄陷溺，去其良心而为之恶也。无他，所谓礼义生于富足，盗贼起于贫穷是也。"[②] 可见朱熹和《孟子注

---

① 朱熹：《孟子集注》，齐鲁书社 2006 年版，第 161 页。
② （汉）赵岐，（宋）孙奭：《孟子注疏》电子版·卷十一上·告子章句上。

疏》当是根据上下文而对"赖"和"暴"做出的关于人性的引申。毕竟此句如《注疏》所示，"指言人禀性俱有好憎，耳目口心，所悦者同，或为君子，或为小人，犹麦不齐，雨露使然者也"。

因此，理雅各将"赖"译作"good"（好，善），是译出了朱熹等所引申的人性内涵；刘殿爵译作"lazy"（懒惰）是正确的；但莱耶尔译作"steady"（稳定），却不着边际；同样，理雅各将"暴"译作"the most of them abandon themselves to evil."（大都放纵自己去做邪恶的事情），是解释性翻译；刘殿爵的译文"violent"（强暴）译出了其本意；而莱耶尔译作"cruel"（残忍），偏离了原意。

第五节 《荀子》翻译例析

在西方，人们对于《荀子》的重视远不如《四书五经》。在诺布洛克的《荀子》英文全译本出版之前，《荀子》英文本主要有达博斯（H. D. Dubs）的《荀子著作》（*The Works of Hsuntze*）（1928 年），其中选译了《荀子》一半的篇数。伯顿·沃岑（Burton Watson）的《荀子：主要著作》（*Hsun Tzu：Basic Writings*）（1963 年），其中选译了《荀子》若干重要篇章。此外，理雅各（James Legge）在《孟子的著作》（*The Works of Mencius*）（1895 年）中翻译了《荀子》的《性恶》篇；戴文达克（J. J. L. Duyvendak）的《荀子论正名》（*Hsuntzu on the Rectification of Names*）（1924 年），和 Y. P. Mei 的《荀子论术语》（*Hsun – tzu on Terminology*）（1951 年）都是第 22 篇《正名》的翻译；陈荣捷（Wing – Tsit Chan）在《中国哲学资料选编》（*A Source Book of Chinese Philosophy*）（1963）中选译了《荀子》中《天论》、《正名》、《性恶》三篇。以下就诺布洛克、沃岑、达博斯等翻译

过的一些典型片段进行对比分析。沃岑和达博斯的译本不是全译，因而所选章句有些只有一个或两个译文。

1. 假舆马者，非利足也，而致千里；假舟楫者，非能水也，而绝江河。君子生非异也，善假于物也。

诺布洛克：A man who borrows a horse and carriage does not improve his feet, but he can extend his travels 1, 000 li. A man who borrows a boat and paddles does not gain any new ability in water, but he can cut across rivers and seas. The gentleman by birth is not different from other men; he is just good at "borrowing" the use of external things.

沃岑：Those who make use of carriages or horses may not be any faster walkers than anyone else, and yet they are able to travel a thousand li. Those who make use of boats may not know how to swim, and yet they manage to get across rivers. The gentleman is by birth no different from any other man; it is just that he is good at making use of things.

达博斯：If he borrows a horse and carriage, it does not aid his feet, yet he can travel a thousand li. If he borrows a boat and oars, even though he cannot swim, he can cross rivers or seas. The nature of the superior man is no different; he needs to use implements.

"假"字，在此有"利用，假借，凭借"之意，而非英文中"borrow (to get or receive something from someone with the intention of giving it back after a period of time)"[①] 的所指，因此诺布洛克和达博斯在此属于误译，沃岑的翻译准确。"利足"，"善于奔跑"，诺布洛克译为"improve his feet"，达博斯译为"aid his feet"，都不符合原意。

---

① 《剑桥高阶学习字典》。

2.《诗》曰："嗟尔君子，无恒安息。靖共尔位，好是正直。神之听之，介尔景福。"神莫大于化道，福莫长于无祸。

诺布洛克：An Ode says：

O you gentlemen,

Be not constantly at ease and at rest.

Be thoughtful and respectful in your official position.

Love those who are upright and correct.

And the spirits will heed you,

And will increase your bright blessings.

There is no spirit so great as the transformation of the self with the Way, and there is no blessing so long lasting as being without misfortune.

沃岑：The Odes says：

Oh, you gentlemen,

Do not be constantly at ease and rest!

Quietly respectful in your posts,

Love those who are correct and upright

And the gods will hearken to you

And aid you with great blessing.

There is no greater godliness① than to transform yourself with the Way, no greater blessing than to escape misfortune.

达博斯：The Ode says：——

"Alas! Gentlemen!

You will not rest for long;

---

① 沃岑注：Hsün Tzu repeats the word shen (gods) from the ode, but gives it a humanistic interpretation, making it a moral quality of the good man; I have therefore translated it as "godliness."

Quietly fulfil your official duties;

Love correctness and uprightness;

Then the spirits will hear you

And help you to great happiness."

The spirits are not greater than the Way (Tao) which influences and reforms men; no happiness is greater than being without unhappiness.

此段的两处"神"字，有必要先解释一下：第一处"神之听之"中的"神"引自《诗经·小雅·大明》，指"天神，神灵"，全句意思是君子勤勉向学，追求正直，就会受到神之福佑。故此处译作"deities, gods, divinities"比译作"spirits"更合适；而第二处，《荀子》中的"神莫大于化道，福莫长于无祸"，这里的"神"是指"人的精神修养"，已经不是《诗经》里的原意（天神）。荀子引用《诗经》主要是借化道来劝学，继续说学习的益处。杨倞注："为学则自化道，故神莫大焉；修身则自无祸，故福莫长焉。"[1] 意思是，人学习则为真理所陶冶，这是精神修养之最高境界；勤学修身则远祸，而为最大之福。古人引用《诗经》，意义却有所不同，这在上古时代是允许的，但是很明显诺布洛克与达博斯并未领会"神"在此处的真意。沃岑将其译为"godliness"，效果好些。

3. 西方有木焉，名曰射干，茎长四寸，生于高山之上，而临百仞之渊。木茎非能长也，所立者然也。蓬生麻中，不扶而直；白沙在涅，与之俱黑。兰槐之根是为芷，其渐之滫，君子不近，庶人不服。其质非不美也，所渐者然也。故君子居必择乡，游必就士，所以防邪辟而近中正也。

诺布洛克：In the western regions, there is a tree called the

"servant's cane" that has a trunk only four inches long and grows on
the top of high mountains, yet it looks down into chasms a hundred
fathoms deep. It is not that this tress's trunk is able to grow to such
length; rather, it is the result of its situation. Raspberry vines growing
among hemp plants are not staked, yet they grow up straight. White
sand put into a black slime will mix with it and become entirely black.
If the root of the orchid and the rhizome of the valerian are soaked in
the water used to wash rice, the gentleman will not go near them, and
the petty man will not wear them. It is not that their substance is un-
pleasing; it is the result of what they were soaked in. Accordingly,
where the gentleman resides is sure to be a carefully chosen neighbor-
hood, and when he travels, it is certain to be in the company of schol-
ars, so that he can keep away from what is untoward and low and draw
near what is fair and upright.

沃岑: In the west there is a tree called the yeh – kan. Its trunk
is no more than four inches tall and it grows on top of the high
mountains, from whence it looks down into valleys a hundred fathoms
deep. It is not a long trunk which affords the tree such a view, but
simply the place where it stands. If pigweed grows up in the midst of
hemp, it will stand up straight without propping. If white sand is
mixed with mud, it too will turn black. The root of a certain orchid is
the source of the perfume called chih; but if the root were to be
soaked in urine, then no gentleman would go near it and no commoner
would consent to wear it. It is not that the root itself is of an unpleas-
ant quality; it is the fault of the thing it has been soaked in. Therefore
a gentleman will take care in selecting the community he intends to
live in, and will choose men of breeding for his companions. In this
way he wards off evil and meanness, and draws close to fairness

and right.

达博斯：In the west there is a plant called the She – kan. Its stalk is four inches long and it grows on high mountains. But if you look at it from the right angle at the edge of an eighty foot gulf, it seems to span the gulf. Not that its stalk grows longer, but the angle at which you view it makes it seem thus. Raspberry vines growing among hemp are straight without being support; white sand in black mud at the bottom of a pool is black too, because of the mud. The root of the Lan – huai is called Chih. If it is soaked in manure, a gentleman will not come near it and nobody will like it. It is not because its own substance is not excellent, but because it is soaked in manure. So when the superior man settles down, he should carefully select his dwelling – place; when he travels for study, he should seek out a real scholar; he should avoid heretical doctrines and pursue doctrines that are truly orthodox.

此部分译文有多处错误。

首先，关于"木"的翻译。杨倞注：本草药名有射干，一名乌扇。物双松曰：茎长四寸，此非木明矣。谓草为木，古人不拘，往往如此。[1] 因此，诺布洛克和沃岑在此将"木"翻译成"tree"，太草率。相应地，"射干"在英文中的称呼应该是"blackberry lily"，诺氏译为"servant's cane"有点不伦不类；而沃岑和达博斯将其音译，也是权宜之计。

其次，此处关于度量单位"寸"的翻译。"四寸"在此显然应该只是个概数，而且中文中的四寸与英文中的四英寸显然并不对等，因此对于数字的翻译，应该尊重中国人的表达习惯。加上注释更为妥当。此种问题还有很多，例如："小人之学也，入乎

---

[1] 《荀子校释》上册，第 11 页，注 8。

耳，出乎口。口耳之间，则四寸耳，曷足以美七尺之躯哉？"诺布洛克译作"The learning of the petty man enters the ear and comes out the mouth. Since the distance between the mouth and ear is no more than four inches, how could it be sufficient to refine the seven - foot body of a man!"此处的"四寸"、"七尺"也是概数，此处"七尺"代指人的言行仪表。① 即便按照准数来算，按荀子所在的战国时期的度量衡，四寸约为 9.24 厘米，七尺约为 161.7 厘米，而四英寸为 10.1 厘米，七英尺相当于 213 厘米，两种尺度相差甚远。显然，无论从意思还是事实来讲，将英汉两种度量单位对等翻译都不恰当。

对于数字的翻译，诺布洛克在文中的翻译前后也并不一致。比如对"假舆马者，非利足也，而致千里"中"千里"的翻译，作者尊重原文译为 1，000 li。而《荀子》非相篇：昔者，卫灵公有臣曰公孙吕，身长七尺，面长三尺，焉广三寸，鼻目耳具，而名动天下。诺布洛克译作：Formerly Duke Ling of Wei（534—493 年）had a minister named Gongsun Lü, whose body was seven feet tall, his face three feet long with his forehead three inches across, with his nostril, eyes, and ears all pushed together, nonetheless, his reputation agitated the whole world. 其中"feet"和"inch"就与汉语的"尺"差之千里了。

另外，关于"兰槐之根是为芷，其渐之滫，君子不近，庶人不服"一句。古人对于兰槐的解释不一，但多认为是菣类香草，香草的根为芷。古人经常把玩或佩戴香草的茎叶，而芷则是芳香开窍之药，浸渍之汁可供人饮用驱病。既然将芷浸入水中，意在做药之用，又怎能佩戴？因此，此处"庶人不服"的"服"应为"服用、饮用"之意。古文中"滫"指"臭汁"，即存久

①《荀子校释》上册，第 31 页，注 4。

而发臭的滤米水。因此将兰槐之根芷浸入臭米汁之中就更是
"君子不近，庶人不服"了。① 因此，诺氏等三人对于"滫"的
翻译并不准确，"滫"既然是存久而发臭的滤米水，就不仅仅是
"water used to wash rice"，更非"urine"或"manure"。"庶人不
服"的"服"译为"wear"就更与原文意思相去甚远了。

　　此处关于"庶人"的翻译也不准确。"庶人"泛指无官爵的
平民。"petty"置于名词前，指"unimportant and not worth giving
attention to"，② 诺布洛克将"庶人"译为"petty man"显然不合
乎本意。另外诺氏在《荀子》中，将"小人"一词也译为
"petty man"，容易误导读者。沃岑将此翻译成"commoner"较
为贴切，达博斯则泛泛地将"庶人不服"一句译为"nobody will
like it"，没有将"庶人"的准确意思译出。

　　关于"故君子居必择乡，游必就士，所以防邪辟而近中正
也"一句。"士"，仁人贤士之意。③ 诺布洛克和达博斯都将其译
作"scholar"。《剑桥高阶学习字典》对于 scholar 的解释，一为
a person who studies a subject in great detail, especially at a universi-
ty；另一为（informal）someone who is clever or good at learning by
studying④ 或 person with much knowledge（usually of a particular
subject, and especially one who gives careful attention to evidence,
method, etc.），⑤ 相当于汉语中的"学者"。而所谓仁人贤士，
是指擅长谋略、王统之道，不但满腹经纶，而且胸怀经世大志，
有智慧，有令人臣服的德行。显然相对于有着丰富内涵的"士"
而言，scholar 不足以涵盖其意，因此诺氏和达博斯对"士"的

---

① 《荀子校释》上册，第 12—14 页，注 10。
② 《剑桥高阶学习字典》。
③ 《荀子校释》上册，第 15 页，注 11。
④ 《剑桥高阶学习字典》。
⑤ 《牛津现代高级英汉双解词典》电子版，下同。

翻译不足取，沃岑译为"men of breeding"较好一些。

同样的问题还存在于：故士不揣长，不揳大，不权轻重，亦将志乎尔；长短小大，美恶形相，岂论也哉？（《非相篇》）诺布洛克译作：Accordingly, scholars should not estimate the height, measure the size, or reckon the weight, but should fix their attention on the mind and on nothing else. What reason could there be to consider whether he is short or tall, large or small, or the physiognomy of his external form good or bad. 总之，"士"的这种译法，值得商榷。

4. 昔者瓠巴鼓瑟而流鱼出听；伯牙鼓琴而六马仰秣。

诺布洛克：In antiquity, when Hu Ba played the zither, deep-water sturgeons came up to listen, and when Bo Ya played the lute, the six horses looked up from their feed bags.

沃岑：In ancient times, when Hu Pa played the zither, the fish in the streams came forth to listen; when Po Ya played the lute, the six horses of the emperor's carriage looked up from their feed trough.

达博斯：In ancient times Hu-pa played the lute so that fishes swimming along came out to listen. P'e-ya played the lute so that the six horses of the imperial chariot looked up from their feed.

Zither（齐特琴，如图），是欧洲的一种扁形弦乐器，由一个扁平的共鸣箱和上面许多绷紧的琴弦组成。瑟是古代一种弹奏板箱体弦鸣乐器（如下图）。瑟身长方形，木制音箱，瑟面稍隆起，多为二十五弦。琴，弹弦乐器，古代称琴或瑶琴。现代称古琴、七弦琴。Lute（鲁特琴，如下图）是一种欧洲拨弦乐器，外形呈椭圆，鼓背短项，共鸣板扁平，板上有一个圆形音孔，琴头与琴身将近成九十度弯曲。因此从本质上来讲，无论"zither"与"瑟"还是"lute"与"琴"都不能混为一谈。

"六马"，古代天子之车驾用六匹马拉，此泛指所有的马。

zither

琴

因此，"六马"实际上是概数，如果译为"the six horses"，英文读者很可能会感到迷惑不解。

5. 快快而亡者，怒也；察察而残者，忮也；博而穷者，訾也；清之而俞浊者，口也；豢之而俞瘠者，交也；辩而不说者，争也；直立而不见知者，胜也；廉而不见贵者，刿也；勇而不见

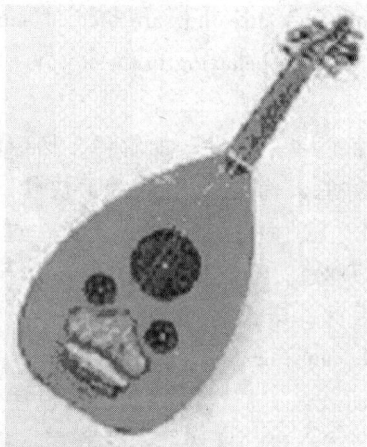

lute

惮者，贪也；信而不见敬者，好刬行也。此小人之所务，而君子之所不为也。

诺布洛克：For all their cheerfulness, they perish because of their anger. For all their careful investigations, they are destroyed by their viciousness. For all their breath of knowledge, they are reduced to poverty because of their penchant for slander. For all their appearance of personal probity, they sink further into corruption because they revile others. For all the fine foods they eat, they become ever more emaciated because they associate indiscriminately. For all their discriminations, they do not provide convincing explanations because they are interested only in debate. Though they have an upright position, they are not recognized because they are interested only in "victory." Though they are scrupulous, they are not valued because they are injurious to others. Though they are bold, they do not inspire dread in others because they are greedy. Though they are trustworthy, they are not respected because they are fond of acting on their own. The petty man is intent on behaving in these ways, but the gentleman will not do so.

关于"快快而亡者，怒也"的解释，杨倞注：肆其快意而亡，由于忿怒也。王天海先生则认为：快快，杨注"肆其快意"，是也。然训"怒"为忿怒，则非。怒，过分，过度。即肆意而快以致灭亡。肆意，当然是过度。若云由于忿怒而亡，风马牛不相及也。① 因此，诺氏将此句译为"For all their cheerfulness, they perish because of their anger"，似欠推敲。

关于"察察而残者，忮也"一句，杨倞注：至明察而见伤残者，由于有忮害之心也。章诗同曰：察察，精明；忮，忌恨。《尹文子·大道》："苟违于人，俗所不与；苟忮于众，俗所共去。"察察而残者，忮也。此谓苟察而自伤者，由于违背众人之心。天海案：察察，苛察、烦细。《老子》："其政察察，其民缺缺。"残者，自伤也。忮，违逆也。② "察察"一词，杨倞、章诗同皆从褒义去理解，并不切合《荀子》原文之本义。只有王天海先生的译释才最符合《荀子》原文之本义。因此，从诺氏的整句翻译来看，并未能尽达原文之意。

关于"豢之而俞瘠者，交也"一句，王先谦说：以利交者，利尽则绝，故曰"豢之而俞瘠者"也。此言小人之交，故下文以小人总结之。天海案：此喻以利交而交愈疏也。交，同佼，借为狡，狠诈也。整句意思是，养之而愈疏，是由于狠诈的缘故。诺氏对此句的翻译为"For all the fine foods they eat, they become ever more emaciated because they associate indiscriminately"，只是简单地翻译其字面意思，从上下文来看，整体意思并不连贯。

---

① 《荀子校释》上册，第120页，注9。
② 同上，注10。

6. 夫天生蒸民，有所以取之。志意致修，德行致厚，智虑致明，是天子之所以取天下也。政令法，举措时，听断公，上则能顺天子之命，下则能保百姓，是诸侯之所以取国家也。

诺布洛克：As "heaven produced the teeming masses," so there exists a means through which they obtain their station in life. The man who becomes Son of Heaven and obtains the whole world is the person who has most developed his will and aspirations, is most substantial in behavior springing form moral power, and has the most lucid wisdom and insight. The feudal lords who are given the various nations are those persons who govern and issue commands according to the model, who initiate projects in accord with the proper season, who hold hearings and make decisions impartially, and who are able to obey the mandates of the Son of Heaven and protect the Hundred Clans.

达博斯：Though Nature produced all men, there are distinctions whereby they take different stations in life. The emperor takes his station over the empire because his virtue and character are great, his wisdom and power of thought are very illustrious. The feudal nobles take their station over their dukedoms because their government is lawful, their calling the people up for public service is timely, their hearing of law – suits and their judicial decisions are fair.

"上则能顺天子之命，下则能保百姓"一句中，"百姓"在《汉典》① 中有两种解释，一是在古代，百姓是百官贵族的统称；二是普通人，相对于官员、"干部"而言，如《世说新语·自新》中"并皆暴犯百姓"；《史记·陈涉世家》中"百姓多闻其贤"。②

---

① 《汉典》电子版，以下同。
② zdic. net 汉典网。

此处"百姓"很明显是相对于"天子"而言，而且战国之后，"姓"不再是贵族的特权，因此应为第二种意思，即普通人，平民，老百姓。诺氏在文中将"百姓"译为"the Hundred Clan"。Clan 的解释有两种：一，a group of families；二，a person's relatives。[①] 指的是家族、族系。显然"the Hundred Clan"不但不能反映出"百姓"的真正含义，反而容易引起误解。达博斯译为"the people"较为合适。

同样的问题还出现在《非相篇》：听其言则辞辩而无统，用其身则多诈而无功；上不足以顺明王，下不足以和齐百姓。诺布洛克译作：If one listens to their discussion, though they appear to offer propositions and discriminations, they lack any guiding principle that connects everything together. If you employ them, they are so given to deception that they are devoid of accomplishment. On the one hand, they are incapable of gaining the acquiescence of an enlightened king and, on the other hand, inadequate to get agreement and common accord from the Hundred clans. 这种译法，貌合神离，难免混淆视听。

7. 今世俗之乱君，乡曲之儇子，莫不美丽姚冶，奇衣妇饰，血气态度拟于女子；妇人莫不愿得以为夫，处女莫不愿得以为士，弃其亲家而欲奔之者，比肩并起。然而中君羞以为臣，中父羞以为子，中兄羞以为弟，中人羞以为友；俄则束乎有司而戮乎大市，莫不呼天啼哭，苦伤其今而后悔其始，是非容貌之患也。闻见之不众，议论之卑尔！然则从者将孰可也？

诺布洛克：It is the custom of the anarchic masses of the present day that the "smart" youth of every village are all beautifully elegant and seductively fascinating. They wear striking clothing with effemi-

___
[①] 《剑桥高阶学习字典》。

nate decoration and exhibit the physical desires and bearing of a young girl. Married women once all hoped to get such a man for their husband. Unmarried girls all hope to have one of them as their knight and would even be willing to abandon their father's house so they could elope with him and take the wife's position at his side. Nonetheless, the average lord would be ashamed to have them as ministers, the average father to have them as sons, and the average man to have them as friends. And no doubt one day they will suddenly be bound and fettered before a magistrate and taken to the large marketplace for execution. When this happens, they will cry out to Heaven, weeping and wailing, bitterly aggrieved at their present circumstances and regretting too late their past. Their calamity as well resulted not from their manner, but from the fact that their experience was not whole and what they talked about was worthless. In such cases, what should we who follow afterwards depend on!

达博斯: Suppose we consider one of the "clever fellows" of the villages of the present confused age, none of whom fail to be handsome and attractive, and have unique clothes and womanish ornaments, and who resemble a girl in physical constitution and behavior; no woman would be unwilling to have such an one for her husband; no unmarried girl would be unwilling to have him for her fiancé, to leave her father's house and be glad to elope with him, and stand shoulder to shoulder with him; yet an average prince would err in making him an official, an average father would err in taking him for a son, an average older brother would err in taking him for a younger brother, and an average man would err in taking him for a friend. Soon he will be bound and taken before the magistrate, and slain before a great crowd. He will not fail to call upon Heaven and weep and cry, bitterly

grieving over his present situation and remorseful over his younger
days. This is not because he suffered from his features, but from a
narrow knowledge and low ideas. Then which would the student rely
upon?

此段有三处翻译问题：首先，"处女莫不愿得以为士"。杨倞
注：士者，未娶妻之称。天海案：士，丈夫。① 因此，诸氏将此
处的"士"译为"knight"不妥。而达博斯译为"fiancé"，较达
意。

其次，"弃其亲家而欲奔之者，比肩并起"一句，刘台拱
曰：亲，谓父母。家，谓夫。骆瑞鹤曰：弃其亲，就处女而言；
弃其家，就妇人而言。② 诸氏此处翻译为"Unmarried girls all
hope to have one of them as their knight and would even be willing to
abandon their father's house so they could elope with him and take a
wife's position at his side"，没有作此区分，因此对"弃其亲家"
的翻译有疏漏。达博斯的译文"no unmarried girl would be unwill-
ing to have him for her fiancé, to leave her father's house and be glad
to elope with him, and stand shoulder to shoulder with him."也是同
样情况。第三，"是非容貌之患也"一句。本段前文提到"今世
俗之乱君，乡曲之儇子，莫不美丽姚冶，奇衣妇饰，血气态度拟
于女子"，可见此处的"容貌"并非仅仅是诺布洛克翻译的
"manner"（举止）的意思，更多的是指长相，达博斯的译文中
用"feature"，较好。

8. 夫两贵之不能相事，两贱之不能相使，是天数也。执位
齐，而欲恶同，物不能澹，则必争；争则必乱，乱则穷矣。

诺布洛克：Two men of equal eminence cannot attend each other;

two men of the same low status cannot command each other—such is the norm of Heaven. When power and positions are equally distributed and likes and dislikes are identical, and material goods are inadequate to satisfy all, there is certain to be contention. Such contention is bound to produce civil disorder, and this disorder will result in poverty.

沃岑：Two men of equal eminence cannot govern each other; two men of equally humble station cannot employ each other. This is the rule of Heaven. If men are of equal power and station and have the same likes and dislikes, then there will not be enough goods to supply their wants and they will inevitably quarrel. Quarreling must lead to disorder, and disorder to exhaustion.

达博斯：For two nobles cannot serve each other; two commoners cannot employ each other—this is a law of nature. Were people's power and position equal, and their likes and dislikes the same, there would not be sufficient goods to satisfy everybody, and hence there would inevitably be strife. If there were strife, there would inevitably result general disorder; if general disorder, then general poverty.

"物不能澹，则必争；争则必乱"，意为财物不能满足需要，就一定会发生争夺；一发生争夺就一定会混乱。沃岑将"争"译为"quarrel"，quarrel 主要指争吵，吵架，而此处的争夺可能涉及不睦，争斗，乃至战争，因此译为 quarrel 不妥；诺布洛克的译文"contention"和达博斯的译文"strife"较能体现原意。

"乱则穷矣"，穷，困也。据《说文》：穷，从穴，躬声。躬，身体。身在穴下，很窘困。此指政事限于困境，既非指物又非指民。① 对于"穷"，诺布洛克和达博斯都译为"poverty"，显

---

① 《荀子校释》上册，第349页，注13。

然是不正确的。而沃岑译为"exhaustion",主语指代不明,也不合原意。同样的问题还出现在《荀子·富国篇》。如:"而能不能兼技,人不能兼官。离居不相待则穷,群而无分则争;穷者,患也;争者,祸也。"此处有两处都出现了"穷"字,这里的两处"穷"字也都是指困境而非贫穷。诺布洛克此处译错,其译文为:Yet even the able find it impossible to be universally skilled, and it is impossible for an individual to hold every office. If people live in alienation from each other and do not serve each other's needs, there will be poverty; if there are no class divisions in society, there will be contention. Poverty is a misfortune, and contention a calamity. 而达博斯对此处"穷"的翻译不一,第一处译错,第二处译为"in trouble",较妥帖。其译文如下:Yet an able person cannot be skilled in more than one line; one man cannot govern two departments. If people leave their positions and do not serve each other, there will be poverty; if the masses are without social divisions, there will be strife. He who is impoverished is in trouble; he who strives will suffer calamity.

9. 王者之制:道不过三代,法不二后王。道过三代谓之荡,法二后王谓之不雅。衣服有制,宫室有度,人徒有数,丧祭械用皆有等宜。声,则凡非雅声者举废;色,则凡非旧文者举息;械用,则凡非旧器者举毁。

诺布洛克:A way that antedates that of the Three Dynasties is characterized as "unsettled." A model that is divided in its allegiance to the Later Kings is called "inelegant."

Clothing and dress are regulated; palaces and buildings are of fixed measurements; attendants and servants are of fixed numbers; and every article and utensil for funerary and sacrificial rites and observances has its suitable form according to social rank. All pronunciation contrary to "elegant standards" should be discarded. All colors contrary to those of the traditional designs should be suppressed. All utensils and articles contrary to the traditional forms of objects should be demolished.

沃岑: These are the king's regulations: they do not seek to pattern themselves on anything earlier than the Three Dynasties, they do not reject the model of later kings. Seeking a pattern in the age before the Three Dynasties will lead to confusion; rejecting the model of later kings will lead to inelegance. Clothing should be of a fixed type, dwellings of fixed size, and servants and followers of fixed number. Likewise, the vessels and trappings used in mourning and sacrifice should all be fixed in accordance with social rank. All music that is lacking in classical elegance should be abandoned; all decorations that do not follow old patterns should be given up; all vessels and trappings that are not like those of earlier times should be discarded.

达博斯: Its principles (Tao) should not depart from those of the three dynasties; its methods should not differ from those of the later Kings. Principles (Tao) which differ from those of the three dynasties are loose; methods which differ from those of the later Kings are incorrect. There are models for garments; there are rules for buildings; there is an established way of grading officials and soldiers. Mourning rites, sacrifices, and their appropriate utensils all have their gradations. All music which is not correct should be totally abandoned. All colours which are not subdued should be totally dispensed with. All utensils which are not of the ancient sort should be destroyed.

"道过三代谓之荡, 法二后王谓之不雅", 所谓 "荡", 即荒远、渺茫之意；法二后王，作"法下后王"。法不及后王，即谓之不正，因此"不雅"，即不正。① 由此可见，对"荡"的翻译，无论诺布洛克的译文"unsettled"（不稳定的，动荡的），还是达博斯的译文"loose"（放荡的，荒淫的）都没能把握好原意。沃岑译为"Confusion"，相比之下较为接近。对于"不雅"的翻译，诺布洛克和沃岑都只按照字面意思理解，在原文中讲不通，只有达博斯译为"incorrect"，较准确地表达了原意。

其次，本段中"声，则凡非雅声者举废"一句中的"雅声"，即正声，即纯正的音声，又或指雅乐，② 因此诺布洛克翻译为"pronunciation"，歪曲了原意。

10. 序官：宰爵知宾客、祭祀、飨食、牺牲之牢数。司徒知百宗、城郭、立器、之数。司马知师旅、甲兵、乘白之数。修宪命，审诗商，禁淫声，以时顺修，使夷俗邪音不敢乱雅，大师之事也。

诺布洛克：On the Precedence of Offices

The intendant of the noble ranks should know the procedures for dealing with entertaining state guests, with sacrificial offerings, state banquets, and the stables for sacrificial animals.

The director of the multitude should know the procedures for dealing with the Hundred Lineages, the inner and outer walls of cities, and the standardization of utensils.

The director of the horse should know the procedures for dealing with military organization, arms and equipment, and chariots and standards.

① 《荀子校释》上册，第337页，注14。
② 同上，注11。

The official duties of the grand master encompass preparing model pieces and instructions, examining odes and note pitches, proscribing lewd tones, and following the appropriate season in his preparations so as to keep barbarian customs and unorthodox music from bringing confusion to "elegant standards."

沃岑: The list of officials. The master of tiles shall have charge of matters pertaining to the reception of guests, religious ceremonies, banquets, and sacrifices. The minister of the interior shall have charge of matters pertaining to clan regulations, the walling of cities, and the standardization of utensils. The minister of war shall have charge of matters pertaining to military expeditions, weapons, carriages, and troop divisions.

To enforce the ordinances and commands, examine songs and writings, and abolish licentious music, attending to all matters at the appropriate time, so that strange and barbaric music is not allowed to confuse the elegant classical modes—these are the duties of the chief director of music.

达博斯: THE ARRANGEMENT OF OFFICIALS
The Master of Ceremonies should know the number of stables for sacrificial animals for preparing delicacies for guests of state and for sacrifices. The Minister of the Interior should know the number of all the clans, of inner and outer city walls, and of the established utensils. The Minister of War should know the number of regiments, battalions, armour, soldiers, chariots, and companies. The preparation of the laws and edicts, the examination of odes and essays, the elimination of licentious music, and obediently to do each at its proper time so that barbarian or popular ditties should not confuse the odes—such should be the business of the Chief Instructor.

　　序官，王云路曰：叙述官的职责。① 很明显，这一部分荀子向人们叙述了王制官员之法，诺布洛克将序官译为 "the Precedence of Offices" 主要是从字面意思翻译的，precedence 一词含有地位先后，级别高低的意思，沃岑和达博斯的译文则并未突出序列先后，较符合原意。

　　另外，本段中关于职位的翻译，对比也有一番意趣。比如，宰爵，官名，即主爵，汉书百官公卿表：主爵中尉，秦官，掌列侯，故宾客、祭祀、飨食、牺牲之牢数皆知。② 诺布洛克将其译为 "the intendant of the noble ranks"，沃岑译为 "the master of tiles"，达博斯译为 "the Master of Ceremonies"。从意义的贴切程度来讲，诺布洛克和达博斯的译文较为贴近，前者为 "掌列侯" 之意，后者主要根据宰爵所从事之职而译。沃岑的翻译如果仅从英文译文来看，tile 主要跟砖、瓦、排水沟有关，很难让人与宰爵所从事的职业相连。司徒，古代官制，位列 "三公"，掌管国家土地及人民的教化。对其翻译方法三者也各不相同，诺布洛克译为 "the director of the multitude"。multitude，民众之意，比原文内容狭隘许多；沃岑和达博斯译为 "the minister of the interior"，如果仅从英文字面来看，也很难了解原意。司马亦是古代官名，掌军旅和车马之事。诺布洛克译为 "The director of the horse"，显然是不了解古代 "司马" 中的 "马" 不仅指战马，而且还指军赋、士兵等；沃岑和达博斯译为 "the minister of war" 贴切些。大师，即太师，古代乐师之长。诺布洛克译为 "the grand master"，与达博斯的译文 "the Chief Instructor" 都是按照 "大师" 的字面意思翻译的，译文字面意思并未明确大师之职责；而沃岑的译文 "the chief director of music"，清楚得多。

----

① 《荀子校释》上册，第389页，注1。
② 同上书，第390页，注2。

从上述对职位的翻译来看，沃岑的意译法较好，而且从上下文整体上看也更为统一。

11. 用国者，得百姓之力者富，得百姓之死者强，得百姓之誉者荣。三得者具而天下归之，三得者亡而天下去之。天下归之之谓王，天下去之之谓亡。

诺布洛克：In the use of the state, one who gains the strength of the Hundred Clans will be rich, one who obtains their willingness to die will be strong, and one who gains their praise will be honored. One who possesses all three of these "gains" will have the whole world come to him as to their own home. One who brings to ruin these three "gains" will have the whole world leave him. One to whom the whole world comes is described as a True King; one whom the whole world leaves is described as ruined.

所谓"用国者"，即"治国者"。"用国"，"治国"的意思，如果做"使用"讲，很明显讲不通。因此，诺布洛克翻译为"in the use of the state"，不正确。

另外，本段"天下归之"中的"归"，归顺的意思，"天下去之"中的"去"，叛离的意思，诺布洛克将其分别译为"the world come to him as to their own home, the whole world leave him"，虽然是按照字面意思直译的，但译文也较符合原意，不知是否是诺氏有意为之。

12. 人臣之论：有态臣者，有篡臣者，有功臣者，有圣臣者。内不足使一民，外不足使距难，百姓不亲，诸侯不信；然而巧敏佞说，善取宠乎上，是态臣者也。上不忠乎君，下善取誉乎民，不恤公道通义，朋党比周，以环主图私为务，是篡臣者也。

诺布洛克：On the Grades of Men Who Are Ministers: There are sham ministers, presumptuous ministers, meritorious ministers, and sage ministers. Within the state they are inadequate to achieve the unification of the people. Without, they are inadequate to overcome difficulties. The Hundred Clans feel no kinship with them. The feudal lords do not trust them. Even though this is the case, such is their ingenuity, sharpness, and eloquent persuasive powers that they are expert at currying favors with their superiors. Such are sham ministers.

They are not loyal to their lord but are expert at extracting praise from the people. They care nothing about the impartial Way or about universal principles of justice. Rather, they are intimate with, and partisan toward, their friends and cronies, and by deceiving the ruler they devote themselves to scheming for their private interests. Such are presumptuous ministers.

所谓篡臣，"上不忠乎君，下善取誉乎民，不恤公道通义，朋党比周，以环主图私为务"。冢田虎曰：篡臣以不忠乎君，善取誉乎民名之，则是篡夺君之威权之谓也。[1] 篡臣，主要是"篡夺权位，篡夺威权的臣子"之意，诺氏将其译为 presumptuous ministers。形容词"presumptuous"意思指"A person who is presumptuous shows a lack of respect for others by doing things they have no right to do"。[2] presumptuous 一词意思主要是"放肆，冒昧，专横"，而非"篡夺"的意思。所以诺布洛克对该词的翻译并不准确。

13. 凡百事之成也必在敬之，其败也必在慢之，故敬胜怠则吉，怠胜敬则灭，计胜欲则从，欲胜计则凶。

诺布洛克：As a general rule, the successful completion of every undertaking must depend on strict reverent care; failure always rests

---

① 《荀子校释》上册，第 569 页，注 7。
② 《剑桥高阶学习字典》。

in a negligent attitude. Thus if reverent care triumphs over negligent indolence, there will be good fortune. If negligent indolence triumphs over reverent care, there will be annihilation. If calculation triumphs over the impulse of desire, there will be obedience. If the impulses of desire triumph over calculation, there will be disaster.

沃岑: The success of all undertakings rests upon circumspection; their failure derives from negligence. Therefore, when circumspection prevails over carelessness, the result will be good fortune; when carelessness prevails over circumspection, the result will be annihilation. When planning prevails over personal desires, the result will be progress; when personal desires prevail over planning, the result will be disaster.

达博斯: Success in all things comes from being attentive; defeat in being careless. Hence when attention overcomes carelessness, there is happiness; when carelessness overcomes attention, there is complete failure. When reflexion overcomes desire, there is obedience; when desire overcomes reflexion, there is calamity.

关于"计胜欲则从，欲胜计则凶"一句中的"计"字，有不同的解释。物双松曰：计，皆当作义。冢田虎曰：计，谋略也已。天海案：计，同"义"，文韬明传篇："义胜欲则昌，欲胜义则亡；敬胜怠则吉，怠胜敬则灭。"《史记·周本纪》、《正义》引《尚书·帝命》验云：敬胜怠则吉，怠胜敬则灭，义胜欲则从，欲胜义则凶。可知此四句乃古语也。[1] 对"计"的翻译，诺氏翻译为"calculation"，估计，深思熟虑，盘算之意；沃岑译为"planning"，做计划、策划的意思；达博斯译为"reflexion（reflection）"与诺氏相似，有深思熟虑之意。如果按

---

① 见《荀子校释》下册，第623页，注22。

照三人的理解，"计胜欲则从，欲胜计则凶"当指"谋划（深思熟虑）胜过欲望就顺利，欲望胜过谋划（深思熟虑）就凶险。"谋划（深思熟虑）与欲望相对应就有点牵强。据王天海先生的解释：计，同"义"。那么"计胜欲则从，欲胜计则凶"意思应该是正义胜过私欲，就顺利；私欲胜过正义，就凶险。因此，"计"译为 justice 较合适。

14. 强本而节用，则天不能贫；养备而动时，则天不能病；循道而不二，则天不能祸。

诺布洛克：If you strengthen the basic undertakings and moderate expenditures, Nature cannot impoverish you. If your nourishment is complete and your movements accord with the season, then Nature cannot afflict you with illness. If you conform to the Way and are not of two minds, then Nature cannot bring about calamity.

沃岑：If you encourage agriculture and are frugal in expenditures, then Heaven cannot make you poor. If you provide the people with the goods they need and demand their labor only at the proper time, then Heaven cannot afflict you with illness. If you practice the Way and are not of two minds, then Heaven cannot bring you misfortune.

达博斯：If the fundamentals for life are plentiful and are economically used, then Heaven cannot impoverish the country; if the essentials of life are sufficient and the activities of man in preparing them are well timed, then Heaven cannot afflict the country. If the right Way of Life (Tao) is cultivated and not opposed, then Heaven cannot send misfortune.

"天"作为我国先民的重要观念并不等同于西方人观念中的 Nature（大自然）。"天"的含义，在中国古代，非常复杂，而且不断演化，最初是指人格化的神，后有"义理之天"、"天命之

天"、"自然之天"等不同含义。因此诺布洛克把"天"译作
"Nature"，不妥。"修道而不二"，指言所行皆顺乎道而不差，则
天不能祸也。二，差也。① 因此，对于"二"的翻译，诺布洛克
和沃岑基本一致，即"of two minds"，这个说法有"不专心"的
意思，与原意有一定的差距。而达博斯译为"not opposed"，则
歪曲了原来的意思。

15. 人何以知道？曰：心。心何以知？曰：虚一而静。心未
尝不臧也，然而有所谓虚；心未尝不满也，然而有所谓一；心未
尝不动也，然而有所谓静。人生而有知，知而有志；志也者，臧
也；然而有所谓虚，不以所已臧害所将受，谓之虚。

诺布洛克：What do men use to know the Way? I say that it is
the mind. How does the mind know? I say by its emptiness, unity,
and stillness. The mind never stops storing; nonetheless it possesses
what is called emptiness. The mind never lacks duality; nonetheless it
possesses what is called unity. The mind never stops moving; none-
theless it possesses what is called stillness. Men from birth have
awareness. Having awareness, there is memory. Memories are what is
stored, yet the mind has the property called emptiness. Not allowing
what has previously been stored to interfere with what is being re-
ceived in the mind is called emptiness.

沃岑：How does a man understand the Way? Through the mind.
And how can the mind understand it? Because it is empty, unified,
and still. The mind is constantly storing up things, and yet it is said
to be empty. The mind is constantly marked by diversity, and yet it is
said to be unified. The mind is constantly moving, and yet it is said to
be still. Man is born with an intellect, and where there is intellect

---

① 见《荀子校释》下册，第678页，注7。

there is memory. Memory is what is stored up in the mind. Yet the mind is said to be empty because what has already been stored up in it does not hinder the reception of new impressions. Therefore it is said to be empty.

达博斯：How can a person know the right (Tao)？By the mind. How does the mind know？By emptiness, unity or concentration, and unperturbedness. The mind never ceases to store away impressions, yet there is that which may be called emptiness. The mind has always a multiplicity, yet there is that which may be called a unity. The mind is always in motion, yet there is that which may be called quiescence or unperturbedness.

A man from birth has the capacity to know things; this capacity to know things has its collected data; these collected data are what are meant by stored away impressions. Moreover he has that which may be called emptiness.

原文中的"道"指的是天地间的根本原则。因此若翻译成英文的"the Way"，还是需要附加详尽的注释的，达博斯将其音译成"Tao"，效果会好些，这样可以更好地保留原来的内涵。玄奘译佛经时遵循"五不翻"原则，其中一条是对于"此无"之事物，即中国没有的事物，不做翻译，而是使用音译。为的就是更好地保留佛经的微言大义。但是，这种处理方法仍需要在适当的地方作详尽的注释。不然西方读者不会明白其中的意思。"满"字指的是人脑中储藏各种各样的知识，"一"意思是"统一"，指的是人能从纷乱的知识中获得有关世间万物的根本原则。因此"满"不是"duality"。"duality"容易使人想到西方哲学中的二元论。"知"应指人认识事物的基本能力，译作"intel-lect"或"capacity to know things"较为贴切，"awareness"则不着边际。本段中多处讲到"虚"这个词，学者对"虚"有两种解释。梁启雄解释：虚，虚心。天海则注为：虚者，空也，指排除杂念。[①] 从"不以所已藏害所将受，谓之虚"一句来看，两种解释都可以讲得通，即"不让已经储藏在心中的见识去妨害将要接受的知识叫做虚心（空）"。但是这里的"空"绝非诺布洛克等三人所翻译的"empty"或"emptiness"。英文的"empty"或"emptiness"主要指"not sincere or without any real meaning"[②]的意思，有"空虚，无意义，空旷"之意。从上下文来看，将"虚"译为"empty"或"emptiness"也不合适，若译作"open-minded"，似更为贴切。

　　综观《大学》、《中庸》、《论语》、《孟子》、《荀子》五部经典的翻译文本，可以发现，西方译者和华裔译者都犯了不少错误。这些错误不管是由文化误读而引起，还是由语言差异所导致，均在不同程度上影响了西方国家民众对儒家经典思想的理解和把握，必须加以纠正。

①　见《荀子校释》下册，第849页，注15。
②　见《剑桥高阶学习字典》。

第四章　儒学核心概念翻译考析

第一节　"仁"的翻译

　　《论语·子罕》中说:"子罕言利与命与仁。"意思是说孔子一般不主动谈论三件事,一是利,一是命,一是仁。对此程子解释说:"计利则害义,命之理微,仁之道大,皆夫子所罕言也。"(朱熹《论语集注》)可见"仁"之道的确难以用语言来说明,故孔子对此谈得很少,即使偶尔谈起,也十分谨慎。在《论语》中,"仁"虽然出现过 109 次,但孔子对"仁"的含义确实很少做直接解释。对于"仁人"的判断,孔子也十分审慎。在《论语》中,他人讲仁 25 次,孔子自己讲仁 84 次,但孔子讲仁都在弟子及他人问及的情况下进行的,问仁包括问仁人、仁行等,总计达 20 次。在《公冶长》中孔子与孟武伯有过这样的对话:"孟武伯问子路仁乎?子曰:'不知也。'又问。子曰:'由也,千乘之国,可使治其赋也,不知其仁也。''求也何如?'子曰:'求也,千室之邑,百乘之家,可使为之宰也,不知其仁也。''赤也何如?'子曰:'赤也,束带立于朝,可使与宾客言也,不知其仁也。'"孔子认为三个弟子各有不同的才干,而其仁则时有时无,不能概言有或无,所以只好回答不知道。对于颜回的仁,孔子也有过评论:"回也,其心三月不违仁,其余则日月至焉而已矣。"(《雍也》)孔子是说颜回可以长久处"仁",而其他弟子只是一日内能达于"仁"的境界一次,或一月内能达于"仁"的境界一次而已，不能长久。

据林毓生研究，"仁"字在西周及其前的甲骨文、金文中未曾出现，在《周易》及反应较早时期生活的文字中也没有这个字。他认为《尚书·泰誓》中"虽有周亲不如仁人"一句并非写于西周或此前，提出"仁"字当形成于东周早年，从东周早年到孔子之前的 200 年间，"仁"字的基本含义应当没有变化，但是外延可能有拓宽。《诗经·卢令》及《叔于田》两篇中都有"仁"字，但从上下文来看，都是在赞美人的外貌英俊威武，并无道德含义。①

那么，孔子心目中的"仁"究竟是什么呢？我们还是回到《论语》——

第一，"仁"者爱人与知人。在《颜渊》中孔子回答了几个弟子关于"仁"的提问："樊迟问仁。子曰：'爱人。'问知。子曰：'知人。'""仁"的第一义是"爱人"，当樊迟问智的时候，孔子顺势阐发了"仁"的第二义为"知人"，即知人善用。还说"举直错枉者，知也。使枉者直，则仁矣"。朱熹解释说："举直错枉者，知也。使枉者直，则仁矣。如此，则二者不惟不相悖而反相为用矣。"即善用正直的人为"智"，以此影响和纠正不正直的人为"仁"，所以"仁"与"智"相辅相成，"仁"包"智"。

第二，推己所欲以及于人。孔子虽然把仁看作人之最高品德，但也并非远不可及。《雍也》中子贡问孔子："如有博施于民而能济众，何如？可谓仁乎？"孔子答道："何事于仁！必也圣乎！尧舜其犹病诸！夫仁者，己欲立而立人，己欲达而达人。能近取譬，可谓仁之方也已。"颜渊以为，仁人应该能给广大民众

---

① 方朝晖：儒学在美国：动向与反思，http：//www. ica. org. cn/content/view_ content. asp？id＝5821。

以好处，并无私地帮助他们。孔子认为，如果这样来要求
"仁"，那么即使尧舜也难以做到，这样的"仁人"实际上已经
是圣人了。他对仁人的要求很具体而实际，即一个人若想自立，
也应该使别人立；想通达，也应该使别人通达，也就是推己所欲
以及于人。《颜渊》中仲弓问"仁"，子曰："出门如见大宾；使
民如承大祭；己所不欲，勿施于人；在邦无怨，在家无怨。"这
里的"己所不欲，勿施于人"与"己欲立而立人，己欲达而达
人"是一致的。这也就是孔子后来所说的"恕"。《卫灵公第十
五》中子贡问孔子："'有一言而可以终身行之者乎？'子曰：
'其恕乎！己所不欲，勿施于人。'""恕"如"爱人""知人"
一样，也是行仁的一种方法。因此"仁"也包"恕"。

　　第三，"仁"者克己复礼。颜渊也曾经向孔子请教"仁"。
孔子回答说："克己复礼为仁。一日克己复礼，天下归仁焉。为
仁由己，而由仁乎哉？"意思是说，如果一个人能够做到一天之
内克制自己的私欲，事事处处遵循礼的要求，那么天下人都会认
为他是一个仁人。颜渊又请问如何行动，孔子又回答说："非礼
勿视，非礼勿听，非礼勿言，非礼勿动。"这里是指人在日常社
会活动中所遵循的行为规范，也就是说言行举止要得体，无碍于
他人，方可称为"仁人"。可见"仁"的要素中还有"礼"的
内容。

　　第四，"仁"者有"信"，勤奋而惠人。仁者须爱人，克己
复礼，然除此以外，"仁"德另有要求，那就是仁者要"信"。
《论语·阳货》：子张问仁于孔子。孔子曰："能行五者于天下，
为仁矣。"请问之？曰："恭、宽、信、敏、惠：恭则不侮，宽
则得众，信则人任焉，敏则有功，惠则足以使人。"孔子主张人
应该言而有信；有信别人才敢委以重任。孔子还认为，仁者应该
勤于做事，即所谓"敏于事而慎于言"（《学而》）。此外，孔子
认为，仁者应该乐善好施，别人有求时能慷慨相助。

第五，仁者有"忠"。《论语·子路》：樊迟问仁。子曰："居处恭，执事敬，与人忠；虽之夷狄，不可弃也。"可见，孔子对于"仁"德还有"忠"的要求。孔子认为忠信是行事之本："言忠信，行笃敬，虽蛮貊之邦行矣；言不忠信，行不笃敬，虽州里行乎哉？"他认为，由"忠"可以行天下，无"忠"则寸步难行。所以"君子有九思：视思明，听思聪，色思温，貌思恭，言思忠，事思敬，疑思问，忿思难，见得思义。"（《论语·季氏》）

第六，"仁"者有"勇"。孔子说："有德者，必有言；有言者，不必有德。仁者，必有勇；勇者，不必有仁。"（《宪问》）仁者之勇是见义勇为之德，而不是血气之勇，更非无义之勇。朱熹解释说，"仁者，心无私累，见义必为。勇者，或血气之强而已。"（《论语集注》）仁者必见义勇为，然而，孔子也反对虽有义却无智之勇。《论语·雍也》：宰我问曰："仁者，虽告之曰：'井有仁焉。'其从之也？"子曰："何为其然也？君子可逝也，不可陷也；可欺也，不可罔也。"孔子认为，有人落井应该见义勇为，但不该跳下井救人，而应该讲究策略，救人者身在井上，才可以救井中之人；若自己也跳下井，则不能达到救之的目的。仁者虽然可以为救人而勇于献身，然不应如此愚蠢。

第七，仁者刚毅慎言。孔子主动论"仁"的时候极少，在《论语》中只有两次。他说："刚毅木讷，近仁。"根据杨伯峻先生的解释，"刚"指性格刚强，"毅"指行事果断，"木讷"则指言语谨慎。司马牛曾经向孔子问仁，孔子回答说："仁者其言也讱。"这里的"讱"即"忍"，朱熹解释"忍"为"难"之义，也就是说，孔子认为，仁人说话仿佛很困难，也就是迟钝和谨慎的意思。

第八，"仁"者孝悌。若要求得《论语》中"仁"的完整含义，还应该加上孝悌的内容。《论语·学而》记载，有子曰：
"其为人也孝弟，而好犯上者，鲜矣；不好犯上，而好作乱者，
未之有也。君子务本，本立而道生。孝弟也者，其为仁之本
与!"有子认为，孝悌是行"仁"德之根本。连自己的父母都不
孝，连自己的兄弟姊妹都不亲的人，怎么能成为仁人呢？

第九，"仁"者保民。如《卫灵公》："子曰：'民之于仁也，
甚于水火。水火，吾见蹈而死者矣；未见蹈仁而死者也。'"又
如《宪问》："子路曰：'桓公杀公子纠，召忽死之，管仲不死。'
曰：'未仁乎!'子曰：'桓公九合诸侯，不以兵车，管仲之力
也。如其仁! 如其仁!'"孔子在此显然把"仁"从伦理道德范
畴提升到了政治范畴。

从《论语》对"仁"的全部所论来看，"仁"人之大德，
是一种人之所以为人的最基本也是最高的修养，因此朱熹说
"'仁'是人之全德，在于心"。（朱熹《论语集注》）但孔子在
《论语》中始终没有对"仁"进行内在性解释，而是从"仁"
人的外在表现对"仁"的内涵作了反复说明。这与他喜欢从实
践中"近取譬"的一贯主张有关。其实，这样的说明更为具体，
更便于把握。那么，通过以上分析可以断定，孔子所谓"仁"
人，最起码应该包括七个方面的品质。若加上有子的观点，那么
"仁"的要义应该有以上九个方面。

现在来谈"仁"的翻译问题。

关于"仁"的翻译问题，前人有过一定的研究。据方朝晖[①]
的研究，1953 年，布德博格（Peter A. Boodberg, 1953, 328—
330）在《东西方哲学》上发表了一篇题为"一些儒学重要概念
的语义研究"的重要文章，该文对"君子"、"政"、"德"、

---

　　① 方朝晖：《儒学在美国：动向与反思》，见 http：//www. ica. org. cn/con-
tent/view_ content. asp? id = 5821。

"礼"、"仁"、"义"等若干儒学重要概念之义从词源、词型、
文本分析、历史语境等方面进行了分析，指出了目前西方学者对
这些词的译法所存在的问题，同时试图通过人为造词方式在拉丁
文中找到对应的译法，颇有些新意。布德博格指出，"仁"这个
字在西方语言中有多种不同的译法，其中包括：

（1）benevolence

（2）human – heartedness

（3）perfect virtue

（4）true manhood

（5）altruism

（6）the Good/ Goodness

（7）humaneness

（8）humanity

　　布德博格认为，从词源学的角度看，这些译法中只有最后这
两个译法符合"仁"的本义，因为 humaneness, humanity 与
"仁"一样字形之中包含着"人"。"仁"字词形上"人"加
"二"，此"二"传统上解释为"两（个人）"，意指复数，但是
作者说它指的可能不是"两个人之间"，而是指"一个人处在一
群人之中（man among men）"。因为"二"这个笔画古时常作为
重复之义，比如在西周青铜器中"二"常写在"子"后，指
"子子"之义。可以设想，"仁"字原来的写法也可能是同样的
意思，指"人人"而不是"两个人"，不是复数，而是单数与复
数之间的关系。据此，布德博格建议可把"仁"译成如下一些
可能的词：co – humanity, co – human, co – humanize［oneself］，
即通过在前面加 co – 词头的方式来反映"仁"所带有的"单
数—复数关系"。此外，布德博格还说，在 humanity 加 co – 词
头，语义上是指柔顺地接纳他人，以及对于普通人的人性的认可
之义。这种含义也与儒学中"仁"的本义与人的特权无关，这

正是孔子颂扬古代一些人从贵族沦为平民（如伯夷、叔齐、大伯等人）具有"仁"的美德的本义。[①]

陈荣捷也对"仁"的翻译做过研究，他指出，西方人一开始曾把"仁"译为"humanitas"，里雅各特别区分仁作为一种特殊的美德与作为一种普遍的美德，前者译作 benevolence，后者译作 perfect virtue，true virtue，the good 等。但是这一区分后人没能予以重视。陈荣捷认为，西方人出于自身的文化观念以及对宋明新儒家的不了解容易忽略"仁"有两层含义。最近 10 年来，"仁"在西方最普遍的译法是 human – heartedness 和 love，这种译法虽有道理，但是 human – heartedness 只代表孟子对仁的解释，而忽略了此后的其他解释，human – heartedness 仅代表心灵状态，而儒家还强调仁是一种活动。二程指出"爱是情，仁是性"。朱熹因此也指出仁是爱之理，而不是爱本身。可见把仁译为 love 也是有问题的。陈荣捷认为，从整个儒学史来看，最好的译法也许是 humanity of humaneness。这样做，可以用 benevolence 作为特殊的美德的仁，而 humanity 作为一般美德的仁。同时，此字中仁字中所包含的"人"字也保留下来，这样就把儒家仁既是性、也是理的思想包含在内了。[②]

布德博格的研究忽略了"仁"的不同含义，不足为凭。陈荣捷虽然看到了"仁"的不同含义，但并不彻底，其最大的缺点则是用二程对"仁"的理学阐释直接取代了孔子所赋予的"仁"的含义。

据调查，"仁"的翻译在西方英文译本中有以下译法：

（1）virtue（Legge）

---

① 方朝晖：《儒学在美国：动向与反思》，见 http：//www. ica. org. cn/content/view_ content. asp? id = 5821。

② 同上。

（2）perfect virtue（Legge）

（3）virtues proper to humanity（Legge）

（4）virtuous manners（Legge）

（5）Benevolence（Legge，Burton Watson，刘殿爵）

（6）benevolent action（Legge）

（7）the good（Waley）

（8）goodness（Waley，Leys）

（9）love（Lyall）

（10）humanity（Knoblock，Leys：）

（11）the principle of humanity（Knoblock）

（12）humane principles（Knoblock）

（13）humane/humaneness（Knoblock）

（14）magnanimity（Knoblock）

（15）man's character（刘殿爵）

在此，我们对"仁"的以上译法作详细的分析。

首先，"仁"能不能译作 virtue？要回答这个问题，我们必须首先弄清楚 virtue 和"仁"的内涵在汉英两种社会文化中是否具有一致性。

根据 Merriam – Webster's Dictionary，virtue 有七种涵义：

（1）conformity to a standard of right：morality；a particular moral excellence（德行）

（2）an order of angels – see celestial hierarchy（圣秩）

（3）a beneficial quality or power of a thing（恩惠）

（4）manly strength or courage：valor（英勇）

（5）a commendable quality or trait：merit（功绩）

（6）a capacity to act：potency（潜能）

（7）chastity especially in a woman（妇道）

苏格拉底和柏拉图都认为，virtue 是人的品德，包含四个方

面的主要内容，即节欲 temperance（sōphrosynē）、审慎 prudence
（phronēsis）、坚韧 fortitude（andreia）、正义 justice（dikaiosynē）。
普罗塔哥拉（Protagoras）和门诺（Meno）后来提出，virtue 实
际上是一个不可分割的整体，以上四个方面是不可能单独存在
的，苏格拉底和柏拉图之所以如此列举 virtue 的各个方面，只是
为了更好地揭示其含义而已。

　　亚里士多德早在两千多年前论过 virtue 的含义。他认为过分
与不足是两种恶习，virtue 就是在过分与不足之间取乎中。当然
"中"不意味着两者之间绝对的中心，而是在两者之间的意思，
即不走极端。比如一个人不能没有一点点脾气，也不能性情暴
躁，但在有的时候可以很生气，只要不过分暴怒到无法控制的程
度，就是正常的和可以理解的。实际上，virtue 主要还是指行为
上的内容。亚里士多德所谓的 virtue 其内涵主要有以下十点：勇
气（Courage）、克己（Temperance）、慷慨（Generosity）、大方
（Magnificence）、宽宏（Magnanimity）、温和（Mildness）、诚实
（Truthfulness）、机智（Wittiness）、友好（Friendliness）、正义
（Justice）。亚里士多德认为，人要变得品德好（virtuous）就必
须远离恶习，因为多一种恶习，德性就坏一分。有道是：知耻近
乎勇，力行近乎仁。人必须有自知，一旦有了恶习，就应当立刻
改正。人要变得 virtuous 还要有善行，善行才能最后积淀成好的
德性。还有一点值得注意的是，亚里士多德主张，要修得 virtue，
必须防止耽于逸乐。

　　在基督教的教义中，virtue 包括的方面主要有信心（faith）、
希望（hope）和慈善（charity）。

　　罗马人心目中的 virtue 包含的元素要多得多，包括自尊
（Auctoritas—Spiritual Authority）、幽默（Comitas—Humour）、毅
力（Constantinum—Perseverance）、慈善（Clementia—Mercy）、
尊严（Dignitas—Dignity）、自制力（Disciplinae—Discipline）、坚

韧（Firmitas—Tenacity）、节俭（Frugalitas—Frugalness）、认真（Gravitas—Gravity）、可敬（Honestas—Respectability）、人性（Humanitas—Humanity）、勤奋（Industria—Industriousness）、正义（Iustitia—Justice）、忠诚（Pietas—Dutifulness）、审慎（Prudentia—Prudence）、健康（Salubritas—Wholesomeness）、严谨（Severitas—Sternness）、诚实（Veritas—Truthfulness）。

　　从西方自古以来的传统解释来看，virtue 指的是人的一切品格因素。因此，从广义上来说，它与汉语中的"品德"一词的内涵是相当的。从逻辑上说，"品德"与"仁"有包容和被包容的关系，"仁"是"品德"，但"品德"却不是"仁"。而且，英文的 virtue 与儒家的"仁"在内涵上并不一致：基督教中的慈善，就不同于儒家的仁慈；罗马道德原则中的自尊、尊严与儒家的不卑不亢以及"薄己而厚人""鄙己而尊人"的主张是相抵触的；幽默在一定程度上也正是儒家所说的"君子不重则不威"。所以，理雅各将"仁"翻译成"virtue"受到了庞德的指责。庞德认为理雅各的翻译过于笼统，没有翻译出儒家思想的本质内涵，是有道理的。Virtue 既然不合理，"virtues proper to humanity"同样是指人的品德，意思与 virtue 并无本质区别，因而也不合理。

　　理雅各在有的地方还将"仁"译成了"perfect virtue"。例如，"回也，其心三月不违仁，其余则日月至焉而已矣。"理雅各译作"Such was Hui that for three months there would be nothing in his mind contrary to perfect virtue. The others may attain to this on some days or in some months, but nothing more."这样来译，似乎与儒家君子之"仁"较为接近，但反过来看，"perfect virtue"也就是指完善的道德，或曰"至德"，严格来说，这仍不能反映"仁"的特别内涵。

　　Virtue 既然指的是广义的"品德"，那么，当"仁"作"仁

行"讲时，理雅各等将其翻译成 virtuous manners，虽然区分了
"仁"的不同含义，但意思上同样有笼统之嫌，似也不可取。

"仁"还被理雅各、沃岑（Burton Watson）、刘殿爵等译作
"benevolent action（benevolence）"。根据维基百科全书（wikipe-
dia），benevolent 主要有以下四个含义：

（1）仁慈（intending or showing kindness）；

（2）慈善（showing or motivated by sympathy and understand-
ing and generosity）意思接近于 good – hearted，kindly，large –
hearted，openhearted，sympathetic，charitable，kind；

（3）乐于助人（generous in providing aid to others），意思近
于 freehearted，generous – willing to give and share unstintingly；"a
generous donation"；

（4）乐于向穷人施舍（generous in assistance to the poor）意
思近于 eleemosynary，philanthropic，beneficent，charitable。

Benevolent 的近义词是 kind，good，kindly，understanding，ca-
ring，liberal，generous，obliging，sympathetic，humanitarian，chari-
table，benign，humane，compassionate，gracious，indulgent，amia-
ble，amicable，lenient，cordial，considerate，affable，altruistic，phi-
lanthropic，bountiful，beneficent，well – disposed，kind – hearted，
warm – hearted，bounteous，tender – hearted。总之，benevolent 的
意思主要是心慈和慈善。它只能表达"仁"的心性方面的含义，
这与含有九方面含义的"仁"不能同日而语。因此当"仁"指
人的外在行为时，翻译成 benevolence，或者 benevolent action，
也是不十分合适的。

韦利把"仁"译作"good"和"goodness"，是否可以呢？
根据 Merriam – Webster's Dictionary，good 指人的品德时有五个方
面的含义：

a. virtuous，right，commendable；kind，benevolent

　　b. upper – class

　　c. competent, skillful

　　d. loyal, 如 a good party man; close, 如 a good friend

　　e. free from infirmity or sorrow , 如: I feel good

　　其中与人的品质有关的意思是 a 项当中的 virtuous, right, commendable, kind, benevolent。这五个意思当中, commendable 只是间接形容人品的本质属性, 并不能直接描绘人的品质内涵。从另外四个义项来看, good 的意思比 virtue 似乎更加笼统和不确定。但是, 在希腊哲学中, the good 却是至上的品德, 甚至是太阳的母亲。① 苏格拉底认为 the good 高于知识, 也高于快乐, 是包括克己 (temperance)、正义 (justice) 和其他品德在内的至高品德, 它必须被认识, 但又几乎不可能被认识,② 若要认识它, 也只能靠理性把它推理为"世界上一切美好和正确的事物之母、光明之母、光明之主、理性和真理之源",③ 其崇高性完全可以与"仁"媲美。但仔细比较,"仁"主要指"人"之德, 比较具体可感, 而 the good 则十分抽象, 属形而上的概念。因此, 其意思也难与"仁"相对应。The good 既然如此, goodness, good 也就存在同样的问题。

　　"仁"的另一个有代表性的译法是列奥纳德·A. 莱耶尔 (Leonard A. Lyal) 在《孟子》中自始至终将其翻译成"love"。但是, love 是爱之意, 只能表示心的活动, 而不能表示人的内在德性, 况且, love 除了可以表示高尚的大爱之外, 也可以表示男女情爱。所以用它来一味地翻译"仁"并不妥当。例如:"矢人

---

　　① Denise, T. C. et. al, Great Tradition in Ethics. 北京大学出版社 2006 年版, 第 17 页。

　　② 同上书, 第 18 页。

　　③ 同上书, 第 19 页。

岂不仁与函人哉？矢人唯恐不伤人，函人唯恐伤人，巫匠亦然。故术不可不慎也。孔子曰：里仁为美，择不处仁，焉得智！夫仁，天之尊爵也，人之安宅也。莫之御而不仁，是不智也。不仁不智，无礼无义，人役也。人役而耻为役，由弓人而耻为弓，矢人而耻为矢也。如耻之，莫如为仁。仁者如射，射者正己而后发，发而不中，不怨胜己者。反求诸己而已矣。"莱耶尔将其中的"仁"一律译作"love"："Mencius said, How should an arrow – maker have less love than an armourer!…Confucius said, Love makes a spot beautiful：who chooses not to dwell in love,…Love is the high nobility of Heaven,…To lack love, when nothing hinders us, is to lack wisdom. Lacking love, lacking wisdom, lacking courtesy and lacking right, man is a slave."其实，本章句中，第一，第五、第七个"仁"指的是品德，第二，第三个指的是有仁德之人。因此，若不分清"仁"的具体意思，一律用 love 来翻译是错误的，更何况 love 的含义并不完全同于孟子心性的"仁"。

约翰·诺布洛克（John Knoblock）在《荀子》中使用了 humanity 和 principles of humanity 的译法。我们先看 humanity 的含义。根据维基百科全书（wikipedia），humanity 有如下含义：

（1）人，人类（Humans considered as a group；the human race.）

（2）人之所以为人的品性（The condition or quality of being human.）

（3）仁慈（The quality of being humane；benevolence.）

（4）仁慈的特性或行为（A humane characteristic, attribute, or act.）

这样看来，humanity 包含了人的"品"和"行"两方面内容。那么，这里就产生了一个问题，即当在翻译中使用 humanity 时，到底译者用的是那方面的意思呢？既然"仁"在不同的语境下分别表示"品性"和"行为"，那么 humanity 就只能在一种意思上使用，而不能兼含两种意思。依我们来看，在译文中 humanity 宜用来表示人的"品性"，即 principles of humanity 或 humane principles 之意。不宜同时再兼作"仁行"之意。不然，就会引起概念上的混乱。

至于"humane/humaneness"，其意思是"善良"，与"benevolent/benevolence"意思相近，用它来翻译"仁"，也会使"仁"的含义大大缩水。

最后还有"magnanimity"和"man's character"。前者是宽宏大量的意思，当然不能与"仁"的博大精深的内涵相比。以"仁"之大，岂止一个"magnanimity"（宽宏大量）了得。而"man's character"回译过来是"人的品质"，意思既平庸又笼统，同样不能传达出"仁"的特殊内涵。

那么，"仁"用什么来翻译才合理呢？我们认为不妨考虑用汉语拼音来翻译，就像"茶"翻译成 tea，"功夫"翻译成 Kungfu 一样。既然"仁"有"仁德"、"仁行"、"仁人"，三个意思，那么就可以把表示"仁德"的"仁"翻译成 Ren，或再进一步，创造一个新词 Rennism。但是，用汉语拼音来翻译，须有个前提条件，那就是要在译本开头或者在附录中对拼音"Ren"这个符号所代表的语言语文化含义作一个详细说明，这样经过处理之后再将其用在译文中，就不会导致理解上的问题。但仍然可能存在的问题是，"Ren"这一形式在上下文中使用时可能会有不便，比如原文中的"仁"在上下文中有时是用作名词，有时是用作修饰词，而"Ren"没有曲折变化来标志其在使用中的词性，这是这种译法的不便之处。不过，这一不足仍然可以得到解决，那就是，在 Ren 或 Rennism 的基础上再创造一个形容词 Rennist。这样，"仁行"就可以翻译成 Rennist action，"仁人"则翻译成 Renist person 或 Renist people。比如翻译"人而不仁，如礼何？"时，可以把

"Ren" 当名词用，译作 "For a man without Ren/Rennism, propriety is meaningless."；而翻译 "仁者爱人" 时，则用修饰词形式的 "Rennist"，译作 "the Rennist people love others"。记得香港浸会大学的 Lauren Pfister 教授曾经将 "儒" 音译成 Ru，而且还为这个词创造了另一个形式 Ruist，可以用作 "儒家" 的意思，或者用作形容词。既然 "仁" 是如此重要的儒家思想概念，我们完全可以效法费乐仁（Pfister）教授，在汉语拼音的基础上创造出专门的儒学新词，这不是不可以的，时间长了，随着儒学传播广度和深度的不断扩大，英美读者是可以接受的。Wekipedia the Free Encyclopedia（维基百科全书）已经在使用汉语拼音来表示儒家思想概念的方法，如用 Xiao 表示 "孝"。这很值得我们深思。除此以外，就是借用英文中已有的词，比如 humanity。但借词的弊端是，英文词在英美文化中已有俗成的既定含义，用它们来翻译纯粹异文化概念，必然会捉襟见肘，要确切表达原意，同样要在适当的地方作出清楚的说明。

第二节　"义" 的翻译

"义" 是儒家思想的又一核心概念。《论语》中 "义" 共出现 24 次，有四种基本意思。其一是 "正义"。如："士见危致命，见得思义，祭思敬，丧思哀，其可已矣。""君子义以为上。君子有勇而无义为乱，小人有勇而无义为盗。""有君子之道四焉：其行己也恭，其事上也敬，其养民也惠，其使民也义。"其二是 "道理"。如："群居终日，言不及义，好行小慧，难矣哉！""君子之于天下也，无适也，无莫也，义之与比。"① 其三是正当的伦理关系。如："不仕无义。长幼之节，不可废也；君臣之义，

---

① 《论语·里仁》。

如之何其废之？欲洁其身，而乱大伦。君子之仕也，行其义也。道之不行，已知之矣。"其四是"责任"。"子路曰：'不仕无义。长幼之节，不可废也；君臣之义，如之何其废之？欲洁其身，而乱大伦。君子之仕也，行其义也。道之不行，已知之矣。'"（《论语·微子》）"义"即"仕"作为臣对君所负的责任。

作为儒家思想核心之一的"义"，根据朱熹则是："义者，宜也，则因时制宜，因地制宜，因人制宜之意也。所当做就做，不该做就不做。子曰：'君子喻于义，小人喻于利，不义而富且贵，于我如浮云。'所以人发为羞恶之心，发为刚义之气，义也。"《国语》中"义"有91处，意思与《论语》基本上一致。例如，"考中度衷，忠也；昭明物则，礼也；制义庶孚，信也。"[1]三国韦昭注曰："义，宜也。"[2] 又："夫敬，文之恭也；忠，文之实也；信，文之孚也；仁，文之爱也；义，文之制也；智，文之舆也；勇，文之帅也；教，文之施也；孝，文之本也；惠，文之慈也；让，文之材也。象天能敬，帅意能忠，思身能信，爱人能仁，利制能义；事建能智，帅义能勇，施辩能教，昭神能孝，慈和能惠，推敌能让。此十一者，夫子皆有焉。"韦昭注曰："义所以制断事宜也。"[3] 这里"义"是仪制、法度，即一种准则。又："民之有君，以治义也。"韦昭注曰："上下之义也。"[4] 这里特指君臣政治伦理准则。

《孟子》一书中"义"字出现次数更多，共108次，有两种基本意思。其一是合乎某种道或理谓之"义"，共计98次。如："杨墨之道不息，孔子之道不着，是邪说之诬民，充塞仁义也。"[5]"君仁，

① 《国语·周语上》。
② 《国语》，上海古籍出版社1998年版，第36页。
③ 《国语·周语下》，上海古籍出版社1998年版，第97页。
④ 《国语·晋语一》，上海古籍出版社1998年版，第265页。
⑤ 《孟子·滕文公下》。

莫不仁；君义，莫不义；君正，莫不正。"① "舜明于庶物，察于
人伦，由仁义行，非行仁义也。"② 其二是道理、正理，共计 10
次。如："谨庠序之教，申之以孝悌之义，颁白者不负戴于道路
矣。"③ "贵贵尊贤，其义一也。""治于人者食人，治人者食于
人，天下之通义也。"④ 孟子继承和发展了孔子的仁学思想，常
把"义"与"仁"、"礼"等字合成一词使用，谓之"仁义"、
"礼义"等。《孟子》一书中"仁"字共出现 157 次，"义"字
共出现 108 次，"仁义"联用，共出现 20 次。孟子常把"义"
与"仁"、"礼"等道德范畴相提并论，以阐发他的仁义学说。
他说："仁，人之安宅也；义，人之正路也。"⑤ "夫义，路也；
礼，门也。"⑥ "仁，人心也；义，人路也。"⑦ "居恶在？仁是
也；路恶在？义是也。居仁由义，大人之事备矣。"⑧ "恻隐之
心，仁也；羞恶之心，义也；恭敬之心，礼也；是非之心，智
也。"⑨ "人皆有所不忍，达之于其所忍，仁也；人皆有所不为，
达之于其所为，义也。"⑩ 从孟子对"仁"、"义"的界说来看，
孟子主要把"仁"看作是人心理上一种应有的"以其所爱及其
所不爱"⑪ 的道德品性。这种道德品性也就是孟子所认为的人该
去修养的道德德目。而"义"，孟子主要把它看作是人在生活中

① 《孟子·离娄上》。
② 《孟子·离娄下》。
③ 《孟子·梁惠王上》。
④ 《孟子·滕文公上》。
⑤ 《孟子·离娄上》。
⑥ 《孟子·万章下》。
⑦ 《孟子·告子上》。
⑧ 《孟子·尽心上》。
⑨ 《孟子·告子上》。
⑩ 《孟子·尽心下》。
⑪ 《孟子·尽心下》。

应遵循的，应内化于心的一种行为标准，一种道德规定，它是人当行之道，为人之正途。

概言之，义的最主要含义是"正义"。"正义"即"无偏无颇"。《尚书·洪范》说："无偏无颇，遵王之义；无有作好，遵王之道；无有作恶，遵王之路。无偏无党，王道荡荡；无党无偏，王道平平；无反无侧，王道正直。"无偏颇、无好恶、不结党营私、不违犯法度，这种理想状态也是人人所期望的道德行为准则。

那么，"义"作为一个重要的儒学概念，应该怎样翻译才合理呢？

据调查，"义"的英文翻译共有如下几种：

（1）righteousness、righteous

（2）just/justice

（3）right

（4）duty

（5）moral/morality

（6）moral duty

（7）moral principles

（8）moral rule

（9）acts of moral good

（10）the objective

（11）the proper congruity

首先看"righteousness"和"righteous"。根据 Merriam - webster，righteous 的意思是：1. acting in accord with divine or moral law；2. a：morally right or justifiable b：arising from an outraged sense of justice or morality。这说明，righteous 主要是一个道德概念，指的是遵守道德准则，因此用它来翻译"道德正义"意义上的"义"，是正确的。但理雅各在译文中似乎没有严格区分

"义"在不同语境下的不同含义，而将"义"一概翻译成了
"righteous"或"righteousness"。这也是不行的。如："群居终
日，言不及义，好行小慧，难矣哉!"理雅各译作"When a
number of people are together, for a whole day, without their conver-
sation turning on righteousness, and when they are fond of carrying
out the suggestions of a small shrewdness; ——theirs is indeed a
hard case."其中的"义"，杨伯峻认为意思是"有道理的话"①
理雅各的译法显然不妥。right 和 just 均可以指"正义"。因此用
它们来翻译"正义"意义上的"义"都是基本上可取的。但要
深究的话，虽然这三个词均可指道德意义，但中西道德内容毕竟
有别。因此从根本上说，用它们来翻译"义"，实际上也存在跨
文化假性对等问题，也就是说，多多少少扭曲了原来的含义。

第二，用"moral"和"morality"来翻译"义"，显然过于
笼统。把"义"译作"moral"或"morality"，也就是等于把
"义"说成是一种道德，等于什么也没说。而"义"是有具体内
容的，与其他道德概念如"仁"、"孝"等有所区别。同样的问
题存在于诺布洛克的翻译当中。他在《荀子》中经常把"义"
译作"moral principles"。如：礼义之谓治，非礼义之谓乱也。
故君子者，治礼义者也，非治非礼义者也。(《荀子·不苟篇》)
诺氏译作"I say that "well ordered" refers to ritual and moral prin-
ciples and that "chaotic" refers to what is contrary to them. Accord-
ingly, a gentleman creates order in terms of ritual and moral princi-
ples; he does not create order with what is contrary to them."又：推
礼义之统，分是非之分，总天下之要，治海内之众，若使一人，
故操弥约而事弥大。(《荀子·不苟篇》) 译作"He derives guide-
lines from ritual and moral principles, makes sharp the division be-

---

① 《论语译注》，中华书局 2006 年版。

tween right and wrong, binds together the essentials of the world, and makes well ordered the multitude within the seas, as though in the service of a single man. "这样来译，也存在一个用词过于笼统的问题。如果说"义"是"道德原则"，那么"仁""礼"，"信"等是不是呢？翻译时岂不可以都译作"moral principles"？而达布斯（Homer H. Dubs）将"义"仅译作"principle"，就更加笼统了。如："成王冠，成人，周公归周，反籍焉，明不灭主之义也，周公无天下矣。"（《荀子·儒效篇》）达氏译作"When King Cheng was capped and came of age, Duke Chou turned over the rule to the legitimate scion of the house of Chou and turned back the throne. It is plain that he did not have the intention of destroying his master. Duke Chou then did not possess the rule. "同样的问题存在于"moral rule"和"moral good"的译法中。这样来处理概念，到最后会使读者把所有的儒学概念都混到一起，无所谓忠孝仁义礼智信之间的区别了。

第三，duty 和 obligation，其本义是"义务"。根据 Merriam - webster，duty 的前三个义项是：

1. conduct due to parents and superiors : respect

2. a : obligatory tasks, conduct, service, or functions that arise from one's position (as in life or in a group); b (1) : assigned service or business (2) : active military service (3) : a period of being on duty

3. a : a moral or legal obligation; b : the force of moral obligation

由此来看，duty 指在道德或法律上应当承担的责任，那么可以是内在和外在的。维基（Wikipedia）百科全书则解释说，duty 从辞源上看来自法语的 deu 和拉丁语的 debere、deitum，这些词的本义是"债务"。因此 duty 并不是一种被动的情感或仅仅是一种认同，而是当一个人认识到了自己的 duty 时，就能无私地献身于某项事业。duty 不一定意味着不能过最舒适的生活，但的确在一定程度上意味着对眼前利益的牺牲。(Duty is a term that conveys a sense of moral commitment to someone or something. The moral commitment is the sort that results in action, and it is not a matter of passive feeling or mere recognition. When someone recognizes a duty, that person commits himself/herself to the cause involved without considering the self – interested courses of actions that may have been relevant previously. This is not to suggest that living a life of duty precludes one from the best sort of life, but duty does involve some sacrifice of immediate self – interest.)① 西塞罗（Marcus Tullius Cicero）在"论义务"（On Duty）一文中说，duty 源自四个方面：一，因为是人，所以有 duty；二，因为在社会中担当不同的角色，所以有 duty，比如在家庭中，在国家中，在工作中等；三，有人格，就有 duty；四，一个人的自我道德预期，可以产生 duties。

再看 Merriam – webster 关于 obligation 的义项：

1. the action of obligating oneself to a course of action（as by a promise or vow）

2. a: something（as a formal contract, a promise, or the demands of conscience or custom）that obligates one to a course of action；b: a debt security（as a mortgage or corporate bond）；c: a commitment（as by a government）to pay a particular sum of money；also: an amount owed under such an obligation ＜unable to meet its obligations, the company went into bankruptcy

3. a: a condition or feeling of being obligated；b: a debt of

----

① http://en. wikipedia. org/wiki/Duty

gratitude

4. something one is bound to do

由此来看，obligation 所表示的"义务"多是经过作出承诺、立誓言，或订立合同而得来，或是受到风俗的压力而得来。当然也可以是由良心驱使而得来。

根据维基百科全书的解释，obligation 所表示的"义务"，则主要是指一个国家公民所承担的"义务"，与法律与道德有关，也就是与公民"权利"相对应的"义务"。(An obligation is a requirement to take some course of action, whether legal or moral. There are also obligations in other normative contexts, such as obligations of etiquette, social obligations, and possibly in terms of politics, where obligations are requirements which must be fulfilled. These are generally legal obligations, which can incur a penalty for unfulfilment, although certain people are obliged to carry out certain actions for other reasons as well, whether as a tradition or for social reasons. Obligations vary from person to person: for example, a person holding a political office will generally have far more obligations than an average adult citizen, who themselves will have more obligations than a child. Obligations are generally granted in return for an increase in an individual's rights or power.)① 这样，obligation 的"义务"就具有了更根本的外在性。

从两个词的解释来看，duty 和 obligation 的主要意思是"外在的职责"，相当于汉语的"义务"，属法律或道德所规定者。而儒学"义"是道德心自身所规定的"当做之事"，是内在的道德要求。因此，用 duty 和 obligation 翻译"义"不十分妥当。如："君子之仕也，行其义也。"刘殿爵译作"The gentleman

① http://en. wikipedia. org/wiki/Obligation

takes office in order to do his duty."就有把"义"误解之嫌。诺布洛克（John Knoblock）还把"义"译作 moral obligation。如："恭敬而逊，听从而敏，不敢有以私决择也，不敢有以私取与也，以顺上为志，是事圣君之义也。"诺布洛克译作 Respectful and reverent with due modesty, hearing orders and carrying them through with vigor, not presuming to allow private considerations to form the basis of the choice and decision or of selection and granting, and taking as one goal utter obedience to the ruler's intentions – such are one's moral obligations in the service of a sage lord. "义"在许多地方还被翻译成 moral duty。例如，"保利弃义谓之至贼"：One who protects personal profit at the expense of abandoning his moral duty is called "utterly malicious"；"君子易知而难狎，易惧而难胁，畏患而不避义死"：The gentleman is easy to come to know, but difficult to be familiar with. He is easily made apprehensive but is difficult to intimidate. He dreads suffering but will not avoid what is required by his moral duty, even at the risk of death；"诚心行义则理，理则明，明则能变矣"：The gentleman and the petty man are opposites. When the gentleman is bold of heart, he reveres Heaven and follows his way. When faint of heart, he is awe – inspired by his sense of moral duty and regulates his conduct to accord with it. ① 在"obligation"和"duty"之外加一个词"moral"，也仍不能从根本上消除 obligation 的外在性。

伯顿·沃岑（Burton Watson）还把"义"译作"objective"。如："故学数有终，若其义则不可须臾舍也。"（Therefore we may speak of an end to the program of learning, but the objective of learning must never for an instant be given up.）"义"在这里作目标和

---

① 《荀子·修身篇》。

意义讲，译作"objective"显然是对的。这是"义"做非"道德"意义的用法。这种情况在荀子劝学篇中有数处。

至于"acts of moral good"，诺布洛克在《荀子·宥坐篇》中使用了这个译法："今夫子累德积义怀美，行之日久矣，奚居之隐也？"其译文是："Now you, our Master, have for a long time augmented your inner power through your daily conduct, accumulated acts of moral good, and cherished the beautiful. Why, then, do you live in obscurity?"原文的"义"意思应该是指"正义"之德，而"acts of moral good"意思是"有德之行"。因此未切中肯綮。

诺布洛克在翻译《荀子·天论篇》时，有一处译法给人印象深刻。原文说："若夫君臣之义，父子之亲，夫妇之别，则日切磋而不舍也。"诺氏的翻译是 But when it comes to matters like the proper congruity between ruler and subject, the proper affection between father and son, and the proper separation of duties between husband and wife – these must day by day be cut and polished and never neglected. 他把"义"翻译成了 proper congruity。这可能与受到经学家的注释影响有关。关于"义"，三国时韦昭、宋代朱熹、当代杨伯峻都曾注为"合宜"的意思。诺氏的 proper congruity 直译回来是"协和"之意，与"合宜"之意相近，在本章句中也看似相当确切。从这里可以看出，诺氏对于"义"字在不同上下文中含义十分注意区分，但这里君臣之"义"应当属于君臣之间的"政治伦理关系原则"，虽然不同于程朱之"三纲"之一，但也要讲究"君使臣以礼，臣事君以忠"，不是无原则的"协和"而已。

第三节　"礼"的翻译

"礼"是儒家的重要思想之一，"礼"字在主要经典中使用

频繁，在《论语》中出现了 76 次，在《孟子》中出现 68 次，
在《国语》中出现了 121 次，在《荀子》中出现 341 次，在
《春秋·左传》中则出现多达 530 次。"礼"和"仁"一样，在
儒家思想体系中占有崇高地位。首先，礼是人区别于动物的重要
标志。《礼记》中说："鹦鹉能言，不离飞鸟。猩猩能言，不离
禽兽。今人而无礼，虽能言，不亦禽兽之心乎？夫唯禽兽无礼，
故父子聚。是故圣人作，为礼以教人，使人以有礼，知自别于禽
兽。"有礼则为人，无礼则如同禽兽。礼之崇高意义由此可见。
《诗经》甚至说："人而无礼，胡不遄死"（《相鼠》）；其次，礼
是修身、齐家、治国的重要法宝。《礼记》中说："太上贵德，
其次务施报。礼尚往来，往而不来，非礼也；来而不往，亦非礼
也。人有礼则安，无礼则危，故曰礼者不可不学也。夫礼者，自
卑而尊人。虽负贩者，必有尊也，而况富贵乎？富贵而知好礼，
则不骄不淫；贫贱而知好礼，则志不慑。"又说："道德仁义，
非礼不成，教训正俗，非礼不备。分争辨讼，非礼不决。君臣上
下，父子兄弟，非礼不定。宦学事师，非礼不亲。班朝治军，莅
官行法，非礼威严不行。祷祠祭祀，供给鬼神，非礼不诚不庄。
是以君子恭敬撙节退让以明礼。"仁义道德要靠礼来实行，君臣
父子夫妻兄弟朋友的和睦关系要靠礼来维持，朝纲国法军纪要靠
礼来实施，甚至祭祀鬼神都得靠礼。《礼记·经解》中说："有
治民之意而无器，则不成。礼之于正国也，犹衡之于轻重也，绳
墨之于曲直也，规矩之于方圆也。"把礼的敬让之道用在宗庙里
奉祀神灵，就虔敬；用于朝廷，贵贱就有了各自相应的位置；用
于处理家庭关系上，则父子亲密，兄弟和睦；用于乡里，则长幼
就会循规蹈矩，井然有序。所以孔子说："安上治民，莫善于
礼"，一切按礼行事，才会有社会的和谐、国家的安定。

　　从辞源的角度来看，古代的"礼"字，本写作"醴"，象形
坛上有祭品，原指祭神时使用的器物。后来，"礼"从祭器引申

为一种重要仪式，进而逐步抽象化为概念，最终成为维持家国人际关系的一种社会意识形态。

夏商的统治者非常重视与上天的交流——由于其时认识水平低下，卜筮是解决一些关键问题的主要手段。文字在这一时期的功能并不是用来与人交流而是与上天对话，问卜的结果往往影响着高层的决策，也预示着兴衰成败，于是掌握这种权利的巫觋认为，要想风调雨顺征战胜利，就必须使上天高兴，就必须采取严谨的"娱神"活动，当然这也是颛顼为政时同意把宗教祭祀权收归贵族的一个结果。依照现实社会高低尊卑的存在，神也应该有大小之分。于是，等级观念在祭神中渗入了人的思维，世间的等级有了神界对应便显得很合理。但这只是个萌芽，真正大规模的制礼运动是在武王克商后才开始的。

西周时期，周公旦执政后，在总结夏、商、周三代兴衰经验和教训的基础上制定了体现和维持等级社会秩序的一套政治制度和各种社会规范，确定了帝王、诸侯、公卿、大夫、士、庶人的不同社会地位、等级、权利和义务。这就是周礼。

《礼记·礼器》对"礼"的内容与形式、实质和表现作了极为精辟的论述。"礼也者，犹体也。体不备，君子谓之不成人。设之不当，犹不备也。礼有大，有小，有显，有微。大者不可损，小者不可益，显者不可掩，微者不可大也。故经礼三百，曲礼三千，其致一也。"就是说，礼就好比人的身体，身体器官没有发育成熟或者发育得不完备，君子就称之为不成人。礼的设计不恰当，就如同人的身体发育不完备一样。礼有内容复杂的大礼，也有内容简单的小礼，大礼的内容不可减少，小礼的内容不可增加，明显的礼不可遮掩，不明显的礼也不必使它明显。常行的礼有300种，礼仪曲折的礼有3000种，其实质是一样的，都是诚敬。正像入室必由户，行礼必先心怀诚敬，才有意义。

从《礼记》看，"礼"包括10个要素：一是君义。君为心脏，民为身体，克己复礼，克己行礼，君示民以礼，示臣以礼，立身行己之道，慎言重行，以礼爱民。二是王制。即治理政事所制定的各种规章制度，如班封爵位、授受俸禄、祭祀、养老等方面的法度，以及刑法与诉讼审理程序等。三是刑德。刑法的作用是有限的。治国不能只靠刑罚，而要辅之以德，刑德并治，而且以德为主。四是礼乐。《礼记·乐记》认为，乐与礼关系密切，对教化和礼治有重要作用。五是儒范。"礼"包括自我修养、事君、交友、独处，对仁义的理解、言谈、举止、服饰等内容，几乎涵盖了社会生活的各个方面。六是礼仪。礼仪包括冠仪、聘仪、武仪、婚丧礼仪及祭祀的各种礼仪，还包括言谈、举止、人际交往、饮食等方面的具体礼仪。七是教学。《礼记·学记》认为，"玉不琢，不成器。人不学，不知道。是故古之王者建国君民，教学为先。"教育于国家是立国之本，于个人是安身立命之本。八是度义。度义即《中庸》所讲的中和。"中和"在《礼记》伦理思想的结构体系中所起的就是"度"的作用，即在执礼的时候要恰到好处。九是臣义。臣的主要任务是尊礼事君，首先是要忠君，同时要爱民，忠孝仁爱，仁义和平。十是民义。礼是治国安民之法宝。民要忠君，尽忠报国，为国捐躯，同时在父子、兄弟、夫妇以及朋友、邻里关系上，都要服从礼的规定。婚、丧、祭祀等一套礼仪对民都适用。

　　孔子的礼并不完全等同于周礼。他以"仁"为最高原则，改造周礼，同时提出"克己"，要求君王克制自己的私欲，实行仁政。孔子主张以"礼"治国，他说："能以礼让为国乎，何有！不能以礼让为国，如礼何！"认为仅靠刑政治国无力，德礼为治国之根本方策。"道之以政，齐之以刑，民免而无耻；道之以德，齐之以礼，有耻且格。"他赞扬"礼"说："先王之道，斯为美。"同时指出"礼"不是目的，不可拘泥，强调"礼之用，和为贵"，"有所不行，知和而和，不以礼节之"。在《论语》里，孔子并没有阐释"礼"的具体含义。但从历代儒家经典对"礼"的使用上，可以看出"礼"主要有三种含义：

一是指一系列修身齐家治国平天下的社会等级制度。儒家要求社会要分贵贱、尊卑、长幼、亲疏，要求人们的生活方式和行为符合他们在家族内的身份和社会、政治地位，不同的身份有不同的行为规范，这就是礼。例如，八佾舞是天子的礼，卿大夫只许使用四佾，鲁季氏以卿之身份行天子之礼，八佾舞于庭，孔子认为非礼，于是斥之曰："是可忍，孰不可忍？"树塞门和反坫是国君所用的礼，管仲采用，孔子批评他不知礼。荀子云："人道莫不有辨，辨莫大于分，分莫大于礼。"又云："故先王案为之制礼义以分之，使贵贱之等、长幼之差、知贤愚能不能之分，皆使人载其事而各得其宜。"《礼记》云："亲亲之杀，尊贤之等，礼所生也。"

二是指礼节，即具体的社交行为规范。在《论语》中，"礼"是君臣之间应该遵守的伦理关系准则。《论语·八佾》："君使臣以礼，臣事君以忠。""礼"也是君子的重要标志。《论语·卫灵公》："君子敬而无失，与人恭而有礼。四海之内，皆兄弟也。君子何患乎无兄弟也？"又云："君子义以为质，礼以行之，孙以出之，信以成之。君子哉！"（《论语·卫灵公》）但是"礼"不仅仅是空洞的形式。因此孔子又说："居上不宽，为礼不敬，临丧不哀，吾何以观之哉？"（《论语·八佾》）所以，"礼"的要义在于行礼时要心怀恭敬，"恭近于礼"。而且，"礼"还与"仁"分不开，子曰："人而不仁，如礼何？"（《论语·八佾》）礼而不敬，礼而不仁，就完全失去了"礼"的意义。

三是指仪式，如祭礼、婚丧礼等。《仪礼·觐礼》曰："礼月与四渎于北门外，礼山川丘陵于西门外"。这里是说古人以"礼"祭月与山川河流。孔子在解释"孝"时说："生，事之以礼；死，葬之以礼，祭之以礼。"

基于"礼"的上述命意,下面来讨论其翻译的问题。

从理雅各、韦利、刘殿爵三家的翻译来看,"礼"基本上有以下九种翻译方法:

(1) rules of propriety

(2) propriety

(3) ceremony

(4) ritual

(5) rites

(6) ritual principles

(7) the rules of proper conduct

(8) regulations

(9) what is proper

第一,关于 rules of propriety 和 propriety。根据 Merriam Webster's Online Dictionary,propriety 有以下四种涵义:

(1) 本性 (true nature)

(2) 特点 (a special characteristic:peculiarity)

(3) 适当 (the quality or state of being proper:appropriateness)

(4) a:社交礼节 (conformity to what is socially acceptable in conduct or speech);b:男女社交禁忌 (fear of offending against conventional rules of behavior especially between the sexes);c:复数时指习俗和礼貌 (the customs and manners of polite society)。

理雅各在翻译中多次使用了这两种译法,看来他对"礼"在不同语境下有抽象和具体两种不同意思是了解的。但从根本上说,无论理雅各把 propriety 作上述哪种意思来用,rules of propriety 还不能表达"礼"作为制度的意思。比如,如果把 propriety 作"适当"的意思来用,那么儒家的"礼"作为制度,并不是笼统地指言行等社交方式"适当",而是有着关乎君臣父子夫妻

兄弟朋友之间的政治伦理社会关系等质的内容的。理雅各把
"道之以德，齐之以礼，有耻且格"翻译成了"If they be led by
virtue, and uniformity sought to be given them by the rules of proprie-
ty, they will have the sense of shame, and moreover will become
good.",说明他对这里的"礼"的制度意义是理解的，只是在
表达时并没有达到原义。"礼"的确是 rules，但远远不是关于
"适当"或某种社交礼节的规则，原因就是"propriety"只能指
社交上的礼节，还不包括政治伦理制度。因此，把 propriety 当作
"社交礼节"来讲的"礼"还是可以接受的，但若当作社会政治
伦理制度的"礼"，就显得捉襟见肘。

第二，关于 ceremony。根据 Merriam Webster's Online Diction-
ary, ceremony 有以下三种含义：

（1）礼仪（a formal act or series of acts prescribed by ritual,
protocol, or convention〈the marriage ceremony〉）

（2）a：礼貌（a conventional act of politeness or etiquette〈the
ceremony of introduction〉）b：礼节（an action performed only for-
mally with no deep significance）c：仪式（a routine action performed
with elaborate pomp）

（3）a：典礼（prescribed procedures）

总之，ceremony 主要是用来指形式，在某些场合下是可以用
来翻译"礼"的。比如："礼，与其奢也，宁俭；丧，与其易
也，宁戚"中的"礼"明显是"仪式"或"典礼"的意思，理
雅各翻译成"In festive ceremonies, it is better to be sparing than
extravagant. In the ceremonies of mourning, it is better that there be
deep sorrow than a minute attention to observances."是合适的。但
是，"夏礼，吾能言之，杞不足征也；殷礼，吾能言之，宋不足
征也"，理雅各将其译成"I could describe the ceremonies of the
Hsia dynasty, but Chi cannot sufficiently attest my words. I could de-

scribe the ceremonies of the Yin dynasty, but Sung cannot sufficiently attest my words." "尔爱其羊，我爱其礼"理雅各译作"Ts'ze, you love the sheep; I love the ceremony."，这两处翻译就都不合适。"夏礼"、"殷礼"主要是指两朝的政治伦理制度，第二处中的"礼"从表面上看是指宰羊祭天的仪式，实际上，孔子说"我爱其礼"，意思是说他赞成这种祭祀仪式所蕴涵的人神伦理制度。

第三，关于"rites"。rite 主要意思有两个，一是非宗教性的，但仍较隆重的仪式或典礼；一是宗教性的仪式或典礼。所以，用它来翻译《论语》中具有这种意义的"礼"是可取的，尤其是当"礼"指的是祭司典礼或是国家交往中举行的外交礼仪时，与 ceremony 相比较意思更贴切，对读者来说，更具有历史的沧桑感。但是，rites 不能用来翻译所有上下文中的"礼"。刘殿爵就是全篇都使用了这同一个词，没有适当区分"礼"在儒家典籍中的两种不同含义，因此错误较多。

第四，关于"ritual"。ritual 在英语中主要意思是宗教或民俗仪式。因此具有较重的宗教和民俗意味。韦利在翻译中主要使用了这个词。其主要原因是韦利翻译时最根本的立场是对于原文的内容作文化学和民俗学的阐释，这与他翻译其他中国典籍的立场是一致的。那么 ritual 一词究竟是否得当呢？

根据 Wikipedia 百科全书，ritual 一词的意思有如下几个方面的特点：

（1）ritual 一般是由一连串的行动组成的；

（2）具体内容和形式由宗教或传统规定，也不能由个人随意规定；

（3）举行时间可以是定期的，也可以根据需要在重要的时刻举行，场合可以固定，也可以临时选定；

（4）ritual 举行的目的多种多样，可以出于宗教信仰，也可以出于社会交往，甚至仅是娱乐的目的；

（5）ritual 在民俗中以多种形式存在，不仅仅是祭祀仪式。比如成年礼、加冕礼、总统就职礼、婚礼、葬礼、毕业典礼、俱乐部集会、运动会、万圣节等都是 ritual。（A ritual is a set of actions, often thought to have symbolic value, the performance of which is usually prescribed by a religion or by the traditions of a community by religious or political laws because of the perceived efficacy of those actions.

A ritual may be performed at regular intervals, or on specific occasions, or at the discretion of individuals or communities. It may be performed by a single individual, by a group, or by the entire community; in arbitrary places, or in places especially reserved for it; either in public, in private, or before specific people. A ritual may be restricted to a certain subset of the community, and may enable or underscore the passage between religious or social states.

The purposes of rituals are varied; they include compliance with religious obligations or ideals, satisfaction of spiritual or emotional needs of the practitioners, strengthening of social bonds, demonstration of respect or submission, stating one's affiliation, obtaining social acceptance or approval for some event — or, sometimes, just for the pleasure of the ritual itself.

Rituals of various kinds are a feature of almost all known human societies, past or present. They include not only the various worship rites and sacraments of organized religions and cults, but also the rites of passage of certain societies, oaths of allegiance, coronations, and presidential inaugurations, marriages and funerals, school "rush" traditions and graduations, club meetings, sports events, Halloween parties, veteran parades, Christmas shopping and more. Many activities

that are ostensibly performed for concrete purposes, such as jury tri-
als, execution of criminals, and scientific symposia, are loaded with
purely symbolic actions prescribed by regulations or tradition, and
thus partly ritualistic in nature. Even common actions like hand – sha-
king and saying hello are rituals.

　　In any case, an essential feature of a ritual is that the actions and
their symbolism are not arbitrarily chosen by the performers, nor dic-
tated by logic or necessity, but either are prescribed and imposed up-
on the performers by some external source or are inherited uncon-
sciously from social traditions. ①)

　　从整个儒家经典来看，"礼"用于宗教和民俗意义的场合并
不多，（如：麻冕，礼也。今也，纯俭，吾从众。拜下，礼也。）
而主要是指儒家所主张的一种社会礼仪制度，也是一种政治制度
（如：上好礼，则民莫敢不敬），以及在社会交往中的行为规范
（如：君子义以为质，礼以行之）。在《荀子》中，沃岑（Bur-
ton Watson）的翻译就出现了对"礼"的含义不加区分的问题。
例如："宜于时通，利以处穷，礼信是也。凡用血气、志意、知
虑，由礼则治通，不由礼则勃乱提僈；食饮，衣服、居处、动
静，由礼则和节，不由礼则触陷生疾；容貌、态度、进退、趋
行，由礼则雅，不由礼则夷固、僻违、庸众而野。故人无礼则不
生，事无礼则不成，国家无礼则不宁。诗曰：'礼仪卒度，笑语
卒获。'此之谓也。"② 沃岑译作 "It is appropriate when you are in
a time of success; it is profitable when you are living in hardship. It is
in fact what is meant by ritual. If all matters pertaining to tempera-
ment, will and understanding proceed according to ritual, they will be

---

① http：//en. wikipedia. org/wiki/Ritual
② 《荀子·修身篇》。

ordered and successful; if not they will be perverse and violent or slovenly and rude. If matters pertaining to food and drink, dress, domicile, and living habits proceed according to ritual, they will be harmonious and well regulated; if not they end in missteps, excesses, and sickness. If matters pertaining to deportment, attitude, manner of movement, and walk proceed according to ritual, they will be refined; if not they will be arrogant and uncouth, common and countrified. Therefore a man without ritual cannot live; an undertaking without ritual cannot come to completion; a state without ritual cannot attain peace. This is what is meant by the lines in the Odes: Their rites and ceremonies are entirely according to rule, their laughter and talk are entirely appropriate. ”本段文字中的“礼”，当然不简单指“礼仪”“礼节”。比如“故人无礼则不生，事无礼则不成，国家无礼则不宁”中的“礼”就是指一种社会规范和制度。译者一律译作 ritual，不仅没有区分“礼”的各种意思，而且把“礼”只看作了表面形式，就大错特错了。可见，ritual 一词用来翻译“礼”，只是在部分情况下是可以的。

第五，关于“ritual principles”和“the rules of proper conduct”。把“礼”翻译成“ritual principles”是把“礼”看成了“原则”，这在翻译作为制度和意识形态的“礼”时，意思还是比较接近的。但有的时候这样译就不行了。例如：故礼恭而后可与言道之方，辞顺而后可与言道之理，色从而后可与言道之致。① 诺布洛克译作“Thus, after ritual principles are respected in his actions, you can discuss with him the methods of the Way; after his speech is guided by ritual principles, then you can discuss the principles of the Way; and after his demeanor is obedient to ritual

① 《荀子·劝学篇》。

principles, then you can discuss the attainment of the Way. "明显是把具体礼节的"礼"和抽象规范的"礼"混淆了。

如果把"礼"翻译成"the rules of proper conduct", 回译过来是"适当行为规则"。而把"礼"仅仅说成是关于行为的东西, 就明显是降低了"礼"的地位和重要性。"礼"并非简单的外在行为, 而是德的外在表现, 是社会伦理的内在要求, 也是政治伦理的内在要求, 它实际上甚至已经上升为一种社会政治意识形态, 没有了这些重要内涵, 那么, 行为上表现即使再符合某些规则, 那也不是儒家所说的"礼"。比如: 不道礼宪, 以诗书为之, 譬之犹以指测河也, 以戈舂黍也, 以锥食壶也, 不可以得之矣。故隆礼, 虽未明, 法士也; 不隆礼, 虽察辩, 散儒也。达布斯 (Homer H. Dubs) 翻译成 "To try to act according to the Odes and History without making the rules of proper conduct your pattern, is like sounding a river with the fingers or using a spear to pound millet or using an awl in eating from a pot – it will not succeed. For if a person exalts the rules of proper conduct, although he may not be renowned, he will be a learned man of principle. If he does not exalt the rules of proper conduct, although he should investigate and discuss, he would be a useless scholar. "[①] 其中 rules of proper conduct 的确无力表达出"礼"的厚重内涵。

除以上译法以外, 理雅各还有一处把"礼"译作了"regulation", 另一处译作了"what is proper"。如: 殷因于夏礼, 所损益, 可知也; 周因于殷礼, 所损益, 可知也。其或继周者, 虽百世, 可知也。(The Yin dynasty followed the regulations of the Hsia: wherein it took from or added to them may be known. The Chau dynasty has followed the regulations of Yin: wherein it took

---

① 《荀子·劝学篇》。

from or added to them may be known. Some other may follow the Chau, but though it should be at the distance of a hundred ages, its affairs may be known.) 又如：信近于义，言可复也。恭近于礼，远耻辱也。因不失其亲，亦可宗也。(When agreements are made according to what is right, what is spoken can be made good. When respect is shown according to what is proper, one keeps far from shame and disgrace. When the parties upon whom a man leans are proper persons to be intimate with, he can make them his guides and masters.) 可以看出，regulation 的译法也不恰当。把"礼"翻译成"what is proper"则十分笼统，等于什么都没有翻译。若如此，什么样的好品德和好行为不可以译作"what is proper"呢？

第四节　"忠"的翻译

在《论语》中虽然"忠"字出现了16次，但关于"忠"字的命义却未见孔子直接做过解释。其原因大概是"忠"并不是孔子的发明，在《国语》就出现52次之多，在《左传》中也出现了50次。

关于"忠"的基本命义，《国语》可以是重要的参考。《周语上》云："考中度衷以莅之，昭明物则以训之，制义庶孚以行之。被除其心，精也；考中度衷，忠也；昭明物则，礼也；制义庶孚，信也。"① "中"即内心，"衷"亦内心。所谓"考中度衷"，即扪心自问的意思。换言之，忠即发自内心，而且能以己之心，度人之心。又如《周语》上内史兴有这样一段话："忠所以分也，仁所以行也，信所以守也，义所以节也。忠分则均，仁

① 《国语》卷一：《周语上》。

行则报，信守则固，义节则度。——中能应外，忠也；施三服义，仁也；守节不淫，信也；行礼不疚，义也。"① 意思是说，"忠"也就是己心能处于中正之位，不偏不倚，亦即"中能应外"之"忠"或"心"，上"中分"之"忠"，即是一种"人我平等"的思想观念。"忠"的这一命义另见于《国语·晋语二》："宫之奇谏而不听，出，谓其子曰：'虞将亡矣！唯忠信者能留外寇而不害。出阏以应外谓之忠，定身以行事谓之信。——夫国非忠不立，非信不固。'"所谓"出阏"即以发自内心的中正之心去对待别人，就是"忠"。这与《论语》中儒家的"忠""恕"之道是一脉相通的。《论语·里仁》曾子云："夫子之道，忠恕而已矣。"《说文解字》解释忠为："忠，敬也，尽心曰忠。"朱熹在《四书集注》将忠的含义也解释为："尽己之谓忠。"可见，孔子的"忠"是对周代春秋时期德行论的总结与继承。

《国语》里"忠"的思想其实已经涉及了君臣关系，但值得注意的是其并未脱离一般性的人与人关系的范畴。如："史苏朝，告大夫曰：'二三大夫其戒之乎，乱本生矣！日，君以骊姬为夫人，民之疾心固皆至矣。昔者之伐也，兴百姓以为百姓也，是以民能欣之，故莫不尽忠极劳以致死也。今君起百姓以自封也，民外不得其利，而内恶其贪，则上下既有判矣，然而又生男，其天道也？天强其毒，民疾其态，其乱生哉！'"② 这里"尽忠"指的是民众受国君仁德感化，尽心尽力为国家做事。又如：苟息曰："昔君问臣事君于我，我对以忠贞。君曰：'何谓也？'我对曰：可以利公室，力有所能，无不为，忠也。葬死者，养生者，死人复生不悔，生人不愧，贞也。"③ 苟息的意思很明确：

---

①　《国语》卷一：《周语上》。
②　《晋语一》。
③　同上。

事君"力有所能，无不为"即是"忠"。再如："不谋而谏，不忠。"（《晋语三》）"杀身赎国，忠也。"（《晋语四》）"自今以往，知忠以事君者，与詹同。""以谏取恶，不惮死进，可不谓忠乎！"（《晋语六》）皆言臣对君之忠。

"忠"在《国语》中并不仅用来指下对上的关系，也用来指上对下的关系。如郤叔虎对士劳说："今夕君寝不寐，必为翟柤也。夫翟柤之君，好专利而不忌，其臣竞谄以求媚，其进者壅塞，其退者拒违。其上贪以忍，其下偷以幸，有纵君而无谏臣，有冒上而无忠下。君臣上下各餍其私，以纵其回，民各有心而无所据依。以是处国，不亦难乎！君若伐之，可克也。吾不言，子必言之。"①"无忠下"是指翟柤国君对其国民的态度。

"忠"在《左传》里的含义似乎更加丰富和明确。与《国语》一样，"忠"也用来指君臣上下相互的关系：如《桓公》，"所谓道，忠于民而信于神也。上思利民，忠也"。又《宣公》："不忘恭敬，民之主也。贼民之主，不忠；弃君之命，不信。"可见，利民保民是"忠"的重要内涵。当然，"民皆尽忠以死君命"（《宣公》）也是"忠"的下对上的"忠君"内涵。所以《成公》中说："其为吾先君谋也则忠。忠，社稷之固也，所盖多矣。""忠"是事君的准则之一。

"忠"在《左传》中的第二义是为国。《昭公》中赵孟说："临患不忘国，忠也；思难不越官，信也；图国忘死，贞也；谋主三者，义也。"真正的忠臣是应该有"公家之利，知无不为"（《僖公》）和为国捐躯的精神的。所以《襄公》中说："君薨，不忘增其名；将死，不忘卫社稷，可不谓忠乎？忠，民之望也。"

"忠"的第三义是做事要尽心，与《论语》中的"执事敬"是同一个意思。《闵公》中羊舌大夫曰："违命不孝，弃事

---

① 《晋语一》。

不忠。"

　　"忠"的第四义是做事无私心。《成公》中说："不背本，仁也；不忘旧，信也；无私，忠也；尊君，敏也。"只要无私心，做事情就能成功。

　　在《论语》中，"忠"首先是一种美德。孔子说："主忠信，徙义，崇德也。""君子有九思：视思明，听思聪，色思温，貌思恭，言思忠，事思敬，疑思问，忿思难，见得思义。"曾子曾说："夫子之道，忠恕而已矣。"在这一点上，"忠"是人的"心性"。其次，"忠"是一种社交原则，是一种德行。孔子说："居处恭，执事敬，与人忠。虽之夷狄，不可弃也。"再次，"忠"就是一种政治伦理。《论语·八佾》中孔子也涉及了"忠"的君臣关系这一命义："定公问：'君使臣，臣事君，如之何？'孔子对曰：'君使臣以礼，臣事君以忠。'"但其精神仍是君臣之间相互尊重，而不是后世董仲舒、程朱等所提倡的"愚忠"。

　　《孟子》中"忠"字共出现8次，基本沿用了"忠"的传统命义。但是孟子还说"教人以善谓之忠"（《孟子·滕文公上》），这是《论语》中不曾有的思想命题。

　　《荀子·君子》篇："忠者，敦慎此者也。"荀子把敦慎称为忠，这里仍与孔子"忠"一致。这可以看作荀子对"忠"的广义解说。而在《臣道》篇，荀子言"忠"只及于君王："从命而利君谓之顺；逆命而利君谓之忠；敬而不顺者，不忠也。"[①] 这里荀子谈忠，指的主要就是君臣关系，突出了臣应如何忠于君的思想。

　　到了汉代，杰出的思想家、政治家贾谊在其《新书》中多次谈到了"忠"，他对忠的解释是对孔学的进一步论述，也是基于爱民的思想。而西汉今文经学大师董仲舒在其《春秋繁露》

---

　　① 《荀子·臣道篇》。

中提出了所谓的"王道三纲"。从此，孔孟儒学大变，"忠"由原来的儒家（孔子）的伦理范畴而一跃成为重要的政治道德范畴，其含义主要是指对臣民君主忠贞不贰。即《忠经》上所谓"忠能固君臣、安社稷、感天地、动神明，而况人乎，忠兴于身，着于家，成于国，其行一也"。

直至宋代，程朱更是对三纲大力宣扬。此后的忠，更成了传统社会的最高道德。自班固的《汉书》以下，《晋书》、两《唐书》、《宋史》、《金史》、《元史》、《明史》、《清史稿》都设有《忠义传》。不过，确切来说，自荀子始对忠的解释就已不同于孔孟。《荀子·君道篇》中先是把"顺"与"忠"相提并论，主张"以礼侍君，忠顺而不懈"，进而说"逆命而利君谓之忠，逆命而不利君谓之篡"，其中已经有了君权至上的思想端倪，可视为程朱之愚忠思想的滥觞。

总而言之，先秦从孔子以至于荀子"忠"的基本命义是比较一致的，主要是指尽己之心对人美德、君臣之间的相互关系，以至于个人与国家的关系，同时也是社会活动中个人的行事准则。至于愚忠的含义则不属于早期儒家思想的主流内涵。

那么，在儒家经典的英译本中，"忠"的翻译应该如何呢？

综观理雅各、刘殿爵、韦利、诺布洛克、莱耶尔五家译文，"忠"的译法主要有以下几种：

（1）sincere

（2）faithful

（3）loyal/loyalty/loyally

（4）honorable

（5）the principles of our nature

（6）trustworthy

（7）do one's best

（8）undeviating consistency

（9）conscientious

首先，关于"sincere"。根据 Merriam - Webster's Online Dictionary，sincere 的意思主要是强调不虚伪，不假装，不夸饰等（sincere stresses absence of hypocrisy, feigning, or any falsifying embellishment or exaggeration）。[①] 因此，从根本上说，sincere 一词与"忠"的基本命义是不相符合的。如："居处恭，执事敬，与人忠。虽之夷狄，不可弃也。"理雅各译作"It is, in retirement, to be sedately grave; in the management of business, to be reverently attentive; in intercourse with others, to be strictly sincere. Though a man go among rude, uncultivated tribes, these qualities may not be neglected."还要把"sincere"前面加上"strictly"一词，就显得译者仿佛觉得 sincere 不足以表达忠的涵义。从表面上看，sincere 确是有真诚的含义，但细究起来，其味道还是不同，这就如同 unfeigned 一样，sincere 主要是从反面说出"真诚"之意，即不虚伪，不假装，因此用它来表达"忠"的概念并不合适。严格来说，不虚伪，不假装从逻辑上讲并不等于真诚，因此不够准确。更何况，儒家的"忠"也不仅仅是真诚，它同时还有"恕"的内涵。相比之下倒不如 wholehearted 来得中肯。

其次，关于"faithful"和"loyal"。根据 Merriam - Webster's Online Dictionary，faithful 的基本含义是对感情和对应承担的义务不改初衷（steadfast in affection or allegiance: loyal），与 loyal 基本上同义（faithful implies unswerving adherence to a person or thing or to the oath or promise by which a tie was contracted.）。陆谷孙《英汉大辞典》中将其解释为"忠实的""忠诚的"。loyal 的基本含义是指忠贞、不动摇。可以分为三个方面：一是忠诚于国君或政府，二是忠诚于某个人，三是忠诚于某一事业、理想、风俗

习惯等（Loyal：unswerving in allegiance：as a：faithful in allegiance to one's lawful sovereign or government b：faithful to a private person to whom fidelity is due c：faithful to a cause, ideal, custom, institution, or product）。陆谷孙《英汉大辞典》将其解释为：（对爱情、诺言、理想、职责等）忠诚的，忠贞不渝的。由此可见，不管是 faithful 还是 loyal，其前提或者说起因是一种先在的和人为的，也是外在的"义务"或"责任"，而不是一种本质的修养或者说"德性"。而儒家的"忠"则恰恰相反，它首先是一种内在的德，即"己欲立而立人，己欲达而达人"和"己所不欲，勿施于人"之心，或者说公平正义之心，并以此心度他人之心。"忠"的起因绝不是某一种具体的诺言或者义务，"忠"作为德，作为圣人之道，它体现的是人间大道，是人类的根本精神和道德情感，它的终极关怀不是具体某一个集团的利益，而是整个人类的和谐与幸福。因此，用 faithful 或 loyal 去翻译一般人文道德意义上的"忠"，委实是以石补天，十分局限。那么能否用其来翻译"君臣关系"之"忠"呢？根据上文的论述，包括《论语》在内的先秦儒家经典，其所谓"忠"都是"道德"意义上的"忠"，而不是狭义的臣对君的绝对服从，或者说愚忠。因此，在先秦所有儒家经典的翻译中，这两个词都不适合。

再次，关于"honorable"。根据 Merriam - Webster's Online Dictionary 的解释，honorable 的本义是可敬、光荣，其第四和第五义才是行为上守信、忠贞，以及忠实。（4. a：attesting to creditable conduct，b：consistent with an untarnished reputation〈an honorable withdrawal〉5：characterized by integrity：guided by a high sense of honor and duty）我们认为，翻译这样重要的思想概念，还是要采用词的第一义来翻译，像 honorable 一词，其"忠贞"、"重实"之义比较生僻，很少有人了解，所以用这个词来翻译儒家的"忠"，很容易引起误会，更何况，其含义与儒家"忠"的

含义也相差甚远。不过，这个词在所有的译文中，在这个意义上只用过一次。第五种译法"undeviating consistency"，第六种译法"trustworthy"同样存在上述问题，此不赘述。

复次，关于"do your best"。在大多数情况下，刘殿爵在翻译时用了这一解释性的方法，如 do your best, do his best 等等，如刘殿爵把"居处恭，执事敬，与人忠。虽之夷狄，不可弃也"译为"While at home hold yourself in a respectful attitude; when serving in an official capacity be reverent; when dealing with others do your best. These are qualities that cannot be put aside, even if you go and live among the barbarians."乍一看，"do your best"的确近乎"忠"之"尽己所能"之意。但是深入分析起来，"do your best"只是一个外在的行为而已。可以这样来设想，一个人在对待另一个人时，完全可以在行为上做到"尽己所能"，但同时在内心，这种"尽己所能"完全可以是违心的，甚至是一种为了达到某一个人目的而采取的权宜之计。因此，如果仅仅是纯外在行为上的"尽己"，还并不是儒家所立的"忠"，"忠"所要求的是由内及外的心与行的高度一致，是一种高尚的德行。首先有心，然后有行，即"中能应为"、"力所有能，无不为"，才是"忠"。因此，仅从命义的方面来说，这个译法就是不合理的。而从术语翻译的简洁性和直接性原则上来说，同样如此。

最后，关于 conscientious。conscientious 是 conscience 的形容词形式。根据 Merriam – Webster's Online Dictionary, conscience 的本义是：a: the sense or consciousness of the moral goodness or blameworthiness of one's own conduct, intentions, or character together with a feeling of obligation to do right or be good; b: a faculty, power, or principle enjoining good acts, 相当于汉语的"良心"。陆谷孙的《英汉大辞典》将其解释为"良心，道德心"。维基百科全书（Wikipedia）对此解释得更为具体些，认为 conscience 是

一种甄别是非的能力，亦即"是非心"，但它同时指出，此"是非心"在西方哲学史上一直是争论的焦点。也就是说，不同的历史时期，"是非"的标准不同，故"是非心"也就不会一致（Conscience is a hypothesized ability or faculty that distinguishes whether our actions are right or wrong. In plain English, it is a person's inner sense of what is right or what is wrong morally. It leads to feelings of remorse when we do things that go against our moral values, and to feelings of rectitude or integrity when our actions conform to our moral values. It is also the attitude which informs our moral judgment before performing any action. The extent to which such moral judgments are based in reason has been a matter of controversy almost throughout the history of Western philosophy.）而儒家的"忠"则是永恒的人性本质和道德情感，他是经世不移的，正所谓"人同此心，心同此理"。因此，conscientious 和 conscience 与"忠"仍然有一定的差距，亦非理想的译法。

第五节　"孝"的翻译

在儒家家庭伦理当中，"孝"可谓最重要的品德，被看为人子的基本准则。那么什么是"孝"呢？孔子曾经对孟懿子说，"孝"就是不要违背父亲的意愿，即"无违"。他还告诉樊迟说，"孝"即"生，事之以礼；死，葬之以礼，祭之以礼"。也就是说，父母在时，要以符合礼义的要求的言行来对待他们；死的时候，要以符合礼义要求的仪式来安葬他们，并要以符合礼义要求的仪式来祭奠他们。"孝"的第二种含义是"敬"。他对子游说："今之孝者，是谓能养。至于犬马，皆能有养；不敬，何以别乎。"意思是说，动物凭本能也能养老者，为人子养老而敬老，才称得上"孝"。"孝"的另一要义是子承父志。孔子说："父在，观其志；父没，观其行；三年无改于父之道，可谓孝矣。"
另外，"孝"是不让父母为自己操劳担忧。孔子对孟武伯说：
"父母唯其疾之忧。"意思是说，除了健康之外不要让父母为自
己担忧，才算得上孝。

那么，"孝"的翻译效果如何呢？

"孝"在理雅各、刘殿爵、韦利等人的译本中主要有以下几
种译法：

(1) filial

(2) filial piety

(3) filial obligations/duty

(4) a good son

(5) behave well towards their parents

(6) treatment of parents.

(7) obedient (to one's parents)

(8) dutiful

首先，就 filial 一词来说，其本义是"子女的、与子女有关
的或适合子女的"(Of, relating to, or befitting a son or daughter)；
或者"子女的：具有或承担起子女或后代对父母的关系的"
(Having or assuming the relationship of child or offspring to par-
ent.)。① 其本身并不含有儒家所规定的子女对父母所应承担的义
务。更没有"礼"、"敬"、"顺"、"养"、"葬"等内容。因此，
filial 不足以表达出"孝"的意思。

若将 filial 与 piety 连用，piety 有"忠诚于自然义务（如对
父母的义务）" [fidelity to natural obligations (as to parents)]②，
那么，filial piety 可以表达出子女对父母应该担负应有责任之意，

---

① http：//www. merriam – webster. com/dictionary/filial
② http：//www. merriam – webster. com/dictionary/filial

但似乎仍然无法表达"孝"的全部含义。但是，相对 filial 来讲，这已经是一个比较好的译法，已经被维基百科全书收为一个词条：Filial piety, one of the virtues in Confucian thought。[①] 若要这种译法反映"孝"全部含义，还需要在适当的地方，比如在前言中，对"filial piety"做出详尽的解释。"Filial obligation/duty"的意思是"子女的义务"，确切地讲，它指的是法律规定的子女的义务。而"孝"则是一种伦理道德，是"孝心"，是一种自愿行动，两者之间的性质是完全不同的。与"filial piety"比较起来，用"filial obligation/duty"来翻译"孝"就更加不疼不痒了。例如：妻子具而孝衰于亲，嗜欲得而信衰于友，爵禄盈而忠衰于君。(《荀子·性恶篇》) 达布斯 (Homer H. Dubs) 译作 When a man has a wife and children, his filial duty to his parents decreases; when sensual desires are satisfied, then faithfulness between friends decreases; when his desire for noble title and high salary is satisfied, then his faithfulness towards his prince decreases. 诺布洛克译作 When a man has both wife and child, the filial obligations that he observes toward his parents decrease. When he has satisfied his desire and obtained the things he enjoys, his good faith toward his friends withers away. When he has fully satisfied his desire for high office and good salary, his loyalty to his lord diminishes. 两种译法实际上都是与原文貌合而神离的。

"a good son"是刘殿爵的译法。孝子应该是一个好儿子，但好儿子，尤其是英美人眼中的"好儿子"，并不就是儒家的"孝子"，此两者的内涵是不一样的。比如，儒家讲的孝子要"父母在不远游，游必有方"。在西方，尤其是美国，好儿子应该在四方。

刘殿爵还在《孟子》中把"孝"译作"obedient"："于此有

---

① http://en.wikipedia.org/wiki/Filial

人焉，入则孝，出则悌。"（《孟子·滕文公下》）（Here is a man. He is obedient to his parents at home and respectful to his elders abroad。）obedient 的意思是"顺从"，但这只是孝的一种表现，一个方面，不能等于"孝"本身。比如一个人只是表面上顺从父母，心里却对父母不敬、不爱，那就不是"孝"。另外，刘殿爵还将"孝"译作了"dutiful"，如："不甚，则身危国削，名之曰'幽'、'厉'，虽孝子慈孙，百世不能改也。"（《孟子·离娄上》）（Such rulers will be given the posthumous names of "Yu" and "Li", and even dutiful sons and grandsons will not be able to have them revoked in a hundred generations.）我们的看法是，dutiful 虽然可以表达"孝"的一部分意思，但它也有"孝"所不具备的意思，比如一个责任义务心（dutiful）强的人，不一定是"顺从"的人。也就是说，尽责是不等于尽孝的。

韦利在不同的上下文对"孝"分别使用了"behave well towards their parents"和"treatment of parents"的译法，同时还使用了"filial piety"和"a good son"的译法。这样做，表明译者对"孝"的意思做了区别对待。一，孝是一种行为；二，孝是一种态度和内心修养；三，孝是指整个的人，即孝子。但这些译法中，"treatment of parents"只能表达对待父母的方式，并不是孝。"behave well towards their parents"在适当的上下文可以用来表示孝行，但在"其为人也孝弟"中"孝"既指内心也指行为，具有双重意义，韦利用"behave well towards their parents"翻译并不恰当。

其实，"孝"在英文中有一个音译，就是 Hsiao。这一条已经写进了维基百科全书：Pinyin Xiao (Chinese："filial piety")，Japanese Ko in Confucianism, the attitude of obedience, devotion, and care toward one's parents and elder family members that is the basis of individual moral conduct and social harmony. Hsiao consists in putting the needs of parents and family elders over self, spouse, and children, deferring to parents' judgment, and observing toward them the prescribed behavioral proprieties. (from Britainica online)

第六节　"君子"的翻译

"君子"是儒家道德理想中的重要的人格概念，因而也是我国文化中的一个重要概念。"君子"一词自古就有，但起初并非人格概念。在我国古籍中有"君子"一词的最早文献是《诗经》。在《诗经》中，"君子"主要是指上流社会里的人，比如卿士大夫，乃至天子，常与"小人"一词对举。当然这里的"小人"也不是人格概念，而是指一般平民。例如《关雎》开篇：关关雎鸠、在河之洲。窈窕淑女、君子好逑。这里的"君子"按毛亨的解释："言后妃有关雎之德，是幽闲贞专之女，宜为君子之好匹。"指的是周文王。而《君子偕老》："君子偕老，副笄六珈。委委佗佗，如山如河，象服是宜。"在这里，君子又是卿士大夫之流，不然其夫人如何能"副笄六珈"，装束得如此华贵？再如《草虫》："喓喓草虫，趯趯阜螽。未见君子，忧心忡忡。亦既见止，亦既觏止，我心则降。"孔颖达《毛诗正义》曰："作《草虫》诗者，言大夫妻能自防也。"[1]　而《汝坟》："遵彼汝坟、伐其条枚。未见君子、惄如调饥。遵彼汝坟，伐其条肄。既见君子，不我遐弃。"[2] 按毛传所说，此诗是"言此妇人被文王之化，厚事其君子"，"君子"指的应是一般平民。到春秋时期，君子的这一涵义仍被沿用。《国语》中有"君子务

---

①　李学勤：《十三经注疏标点本·毛诗正义》，北京大学出版社1999年版，第69页。

②　同上书，第56页。

治，小人务力"之语，而《左传》中也有"君子劳心，小人劳力"之语。

在《论语》中，"君子"则已经被正式转化为一个人格概念，这大概是出于"君子"曾经可以用来指天子和卿士大夫的缘故。儒家思想伦理道德的最高境界是"仁"，但是，落实到个人的具体修养上，"君子"则是"仁德"的承载者，因此是儒家理想的人格典范。

君子的内涵十分丰富。具体来说，君子的第一品格是"仁"。子曰："富与贵，是人之所欲也，不以其道得之，不处也。贫与贱，是人之所恶也，不以其道得之，不去也。君子去仁，恶乎成名？君子无终食之间违仁，造次必于是，颠沛必于是。"① 在孔子看来，作为君子就必须重视仁德修养，不论在任何条件下，都不能离开仁德。同时曾子认为，君子重视仁德修养还必须注意三个方面的规范：一是"动容貌，斯远暴慢矣"；二是"正颜色，斯近信矣"；三是"出辞气，斯远鄙倍矣"②。也就是说，君子要严肃自己的容貌，端正自己的脸色，注意自己的言辞。只有这样才能使人对你尊敬和信任。同时，孔子还认为"君子泰而不骄"③，"矜而不争，群而不党"④，"病无能焉，不病人亡不己知"，"疾得世而名不称焉。"称君子与小人的区别在于："君子求诸己，小人求诸人。"⑤ 即作为君子应心境安宁而不傲慢，态度庄重而不与人争名夺利，能合群而不结党营私；君子要重视道德修养的提高。

君子的第二品格是趋义远利。孔子认为，君子和小人之间的

---

① 《论语·里仁》。
② 《论语·泰伯》。
③ 《论语·子路》。
④ 《论语·卫灵公》。
⑤ 《论语·卫灵公》。

差别还在于具有不同的生活态度和不同的人生追求。他认为，
"君子喻于义，小人喻于利。"① "君子谋道不谋食。" "君子忧道
不忧贫。"② "君子怀德，小人怀土；君子怀刑，小人怀惠。"③
也就是说，作为君子只有重视道义，追求道义，才能与小人区别
开来，才能真正体现君子的精神。同时，孔子还认为，君子必须
言行一致，表里如一，即所谓"君子欲讷于言，而敏于行"④，
"先行其言而后从之"⑤。

　　君子的第三品格是严于律己。孔子曰："君子有三戒：少之
时，血气未定，戒之在色；及其壮也，血气方刚，戒之在斗；及
其老也，血气既衰，戒之在得。"又曰："君子有三畏：畏天命，
畏大人，畏圣人之言。"⑥ 孔子认为，君子除了自我修养，还要
重视用"戒、畏、思"几项标准严格要求自己。这些思想从不
同角度提出了对君子的要求，概括起来有三点：一是要随时注意
戒除个人的欲念；二是处事中要有敬畏之心，防止肆无忌惮；三
是认真处理，随时严格要求自己。《论语·季氏》中说："君子
有九思：视思明，听思聪，色思温，貌思恭，言思忠，事思敬，
疑思问，忿思难，见得思义。"这可以看作君子言语行为的总原
则。

　　君子的第四品格是大公无私。《论语·为政》：君子周而不
比，小人比而不周。同时还要"和而不同"；《论语·子路》：
"君子和而不同，小人同而不和。"孔子认为，君子之间的交往
应该做到"周而不比"，即不是一种因于私利的相互勾结，而是

① 《论语·里仁》。
② 《论语·卫灵公》。
③ 《论语·里仁》。
④ 同上。
⑤ 《论语·为政》。
⑥ 《论语·季氏》。

一种为大道的精诚团结。

　　下面来讨论"君子"的翻译问题。

　　根据"君子"在文中的不同含义，主要有以下主要译法：

（1）superior man

（2）gentleman

（3）a man of complete virtue

（4）men of superior virtue

（5）a man of real talent and virtue

（6）good and wise men

（7）person in authority

（8）a man in authority

（9）men of a higher rank

（10）men of a superior grade

（11）the officer

（12）the accomplished scholar

（13）the great princes

（14）prince

（15）virtuous prince

（16）the true ruler

（17）a governor

（18）Chün – tsze

（19）student of virtue

（20）a sovereign sage

　　以上译法大体可以分为四种意思：一是大德之人，二是君主，三是公卿大夫，四是学者。除了 gentleman 以外，其他的主要都是理雅各的译法。刘殿爵、诺布洛克在翻译时基本上借用了理雅各的译法。那么这些译法的合理性如何呢？

　　先看 superior man 一词。

在《论语》和《孟子》中，理雅各和刘殿爵都主要使用了 superior man 的译法。例如，"君子喻于义，小人喻于利"一句，理雅各译作：The mind of the superior man is conversant with righteousness; the mind of the mean man is conversant with gain. "君子怀德，小人怀土；君子怀刑，小人怀惠。"理雅各译作：The superior man thinks of virtue; the small man thinks of comfort. The superior man thinks of the sanctions of law; the small man thinks of favours which he may receive. 其实，superior 主要的意思是"位置在上的"（situated higher up）[1] "职位、品质、重要性更高的"（of higher rank, quality, or importance）和"品质更好、优秀"（greater in quantity or numbers; excellent of its kind）[2] 的意思。如果取其第三义，那么，superior man 可以理解为"品德在上的人"，意思近乎"君子"之义。但是，一个译法应该只对应于一种意思，所以 superior man 用于指表示君主的"君子"就是错误的，上文第二例即是。在《论语》和《孟子》中表示君主之义的"君子"有很多，如果用 superior man 来翻译，就都构成了错误。再举一例：子谓子产："有君子之道四焉：其行己也恭，其事上也敬，其养民也惠，其使民也义。"（论语·雍也第六）理雅各将其译作了：The Master said of Tsze-ch'an that he had four of the characteristics of a superior man – in his conduct of himself, he was humble; in serving his superior, he was respectful; in nourishing the people, he was kind; in ordering the people, he was just. 此句中的"君子"也是指君主，理雅各却仍使用了 superior man。

同一个概念最好用统一的译法，理雅各在这一方面注意得不够。他在译文中同时使用了数种译法来表达"君子"的这种含

---

① http://www. merriam-webster. com/dictionary/superior

② 同上

义，如 a man of complete virtue, men of superior virtue, a man of real talent and virtue, men of a superior grade, good and wise men 等。这些译法与 superior man 意思虽然相近，但在很大程度上破坏了概念的统一性，并不可取。

当然，君子是不是应该译作 superior man 还是需要探讨的。值得注意的是，理雅各在《论语》的翻译中，还使用了一次音译法 Chün－tsze：子曰："君子无所争。必也，射乎！揖让而升，下而饮。其争也君子。" The Master said, "The student of virtue has no contentions. If it be said he cannot avoid them, shall this be in archery? But he bows complaisantly to his competitors；thus he ascends the hall, descends, and exacts the forfeit of drinking. In his contention, he is still the Chün－tsze." 这里理雅各给我们的启发是，"君子"在"大德之人"这一意义上是可以统一用拼音来翻译的。不过，如果用音译法，则应该用现代汉语拼音 Junzi。实际上，merriam－webster 中，在解释"gentleman"词条时，实际上已经使用了 Junzi 这种说法。①

但是，如果指君主，就可以译作 the great princes, prince, viruous prince, the true ruler, a governor, a sovereign sage 等。如果指卿士大夫，那么"君子"最好根据具体情况分别进行翻译，如 person in authority, a man in authority, men of a higher rank, officer 等都是可以的。如果君子指的是学者，那么可以译作 scholar。理雅各等在《论语》和《孟子》的译文中分别作了以上区分，基本上是适当的。例如：

（1）周公谓鲁公曰："君子不施其亲，不使大臣怨乎不以。故旧无大故，则不弃也。无求备于一人。"

The duke of Chau addressed his son, the duke of Lu, saying,

---

① http：//www. merriam－webster. com/dictionary/gentleman

"The virtuous prince does not neglect his relations. He does not cause the great ministers to repine at his not employing them. Without some great cause, he does not dismiss from their offices the members of old families. He does not seek in one man talents for every employment."（理雅各）

（2）子曰："君子惠而不费，劳而不怨，欲而不贪，泰而不骄，威而不猛。"子张曰："何谓惠而不费？"子曰："因民之所利而利之，斯不亦惠而不费乎？择可劳而劳之，又谁怨？欲仁而得仁，又焉贪？君子无众寡，无小大，无敢慢，斯不亦泰而不骄乎？君子正其衣冠，尊其瞻视，俨然人望而畏之，斯不亦威而不猛乎？"

The Master said, "When the person in authority is beneficent without great expenditure; when he lays tasks on the people without their repining; when he pursues what he desires without being covetous; when he maintains a dignified ease without being proud; when he is majestic without being fierce."（理雅各）

（3）君子创业垂统，为可继也，若夫成功，则天也。

A prince lays the foundation of the inheritance, and hands down the beginning which he has made, doing what may be continued by his successors. As to the accomplishment of the great result, that is with Heaven.（理雅各）

（4）狄人之所欲者，吾土地也，吾闻之也，君子不以其所以养人者害人，二三子何患乎无君，我将去之。

What the Ti tribes want is our land. I have heard that a man in authority never turns what is meant for the benefit of men into a source of harm to them. It will not be difficult for you, my friends, to find another lord. I am leaving.（刘殿爵）

What the barbarians want is my territory. I have heard

this，——that a ruler does not injure his people with that wherewith he nourishes them. My children, why should you be troubled about having no prince. I will leave this. （理雅各）

（5）子曰："君子不重，则不威；学则不固。主忠信。无友不如己者。过则勿惮改。"

The Master said，"If the scholar be not grave, he will not call forth any veneration, and his learning will not be solid. 'Hold faithfulness and sincerity as first principles.' Have no friends not equal to yourself. When you have faults, do not fear to abandon them." （理雅各）

（6）子曰："君子不器。"

The accomplished scholar is not a utensil. The Superior Man is not a utensil. （理雅各）

再看 gentleman 的译法。

关于 gentleman 一词，《韦伯新世界高阶英语词典》的解释是：1. 态度谦虚、有礼貌，受过良好教育的男子；2. 形容男子有礼貌，无论他的社会地位与举止；3. 上层社会的男子，尤其是指那些有独立收入的人；4. 在英国历史上，指那些出身虽然谈不上高贵但却被赋予铠甲的男子。而《牛津简明英语词典》的解释也大致与上引相同：1. 有礼貌或者举止正式的男子；2. 有骑士风度、谦逊，或者受过良好教育的男子；3. 有良好社会地位，或者生活宽裕悠闲的男子；4. 与皇室有关，出身高贵的男子。

gentleman 在英语里，是一个意义发生了游移和变化的词语。它是从法语 gentilhomme 这一复合词派生出来的，由两部分组成，gentil 是"有身份人家"的意思，后来转意为讨人喜欢，富有魅力。homme 是人的意思。gentil 的第二个意思是与洒脱、举止得体、上等的、出身良好的人所必具的品格联系在一起的。在进入现代社会之前，gentleman 首先意味着显赫的社会和经济地位（social and economic status），基本上不包含品德的含意。一个绅士，是不需要工作的，他天生就拥有政治地位和经济保障，所以他才可以受到很好的教育，他才可以总是打扮得一丝不苟。这就是中世纪，绅士总是与贵族和良好家庭出身相联系的原因。

然而，很早以前，英格兰就开始有了单凭出身不能成为绅士的观念，对凭借出身享受特权的阶级已开始萌生出憎恶的思想。由 14 世纪的革命家琼·保尔唱红的一首歌的歌词是这样的："亚当耕耘，夏娃织布，其时绅士在何处？"同样在 14 世纪，英格兰也在滋长着另一种观念，即不注重出身，而注重当绅士的必备条件。当时有这样一首歌："诚实、慈爱、自由和勇气，四项之中缺三项，不能称之为绅士。"被称为"英国诗歌之父"的乔叟也肯定了这种新的绅士观念。威廉·哈里逊说："君子就是那些以血统和地位，起码是以品德而闻名且高贵的人。"① 在莎士比亚时期，绅士的最重要标志是着一身铠甲。经过 16—18 世纪的发展，西方逐步形成了绅士主要是以人的教养和德性来衡量，而不是以人的地位而确定的观念。如英王詹姆士一世以"从男爵"封人却不以"绅士"封人，同样，在 18 世纪末期，伟大的威灵顿②曾公开说："威尔士亲王埃伯特（皇太子）不是绅士。"可见，西方的绅士虽最初也包含有身份、有地位的意思，但后来逐步发展为主要强调有教养、有礼貌、有道德的意思。·

随着社会的发展，gentleman 旧的含义逐渐消失，其现在的含义更侧重于礼貌、恭敬（polite，considerate，respectful）等。

从以上分析可见，gentleman 是西方社会长期以来的文化传

---

① 　http：//en. wikipedia. org/wiki/Gentleman
② 　威灵顿（1769—1852 年），英国统帅、首相。

统概念，其涵义从出身标志和社会地位逐步演变为人品。它与儒家的"君子"的人格概念虽有相似之处，差异却是巨大的。比如，西方的 gentleman 必须是服装得体，出身高贵，而儒家却恰恰推崇"一箪食，一瓢饮""富贵不能淫，贫贱不能移，威武不能屈"的君子品格。西方的 gentleman 可以对女士献殷勤，而儒家的君子却万万不会如此。因此在翻译中用 gentleman 翻译"君子"，从根本上说是不合理的。

再看 a man of complete virtue、men of superior virtue、a man of real talent and virtue、good and wise men。这些词指的都是全德意义上的"君子"。从上述"君子"的内涵上来看，这些译法比 superior man 和 getleman 要贴切得多。

其他的词如 person in authority、a man in authority、men of a higher rank、men of a superior grade、the officer、the accomplished scholar、the great princes、prince、virtuous prince、the true ruler、a governor 可以分别用来翻译上至天子下至卿士大夫等统治者意义上的"君子"。

至于 student of virtue 只能用来翻译当学者来讲的"君子"。

君子究竟应该怎样翻译才好？这个问题的解决办法可以是：将"君子"区别对待，按照其不同的含义进行翻译。

囿于篇幅，我们在此仅有代表性地讨论了几个儒家思想核心概念的翻译问题，但从中足以看到这些翻译与核心概念本原含义存在的巨大差距，这是儒家思想对外翻译中的一个十分关键的问题，直接关乎具体文本内容翻译的成败。这一问题应该引起我们足够的重视。

第五章　儒家思想在西方的传播

第一节　19世纪末以前西方传教士与
汉学家对儒家思想的传播

一　传教士对儒家思想的传播

随着欧洲逐渐走出"黑暗"的中世纪，西方国家踏上了发展资本主义的道路。为了积累原始资本，欧洲列强依靠坚船利炮竭力向世界各地扩张。同时期的中国虽然处于封建统治之下，仅有些许资本主义的萌芽，但有着几千年历史的农业和手工业已发展到相当高的水平，商品经济也有一定程度的发展，当时的经济实力领先于欧洲诸国。中国的丝绸、瓷器等价廉物美，成为欧洲人竞相追逐的珍品。因此，中国成了欧洲强国向远东地区进行贸易扩张的主要对象。与此同时，罗马教皇借助于葡萄牙、西班牙等国的炮舰，不断向东方国家扩展宗教文化殖民势力，这样从16世纪开始，基督教开始了在中国的第三次传播。[①]

最先进入中国的传教士大多是天主教的耶稣会士。根据法国耶稣会士荣振华（Joseph Dehergne，1903—1990年）撰述的《在华耶稣会士列传及书目补编》一书的记载，仅在明清之际欧洲派遣来华的耶稣会士就达800人左右。除耶稣会之外，还有属

[①]　通常认为基督教第一次传入中国是在唐代，称为波斯教、景教；第二次是在元代，称为也里可温教。

于多明我会、方济各会、奥斯汀会，以及遣使会、巴黎外方传教会、教廷传信部、冉森派和嘉布遣派等天主教组织。[①] 随着来华教士规模的不断扩大和中国文化的日益西渐，教会各派之间展开了旷日持久的有关中国的"礼仪之争"。后来，这种文化之争逐渐演变成为罗马教皇与中国皇帝的权威之争。康熙皇帝针对罗马教皇提出的否定中国礼仪的态度，宣布全国禁教，驱逐传教士。到雍正年间，全国 200 余所教堂被捣毁，2000 名耶稣会士被逐往澳门。至此以耶稣会士为主的在华传教活动暂时进入低潮。

进入 19 世纪，随着西方国家民族主义、殖民主义和帝国主义的发展与高涨，再次掀起了到中国传教的高潮。这一时期，欧美等国的基督教新教传教士从马礼逊开始，纷纷踏上前往中国传教的旅途。这些新教传教士与明末清初之际来华的耶稣会士不同，他们中的一些人在传教过程中，帮助其所派遣的国家、教会谋取和维护在中国的非法利益，有的直接参与对华不平等条约的制定，从一定意义上讲，他们就是文化殖民者。因此在他们的传教"事业"上写下了极不光彩的一页。

从主观上讲，西方传教士来华的主要目的和使命是在中国传播天主教，让尽可能多的中国人信奉天主教。然而，这些传教士客观上同时扮演了两种角色：一方面，他们带来了西方先进的科学知识，与中国学者合作编译欧洲的学术著作，帮助中国人观察天文、绘制地图、铸炮造船，传授西方的绘画、音乐技艺等等；另一方面，传教士们出于传教的需要，努力学习汉语，刻苦攻读和研究中国经典著作，探索中国文化的精髓，并源源不断地将其研究成果通过翻译和著述的方式传回欧洲，"中学西渐"由此发轫。

---

① 　许正林："明清之际西方传教士与中学西传"，《文化中国》2004 年第 3 期。

　　从明末（16 世纪末）至清末（19 世纪末），基督教两次传入中国的三百年间，无论是耶稣会士还是新教传教士，把毕生精力投入到中国儒家思想的研究和传播中的可以说不胜枚举。《明心宝鉴》是最早被翻译成西方语言的汉语典籍，由多明我会会士高毋羡（Juan Cobo）于 1590 年译成西班牙文。《明心宝鉴》是启蒙读物，内容主要是训诲幼童的格言。虽然其中的文献不算严格意义上的儒家经典，但确实开了中国文化典籍翻译的先河。1593 年，意大利传教士利玛窦率先将《大学》、《中庸》、《论语》、《孟子》翻译成拉丁文，寄回意大利出版发行。从此便拉开了传教士翻译、编译儒家经典的序幕。之后，1626 年，比利时会士金尼阁译《五经》为拉丁文。1662 年，金尼阁与葡萄牙会士郭纳爵又合译《四书》，把《大学》易名为《中国之智慧》。到 18、19 世纪，卫方济、白晋、马若瑟、宋君荣、顾赛芬、马礼逊、理雅各等把儒家的经典《中庸》、《孝经》、《诗经》、《礼记》、《书经》、《易经》等陆续译出了多种版本，向欧洲传播。

　　在翻译儒学典籍的同时，传教士当中有很多人开始研究儒家思想，并著书立说。例如，1687 年，柏应理的拉丁文著作《中国哲学家孔子》在巴黎出版。1711 年，卫方洛在布拉格出版《中国六经》。利玛窦晚年所著《利玛窦日记》也是关于中国文化和儒家学说的研究心得。1735 年出版由杜赫德主编的《中华帝国志》比较完整地向西方勾勒了中国文化、尤其是作为其核心的儒学的思想轮廓。之后，钱德明的《孔子传》（1784 年），卫三畏的《中国总论》（1848 年），花之安（Ernst Faber, 1839—1899 年）的《自西徂东》（1884 年）等等著作，后来被认为是欧洲汉学的奠基工程。

　　传教士传播以儒家文化为代表的中国文化，其动因有四：一是远离西方的神秘大国本身对西方人具有吸引力；二是说服教会

到中国传教的必要性；三是教职人员教务报告的客观要求；四是
以中国古代文化来证通基督教教义。① 其实，传教士们的儒学研
究和对儒家经典的译介，其诱因可以追溯到最早来东方传教的士
耶稣会士沙勿略（Francis Xavier，1506—1553 年）所开创的
"合儒"传教的策略，即把天主教教义和儒家思想结合到一起，
主要目的是寻求两者之间的一致性，从心理上拉近中国民众与天
主教的距离，增强他们对天主教教义的认同感，以减少和消除他
们对传教士传教活动的抵触情绪。这种策略后来经过利玛窦、金
尼阁、白晋等人的继承和不断发展。到 19 世纪六七十年代，美
国传教士林乐之（Young John Allen，1836—1907 年）和德国传
教士花之安又提出了"孔子加耶稣"的传教策略，把基督教义
同儒家礼教加以结合。这一策略为后来的大多数基督教新教传教
士所接受。② 因此，无论是早期来华的天主教传教士还是 19 世
纪的新教传教士，都把研究和翻译中国文化尤其是儒家经典作为
传教活动的一个重要组成部分。

　　西方传教士的"儒学西传"可以分为两个阶段：第一阶段
是明末清初天主教传教士对儒家思想的传播，第二阶段是鸦片战
争至清末（19 世纪末期）基督教新教传教士对儒家思想的传播。
从传播方式上看，主要包括以下七种：直接将大量的中国文献带
回欧洲各国；翻译汉语典籍尤其是儒家经典；著书立说，评介儒
家思想；以报告、书信、日记方式记述日常见闻；编纂中外对照
字典；编辑出版杂志报纸；创办学校等。

　　1. 明末清初天主教传教士的儒学传播

　　明末清初的天主教传教士，以耶稣会士为代表，在华进行传
教活动的二百多年间，对儒家思想进行了大量深入的研究，并且

<hr>

① 许正林："明清之际西方传教士与中学西传"，《文化中国》2004 年第 3 期。
② 顾长声：《传教士与近代中国》，上海人民出版社 1981 年版，第 189 页。

将其积极传播到西方世界。在此期间，他们中的许多人返回欧洲时，带回了大量的中国文献，其中不乏儒家经典。例如，1682年柏应理带走中国书籍400余册；1694年白晋带走300多卷中国典籍赠送给路易十四。这些文化典籍在西方引起轰动，激起了西方人对中国文化的兴趣。同时，这些传教士翻译了大量中国典籍，向西方介绍儒家文化；研究著述儒家思想，以促进西方对中国文化的理解。在华期间，他们还把自己的所见所闻以书信、日记、报告等方式如实记录，这些都为后来儒家文化走进西方视野起到了重要作用。这一时期，最具代表性的传教士有意大利的罗明坚（Michele Ruggleri，1543—1607年）、利玛窦（Matteo Ric-ci，1552—1610年）、卫匡国（Martini Martino，1614—1661年），比利时的柏应理（Philippe Couplet，1622—1693年），法国的金尼阁（Nicolas Trigault，1577—1629年）、白晋（Joachim Bouvet，1656—1730年）、杜赫德（Jean—Baptiste Du Halde，1674—1743年）、钱德明（P. Josephus Maria Amiot，1718—1793年）等人。

罗明坚1543年生于意大利中南部的斯品纳佐拉城，1572年加入了耶稣会。他自愿到印度去传教，并于1578年得到了里斯本的准许。同年9月，到达了印度果阿。次年，罗明坚到达澳门，并开始学习汉语，了解中国的风俗习惯。当然，这都是出于传教的目的。他在澳门建立了一座传道所，并开始用中文向澳门的中国人宣教。罗明坚为其取名为"经言学校"。这是中国第一个用汉语来传教的机构，也是晚明时期中国第一所外国人学习汉语的学校。罗明坚也成了晚明时天主教进入中国内地长期居住的第一人。1588年罗明坚返欧洲述职，受到热烈欢迎。1607年，罗明坚病故于家乡。

在华期间，罗明坚于1581年写给耶稣会总长的信中还包括了中文复本和一册中国文献的译文，后经考证为《大学》的第一章，曾刊印在1593年在罗马发行的《百科精选》中。他还将

《孟子》译为拉丁文，是欧洲语言中《孟子》的最早译本，但没有刊行，稿本今存于意大利国家图书馆。罗明坚是最早将儒家经典译成西方语言的传教士，他所译的《大学》在西方公开发表，产生了长远的影响。

利玛窦 1552 年 10 月出生于意大利的马切拉塔城。1571 年在罗马批准加入耶稣会。次年进入由耶稣会创办的罗马学院学习哲学与神学。当时向海外传教的热潮正在席卷整个罗马，利玛窦自告奋勇到远东传教，并于 1577 年参加耶稣会派往印度传教的教团。1578 到达印度果阿，四年后随赴中国传教团到达澳门。利玛窦从澳门进入中国大陆，先后在肇庆、韶州、南昌、南京、北京传教，直到 1610 年客死北京。他在华居留了28 年。

针对当时基督教很难在华传播的现状，利玛窦大量研习中国儒家文化，采取"天主教儒学化"的传教策略，习汉语，着汉服，与当时的士大夫一起，研讨儒家经典，力求将天学与儒学沟通。1591 年，他奉意大利耶稣会士、远东巡查员范利安（Alexandre Valignani，1538—1606 年）之命开始翻译中国传统经典，到 1594 年（明万历二十二年）完成了《四书》的翻译，取名为《中国四书》（*Tetrabiblion Sinense de Moribus*）。同年将译稿寄回意大利，"国人读而悦之"。① 一般认为这是西方人最早翻译的中国儒家经典。利玛窦在译本的序文中称颂儒家的伦理观念，把"四书"和罗马哲学家塞涅卡的名著相提并论。然而，此译本最终没有出版，原译本亦亡佚。

利玛窦虽没有翻译过《五经》，但对《五经》的研究也算是西方传教士中最早的了。据统计，他在《天主实义》中提到最多的是中国思想家，他 23 次引用《孟子》，18 次引用《尚书》，

① ［法］裴化行著，管震湖译：《利玛窦评传》，商务印书馆 1993 年版，第 257 页。

13 次引用《论语》，11 次引用《左传》，7 次引用《中庸》，3 次引用《大学》，1 次引用《老子》，1 次引用《庄子》。[①] 由此可见他对中国古籍的学习和掌握达到了相当高的水平。

《天主实义》是利玛窦为传播天主教义编写而成的，并多次在北京刻印。这本书第一次系统地向中国人论证了上帝的存在、人的灵魂不朽和死后必有天堂地狱之赏罚，报世人所为善恶的天主教教义。《天主实义》后来被乾隆皇帝收录在《四库全书》中，并有蒙、满、朝鲜、越南及日文译本。该书第一次用儒家思想论证基督教基本教义。利玛窦还有一部颇受推崇的著作《畸人十篇》，该书以问答形式来阐述天主教所宣扬的伦理道德，力图融合儒家思想和西方观念。

此外，利玛窦用意大利文写的日记后经金尼阁（Nicolas Trigault）翻译整理为拉丁文，于 1615 年出版，取名《基督教远征中国史》，汉语译名为《利玛窦中国札记》。该书先后以拉丁文、意大利文、法文、德文、西班牙文等在欧洲各国出版。这部书向欧洲详细介绍了儒家思想，对欧洲文学、科学、哲学、宗教学及生活方面的影响或许要超过 17 世纪其他任何史学著作。[②]《利玛窦日记》第一次向欧洲全面介绍了中国的道德和宗教思想；欧洲人也是第一次从此书中知道中国圣人孔子和中国文化的精粹——儒家经典。

利玛窦开创了把中国传统典籍介绍到西方的先河，中国博大精深的古老文化在欧洲引起了极大的反响。尤其是中国的儒家思想对欧洲产生了振聋发聩的影响。正是在他的影响下，一大批耶稣会士根据自己对中国传统文化的认识以及对中国情况的了解，

---

① 见马爱德（Edward Malatesta）编《天主实义》附录，Index of Chinese Classical Texts，转引自李天纲《中国礼仪之争》，上海古籍出版社 1998 年版，第 291 页。

② 朱仁夫：《儒学国际传播》，中国社会科学出版社 2004 年版，第 157 页。

向欧洲发回了大量的报道。他们公开发表的书信和出版的论著、译作，很快被译成各种文字。

利玛窦高度评价了中国至圣先贤孔子，称他是"博学的伟大人物"和"中国最伟大的哲学家"。在利玛窦看来，孔子"既以著作和授徒，又以自己的身教来激励他的人民追求道德"。① 他认识到儒家文化是中国文化的支柱，儒家思想已深入到中国平民百姓的生活之中，因而能对体现中国文化传统的儒家祭祀礼仪采取肯定的态度，这就进一步缩小了他与中国社会的距离。

利玛窦清楚地认识到中国传统政治文化特点为政教合一。儒家经典《四书五经》是"为国家未来的美好和发展而集道德教诫之大成"的书，"主要着眼于个人、家庭及整个国家的道德行为，而在人类理性的光芒下对正当的道德活动加以指导"。他意识到孔孟思想在中国具有极高的地位，"虽然不能说在中国宗教家就是国王，但可以说国王是受哲学家牵制"的。②

利玛窦试图将天主教的有关"爱天主"的说教与儒学中的"仁"联系在一起，强调儒学的"仁者爱人"与"仁者爱天主"是一致的。他从儒家经典中找出"上帝"或"天"的概念，以融会基督教义中所讲的"Deus"，开拓了所谓适应于儒教文化之基督教本土化的第一步。他接受儒家伦理所强调的道德之重要性，弥合了儒学与天主教教义有关伦理的鸿沟。他从天主教义之原初之性出发，推崇儒学中的性善论，致力于基督教和儒教人性论的调和与对话。这些两教之间的互动，不仅使得东西方两种异质文化发生了相互间的交融和改造，也给当世及后世留下了相当有价值的理论资源。在利玛窦"耶儒相合"首创精神的影响下，中学西渐、西学东渐成为一种潮流，中西文化交

---

① 何高济等译，《利玛窦中国札记》，中华书局 1983 年版。
② 同上。

流蔚为壮观。①

　　总之，利玛窦对中国文化历史的介绍和研究内容极为广泛，对海外汉学的贡献具有划时代意义。所以，西方至今仍奉利玛窦为"汉学之父"。法国著名汉学家戴密微曾指出，"利玛窦应当被视为西方汉学的鼻祖，他为我们留下了有关中国明末社会的第一手资料"。法国学者布洛斯也肯定，利玛窦不仅是西方在华传教的开拓者，也是西方全面研究中国的奠基人。②

　　金尼阁 1577 年 3 月生于今法国的杜埃城，1594 年加入耶稣会，1607 年被派赴远东传教。从葡萄牙的里斯本出发，远渡重洋，经过印度果阿，于 1610 年（万历三十八年，即利玛窦卒年）秋，即在利玛窦逝世后 6 个多月抵澳门，随后进入中国内地，开始了其在华的传教生涯。金尼阁一生两次来华，1628 年卒，葬于杭州。

　　如果说利玛窦开创了"中学西渐"的先河，那么金尼阁则予以发扬光大。他通过研究、翻译和著述中国的历史文化典籍，把中国进一步介绍到了西方。首先，金尼阁坚决拥护利玛窦的传教路线，坚持以天主教"合儒"、"补儒"，最后"超儒"，因此对儒家典籍有着浓厚的兴趣。在西方人中，金尼阁第一个将《五经》译成拉丁文，于 1626 年在杭州刊印，取名为《中国第一部神圣之书》。这是世界上最早出版的儒家经典西文译本。之后，在金尼阁的影响下，其他传教士如殷铎泽、郭纳爵等人也开始积极翻译儒学经典，包括《大学》、《中庸》和《论语》，最后由耶稣会士柏应理等人整理并以《中国哲学家孔子》的书名在欧洲出版。③

————————

　　①　疏仁华："利玛窦与儒学的会通和冲突"，《山东科技大学学报》（社会科学版）2006 年第 2 期，第 45 页。

　　②　［法］戴仁，耿升译：《法国当代中国学》，中国社会科学出版社 1998 年版。

　　③　许明龙：《中西文化交流先驱——从利玛窦到郎世宁》，东方出版社 1993 年版，第 95 页。

金尼阁在推动中国文化走向西方世界的另一个重大贡献是翻译并增写了利玛窦的《基督教远征中国史》（中文名为《利玛窦中国札记》）。这部著作本是利玛窦生前用意大利文撰写的关于在中国传教及见闻的日记体手稿，临终前没有完稿。金尼阁用丰富的材料将其补足完整，并且将它译成拉丁文，1615 年在德意志的奥格斯堡出版。书中以丰富的资料，向西方"解释了一个新的世界和一个新的民族"，成为西方世界了解"神秘东方"的重要文献。《基督教远征中国史》一经出版即轰动了整个欧洲，并且不断再版，并出现了法文、德文、西班牙文以及英文的版本。

卫匡国 1614 年出生于意大利多兰托城，1632 年入耶稣会，并进入罗马学院学习。1643 年（明崇祯十六年）来华，在浙江等地传教。1659 年再度来华，1661 年病逝于杭州。卫匡国是继利玛窦之后又一位将毕生精力和智慧奉献给中西文化交流的意大利人。

卫匡国来华后，深入研究和学习中国文化、历史及哲学思想。虽然他一生没有写过一部专门论述儒家思想的著作，也没有像他的前任那样翻译过《四书五经》之类的中国经典，然而在其代表作——用拉丁文写成的中国上古史《中国历史十卷》中，却包含了大量有关中国传统文化的论述和介绍。该书 1658 年在慕尼黑出版，是欧洲第一部全面而系统地介绍中国历史的编年体著作。作者用专门的章节详细介绍了孔子的生平、经历以及儒家的重要典籍。他指出，主宰中国哲学体系的是儒学，其基本原则是"人的基本学问在于求得最高幸福，人的完美在于发展本性的理智，在它的光辉照耀下，人的理智就不会偏离本性的规律和命令"。他认为儒家哲学的基础在于"至善"，"这包含自我完善和使他人完善"。[①] 卫匡国在书中给予了孔子以极高的评价，并

---

① 转引自朱雁冰"耶稣会士卫匡国与儒学西传"，载台湾辅仁大学《神学论集》，第 94 页。

且抒发了对孔子由衷的钦佩之情。他写道："我们越是放开我们的视野，便越是在远处看到孔子的美德；我们越是深入其中，便越是感到它的真实性和规模的宏大。""我们的天主基督教导人们美好和秩序，孔子则不断地给我们指示学识的进步和所有的礼仪。""没有人能够达到孔子那样的美德，正如同没有人能够用梯子爬上天堂一样。"①

卫匡国在书中还向欧洲读者介绍了《礼记》、《易经》、《书经》、《春秋》等儒家经典，并作了系统的阐释。他称《礼记》是关于礼仪和道德的书，规定人们从事各种活动的程序，不容丝毫忽略。这部书还最早向欧洲介绍了中国的《易经》及其卦图。他根据中国"河图洛书"的传说，介绍说伏羲是第一个看到龙负卦图出于水的人，因而能据此作易卦。卫匡国认为，卦图中最基本的符号是"阴"和"阳"，"阴"代表着隐蔽的、不完全的事物；"阳"代表着公开的、完全的事物，两者相生相灭，可以组成八种卦图，分别代表着天、地、水、火、雷、山、泽、风8种自然现象。为了让西方对八卦及由八卦演变而成的64卦有一个直观具体的认识，卫匡国还在书中附上了一幅64卦图的完整图形，该卦图自右至左按照干、巽、离、艮、兑、坎、震、坤次序排列，干卦这一行，八个卦的下经卦均为干，其余行亦可类推。图下的拉丁文字指出此易卦（YEK IN G dictum）为伏羲所作。他认为，《易经》中那些神秘的数字和图表，是为了达到很好的管理国家和提高道德修养的目的。关于《书经》、《诗经》和《春秋》，他认为，这些坟典或许是记录了中国最早一些皇帝管理国家的方法，或者是通过记录帝王的善恶形迹，以惩恶扬善劝

---

① 转引自梅文健"耶稣会士卫匡国著作中的中国哲学和古学"，载《纪念利玛窦来华四百周年中西文化交流国际学术会议》论文集，台北辅仁大学出版社1983年版。

诚后代君主治理好国家。

卫匡国的这部《中国历史十卷》，是西方第一次以中国古籍为依据，以编年体的形式写成。它比较翔实地向欧洲展示了不容置疑的中国上古史，大大促进了欧洲人对中国的认识，并且使西方对世界历史的看法冲破了《圣经》的束缚，从而使欧洲思想界对《圣经》记载的可靠性产生了质疑，动摇了基督教会的权威，直接为欧洲启蒙思想家进行历史批判提供了依据。

在 17 世纪中后期，卫匡国对维护和推动中西文化交流起了关键性作用。他对孔子和儒家思想的推崇，进一步确立和发展了利玛窦接近并适应中国传统文化的策略。17 世纪中叶，他亲赴罗马，向教皇和红衣主教汇报中国的教务和礼仪问题，向教廷解释尊孔和敬祖的意义，在"礼仪之争"中，坚决地捍卫了中国礼仪，坚持和维护了利玛窦的传教路线。

柏应理，荷兰裔比利时人，1622 年生于马利纳（Malines，今安特卫普）。1642—1644 年在比利时鲁汶大学学习哲学和神学，1656 年（清顺治十三年）随波兰籍耶稣会士卜弥格来华，先后在江西、福建、浙江、湖广一带传教，1693 年遭遇海难辞世。

作为一名传教士，柏应理忠实地维护利玛窦的传教政策，结合中国的实际传教，主张"天主教中国化"。在探索在华传教方法的过程中，他承袭了利玛窦研习儒家典籍的传统，皓首穷经。柏应理在儒学西传中最大的贡献是，于 1687 年在巴黎以拉丁文出版了《中国哲学家孔子》一书，该书中文标题为《西文四书直解》（但实际上只包括《论语》、《大学》、《中庸》，缺《孟子》）。这是十七世纪欧洲介绍孔子及其学说的最完备的著作。当然，这部书并非柏应理一人之功，而是数名欧洲耶稣会士多年工作的结晶，其中贡献最大的几位会士还有殷铎泽、郭纳爵、恩理格和鲁日满。殷铎泽和郭纳爵曾于 1662 年在中国出版《中国之智慧》，内容包括《大学》和《论语》的部分拉丁文译文和一篇《孔子传记》。1669年，殷铎泽在印度果阿编辑出版《中国政治道德学》，内有《中庸》的拉丁文译文。柏应理最终完成了将儒学《四书》（除《孟子》）全面系统介绍到西方读者的工程，他将殷铎泽、郭纳爵等人所作的工作经过进一步加工整理，最终出版了《中国哲学家孔子》。

这部书共由四部分组成，第一部分是柏应理写给法王路易十四的"献辞"。第二部分是"导言"，开宗明义点明编著此书的目的并不是为了满足欧洲人对中国的兴趣，而是给有志于到东方传教的人作参考用的。"导论"还介绍了中国的道教、佛教和儒学，列举了儒学的经典著作《四书五经》。第三部分是有关孔子的传记。第四部分是《大学》、《中庸》、《论语》的译文和注解。译文的最大特点是并不止于借"译"宣教，"因为这是写给欧洲人看的，而是力图证明中国先儒的经典著作中，早就有和天主教义一致的地方了"。①

虽然此书最初的目的是为那些到中国去传播"福音"的传教士们提供一种有用的工具，但发行后却引起了西方社会各界的广泛关注和强烈反响。《中国哲学家孔子》问世后，很快在法国出版了此书的两个法文节译本，不久英国出现了一个英文节译本。这样，普通的民众都可以阅读了。当时整个西欧到处可以听到颂扬中国之声。在此之前的一些试图介绍儒家经典的译本都未能引起太大的反响，而这部书则开创了儒学在欧洲传播的新纪元，使儒家思想进入到了普通人的视野中。欧洲多家学术杂志纷纷发表评论，使孔子之名及孔子思想在欧洲如日中天，中西文化交流得到进一步深化和扩大。1688年，巴黎的《学术报》

---

① 吴孟雪："柏应理和《中国哲学家孔子》"，《中国文化研究》1996年秋之卷（总第13期），第141页。

（*Journal des Savants*）上有人撰文写道："中国人在德行、智慧、谨慎、信义、诚笃、忠实、虔诚、慈爱、亲善、正直、礼貌、庄重、谦逊以及顺天道诸方面，为其他民族所不及，你看到了总会感到兴奋，他们所依靠的只是大自然之光，你对他们还能有更多的要求吗？"①

欧洲著名的《学者杂志》发表书评，认为孔子是道德原则的老师，而这些原则也有点像基督徒的道德原则，只是孔子缺乏像耶稣基督那样的"启示录"。书评在谈到孔子的"仁"时说："就目前的论题而论，我看不出中国人的博爱和基督徒的博爱有何区别……无论如何，他们与基督教的理性并无二样。"这正是柏应理等耶稣会士的成功之处，他们将儒学附会天主教的努力，并没有白费。德国哲学家、数学家莱布尼茨在读到《中国哲学家孔子》后，评论此书说："这部著作并非由孔子亲手写成，而是由他的弟子将其言论加以收集、编辑而成。这位哲学家超越了我们所知道的几乎全部希腊哲学家的时代，他总有着熠熠闪光的思想和格言。"法国启蒙思想家也大都读过《中国哲学家孔子》，如伏尔泰在《风俗论》中介绍孔子学说时，就是根据柏应理的这本书，他称颂孔子"为天地之灵气所钟，他分别真理与迷信，而站在真理一边；他不媚帝王、不好淫色，实为天下唯一师表"。孟德斯鸠怀着巨大的兴趣，认真阅读了这部用艰涩的拉丁文撰写的书，并作了详细的笔记。在笔记中，他写下了一些与作者不同的观点，并将书中的许多段落译成法文。②

白晋，1656 年 7 月 18 日生于法国勒芒市（Le Mans），1678 年入耶稣会，1687 年作为法王路易十四选派的第一批六名来华

---

① 引自范存忠《中国文化在启蒙时期的英国》，上海外语教育出版社 1991 年版，第 11 页。

② 许明龙：《孟德斯鸠与中国》，国际文化出版公司 1989 年版，第 48—49 页。

耶稣会士之一，于 1687 年夏（清康熙二十六年）抵浙江宁波，被康熙帝留京供职。白晋在中国生活了 40 余年，1730 年 6 月 28日（雍正八年）卒于北京。

白晋是 17、18 世纪之交中西文化交流史上的一个重要人物。他沟通了康熙皇帝和法王路易十四之间的相互了解，是一位名副其实的"文化使者"；同时，他作为康熙朝的宫廷侍臣，曾向康熙帝讲解西方的科学知识；作为一名汉学家，他对儒家经典的研究和解释独树一帜。

以往来华传教士都是以罗马教廷的名义派遣的，不论国籍，均属葡萄牙所有的"保教权"控制范围内，通常也都由里斯本出发前来中国。而白晋及与其同行的另外 5 名法国耶稣会士，则是由法王路易十四亲自派遣的，以"国王的数学家"身份来华。他们肩负着传教和科研双重任务。

在传教事业上，白晋继续沿着他的先行者利玛窦等人开辟的道路，探索基督教义与儒家学说的一致性，竭尽全力糅合基督教教义和儒家思想，但他似乎走得更远。利玛窦等人只想证明中国的传统思想与基督教教义并无矛盾，两者可以兼容互补。白晋则认为，中国古代经典所表述的思想不仅与基督教义完全吻合，而且是基督教的最古老的文字记载，从中不但可以悟出教义，更可以找到后来记载在《圣经》中的故事和人物。[①] 白晋研究儒学典籍，尤其对《易经》的研究，初衷也在于此。

白晋采取了西方神学历史上早有的索引派的做法，从中国文化本身寻求与基督教的共同点，将中国文化说成是基督教文化的"派生物"。这一派在西方早有之，但将西方的这种方法运用于解释中国文献，白晋是这一派的创始人，其基本倾向在于从中国古籍

[①] 许明龙：《中西文化交流先驱——从利玛窦到郎世宁》，东方出版社 1993 年版，第 182 页。

之中，尤其是从《易经》之中寻找《圣经》的遗迹，从中国传统文化的典籍中寻求基督教的遗迹。1710 年，在康熙帝的"关照"下，白晋开始对《易经》进行研究，从中寻找有关天主教和《圣经》的记载。他断定，天主教的一切奥秘、教义和箴言，都可从《易经》等儒家典籍中找到。白晋认为《易经》及中国古史以"先知预言"方式表达了基督教教义。他甚至认为《易经》的作者伏羲实际上是亚当长子该隐的儿子埃诺克。白晋曾用拉丁文著《易经要旨》和《诗经研究》，稿本藏于法国国家图书馆。

因为白晋是以西方本位来曲解中国古籍，因此，白晋对《易经》的研究成果传至西方，影响深远，其中对德国哲学家莱布尼茨的影响最大。通过与白晋的书信往来，莱布尼茨得以对中国五经之首的《易经》有了更全面的理解。当时，莱氏创造了以"0"和"1"表示一切数字的逻辑数学，即"二进制"。这一成就与白晋所介绍的《易经》的思路不谋而合，于是他进一步研究《易经》，尤其是"六十四卦图"，把它们衍化为二元数学的演算方式。莱布茨尼在 1703 年给白晋的信中承认，伏羲是中国科学的创始人，"六十四卦图"是科学史上最古老的里程碑之一。①

此外，白晋编著了《古今敬天鉴》（又名《天学本义》），站在天主教立场上，把中国《四书五经》与天主教义加以交互阐释，选择儒学文献资料证明天主教义，依据《圣经》发明先秦儒家经典的天主教本义："中华经书所载，本天学之旨，奈失其传之真。西土诸国存天学本义，天主《圣经》之真传，今据之以解中华之经书，深足发明天学之微旨。"②

---

① 转引自许明龙《中西文化交流先驱——从利玛窦到郎世宁》，东方出版社 1993 年版，第 189 页。

② ［法］白晋：《古今敬天鉴·序》，见［韩国］郑安德编《明末清初耶稣会思想文献汇编》第 19 册，第 21 页，北京大学宗教研究所 2000 年印本。

杜赫德是法国耶稣会士，和他的法国同胞金尼阁、白晋等人不同，他终身未曾到过中国传教，但作为汉学家，他同样为中国文化，尤其儒家文化在西方的传播做出了突出的贡献。

杜赫德早年被任命为整理耶稣会士信函的负责人，汇总收集了许多来自于中国的零散信件。1735 年，经过多年努力，他把这些从中国寄来的信件加工编辑成一本条理清晰，数据丰富的巨著——四卷本的《中华帝国志》。该书轰动了欧洲，几年之内便出版了三次法文版、两次英文版，另外俄文和德文本也有发行，被誉为"法国汉学三大奠基作"之一。

这本巨著内容几乎无所不包，涉及中国的地理、历史、政治、宗教、经济、民俗、物产、科技、教育、语言、文学等诸多方面。第一卷包括综述、政区、西部少数民族、自宁波到北京的路程、自中国到暹罗的陆上行程和分省地理；第二卷包括截止1732 年的中国编年史、皇帝的权责与宫廷开销、政府与官制、军事力量、城市控制与街道、贵族世家、土地、工匠技艺、中国人性格、中国人的气质面貌、风尚、住宅、公共建筑、礼仪和各种风俗、监狱和罪犯、自然资源、水运系统、币制、贸易、漆器、瓷器、丝业、语言、中国字的欧洲式拼读法、语法、文房用品和印刷术；第三卷包括考试、宗教、理学、艺术和科学、《今古奇观》的四个短篇、十几首《诗经》的诗、元曲《赵氏孤儿》、反佛道事迹与言论、孔子生平与《四书》、医书概论、《本草》摘译；第四卷包括中国医学、中国人健康长寿、满洲与蒙古地理和历史、张诚的《鞑靼纪行》、雷孝思关于朝鲜地理的观察报告、中国人关于朝鲜的记录、伯林（Beering）船长的西伯利亚之行、西藏地理与历史、经纬度观测点目录、资料目录等。

这本汉学著作彰显了中国文化与历史，完整地向西方勾勒了中国文化，尤其是作为其核心的儒学的轮廓，字里行间流露出了作者对中华帝国文化与历史的敬畏与仰慕。该书是 18 世纪西方有关中国知识的一部百科全书，为当时欧洲知识界了解中国文明，提供了重要资料来源。孟德斯鸠、卢梭、伏尔泰、休谟、歌德斯密等都属于靠杜赫德的作品获取中国知识的那部分欧洲人。孟德斯鸠在《论法的精神》中就多次引用杜赫德作品。[1] 伏尔泰的中国知识大多来自杜赫德。

　　钱德明，字若瑟，1718 年出生于法国土伦，1737 年进入里昂的耶稣会，1750 年抵澳门，翌年 8 月 22 日应乾隆皇帝之召抵达北京，并供职于清廷。钱德明进入中国的时代背景与前辈利玛窦、汤若望等人已大不相同。"礼仪之争"使得中国皇帝与罗马天主教皇关系日益恶化，最终天主教遭清朝禁教百余年，天主教在华传播的兴盛期匆匆结束。钱德明来华正值耶稣会士在华活动处于低谷时期；同时欧洲各国发生宗教之争，迫使罗马教廷取消耶稣会，耶稣会遂被解散。然而，乾隆皇帝根据个人喜好及皇宫的实际需要，仍然允许极少数有学识专长的传教士进入宫禁，这种形势迫使钱德明来华以后，其宗教职业者的角色不得不有所淡化，传播"福音"的任务受到了一定的限制。[2]

　　在华期间，钱德明在中国文化的研究上，取得了丰硕的成果。他一直专心钻研中国典籍，直至 1793 年逝世。1784 年，钱德明完成了《孔子传》。关于这本书，钱德明说"本书材料皆采之于一切珍贵汉籍，如正史、别史、经序、《论语》、《家语》、《史记世家》、《阙里志》、《圣门礼乐统》、《四书人物别考》、《古史》（后三书名皆从音译）等书是已。余将为孔子诸史家之史家，至若批评鉴别，则待他人为之"[3]。钱德明还专门撰写了

　　① 张国刚，"明清传教士的当代中国史"，《社会科学战线》2004 年第 2 期，第 137 页。

　　② 康志杰："最后的耶稣会士——钱德明"，《世界宗教文化》2002 年第 3 期，第 20 页。

　　③ 同上书，第 20—21 页。

《孔子生平事迹简介》，附图 24 幅；著《孔门弟子略传》，包括了颜回、曾参、子思、孟子、子路诸传。钱德明的著作还在不同程度上涉及易学问题。如在《中国古史实证》（1775 年）中讨论了自古以来存在于中国传统中由启示而来的原始真理——伏羲卦与《易经》、《书经》、《诗经》、《春秋》上的佐证材料，司马迁的史记的古史系统，从而得出了中国记载的历史较其他国家有更大的可信性的结论。①

2. 清末基督教新教传教士的儒学研究与传播

虽然雍正帝于 1724 年批准发布禁教令，但基督教在华传教活动并没有彻底终止，反而在鸦片战争前夕又分离出一股更大的传教势力。鸦片战争后，西方列强用武力打开清朝大门，签订了一系列不平等条约，基督教在经历"礼仪之争"而受清廷限禁后，得以重新在中国合法传播。伴随商船和军舰而来的基督教新教传教士不再像耶稣会士那样以谦恭卑微的姿态在华传教。他们为了本国的利益，建立传教基地，翻译和印刷宗教书刊，建立教会学校招收贫寒子弟，翻译和介绍西方科学知识，揭开了基督教新教大规模东进的序幕。

自从 19 世纪 70 年代开始，一些新教传教士重新注意将基督教教义与中国传统的儒家思想相结合，企图从思想领域找到在华传教的突破口。例如，林乐知率先提出"孔子加耶稣"的主张。他将基督教教义与儒家思想精神加以对比，从而使索隐派等耶稣会士的传教方法得以重视和拓展，使这种文化认同的方法重新得到肯定和强调。在部分传教士的倡导和中国教徒的回应中，"会通儒学"活动得以延续和深化。李佳白（1857—1927 年）在中国传教几十年，一手拿《圣

---

① 杨宏声："明清之际在华耶稣会士之《易》说"，《周易研究》2003 年第 6 期，第 41—51 页。

经》，一手捧《四书》，着儒服，戴假辫，还创立尚贤堂，到处宣扬"孔子加耶稣"，要耶教与孔教"互相和合，互相敬爱"。

　　这一阶段传教士传播中国儒家思想的方式主要有翻译儒学典籍，撰写儒学研究的论文和著作，创办报刊等。其中作出贡献较大的有马礼逊（Robert Morrison，1782—1834 年）、卫三畏（Samuel Wells Williams，1812—1884 年）、理雅各（James Legge，1815—1897 年）、花之安（Ernst Faber，1839—1899 年）、安保罗（Paul Kranze）等人。

　　马礼逊 1782 年出生于英国的诺森伯兰（County of Northumberland），早年加入长老会，后入伦敦会，年轻时立志到海外传教。1807 年 5 月，他搭乘美国货船，历经四个月的时间到达广州，开始了其传教生涯。

　　马礼逊来华最主要目的就是传教，他是第一个来华的基督教新教传教士，然而客观上却为儒学传播做出了不可磨灭的贡献。1812 年，马礼逊翻译的《中国文学经典汇集》，包括《三字经》、《大学》、《三教源流》等在伦敦首次出版。马礼逊翻译中国文化经典的努力在中国文化西进的过程中发挥了先导作用，对日后中国文化走向世界产生了重大影响。

　　1832 年，马礼逊和美国传教士裨治文合作编辑中国近代著名的英文报纸《中国丛报》（Chinese Repository）。《中国丛报》前后历经 20 年，出版 20 卷，文章涉及中国的历史、政治、经贸、语言、文化、教育、宗教、社会、外交等各方面。《中国丛报》特别开设专栏刊登马礼逊等翻译的中国文化经典篇章，如《三字经》、《诗经》、《千字文》以及文学名著《红楼梦》等。《中国丛报》作为第一份在中国境内创办的英文期刊，内容广泛，影响巨大，加深了西方对中国传统文化的认识和理解。

　　詹姆斯·理雅各于 1815 年出生在苏格兰北部阿伯丁郡的一个小镇。少年时期，受家庭的影响，对宗教产生了浓厚的兴趣。1837 年进入希伯利神学院（Highbury Theological College）学习，并志愿来华传教。1840 年他先到马六甲，后于 1842 年到香港，开始了在华传教生涯。理雅各在中国传教的 30 年间潜心于中国古代文化的研究和英译工作，为以儒家思想为核心的中国文化传播到西方世界做出了卓越的贡献。

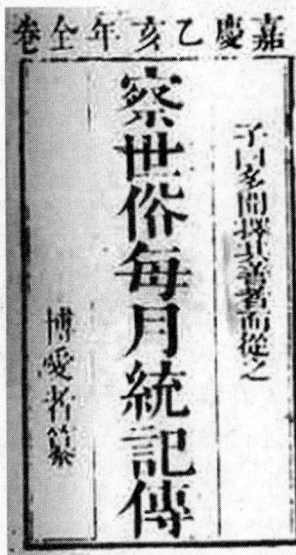

　　理雅各在"儒学西传"方面所取得的成就首先体现在其对儒家经典的翻译上。1861—1872 年，由他独立翻译并亲自负责编排出版的煌煌译著《中国经典》第一至第五卷陆续出版，囊

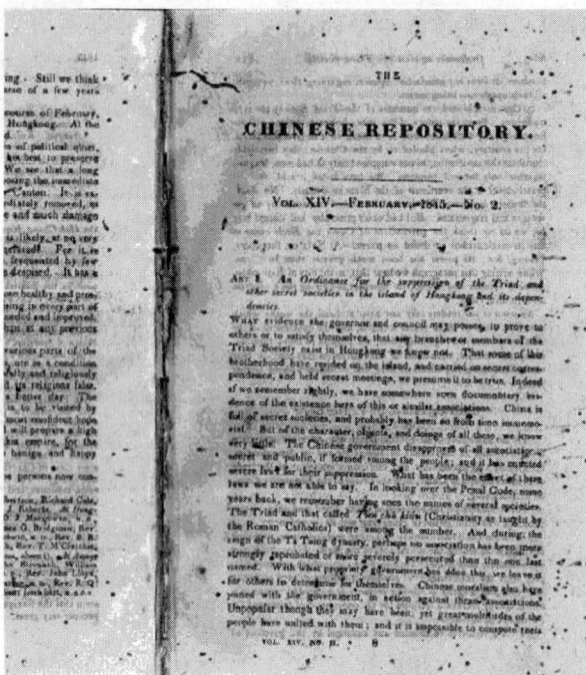

括了《论语》、《大学》、《中庸》、《孟子》、《尚书》、《诗经》、《春秋》、《左传》等中国传统文化精华。《中国经典》为理雅各赢得了世界声誉。理雅各回国后，牛津大学于 1875 年开设汉学讲席，聘理雅各为首任汉学教授，直到他 1897 年去世。在牛津期间，理雅各笔耕不辍，继续进行儒家典籍的翻译工作，主要译作包括《诗经之宗教部分》、《易经》、《礼记》、《孝经》等。

　　虽然早在理雅各把《四书五经》等儒家典籍翻译成英文之前的 17 世纪，耶稣会士利玛窦、卫方济等就曾将之译成拉丁文，并对当时的西方世界产生了重大影响，但真正把儒家著作全面系统地译成英文传播到西方去的，理雅各算是第一人。他把毕生的心血投入到中国典籍的翻译中，其译文即便今天也有很强的影响力，在英美国家，港台地区多次出版，许多中外学者在学术研究中常常引用他的译文。清末经学家王韬①对他的评价是："在所有的西方学者中，理雅各是最年轻的一位，但是他的学识和学术成就却无人可比。他的译文详尽、易懂、准确，西方学者认为是极具权威性的。……他专心致志地研究《十三经》，收集、阅读、整理、分析了大量的资料。他并没有人云亦云，而是在研读了各经学门派之后得出自己的结论……（他）倾注毕生的心血致力于经学的研究、翻译、编辑、校对，而且译文相当完整、准确、易懂。他的译著是留给后世学者的宝贵遗产。"②

当时欧洲汉学界执牛耳者法国汉学家儒莲（Stanislas Julian，1797—1873 年）对理雅各的《中国经典》一、二卷给予了高度评价。儒莲辞世后，以其名义设立的汉学最高荣誉"儒莲奖"首次颁发给了理雅各。在理雅各之后，儒学经典在西方又出现了多个译本，这些译本各具特色，但就译介的广度和深度而言，尚无出其右者。③

理雅各《中国经典》译本在翻译体例上彰显其"独特性"，各卷体例自始至终保持不变，即由"学术绪论"（the prolegomena）、"正文翻译"（the body of the volume）和"附录索引"（indexes）三部分组成。④ "学术绪论"不仅是理氏译本的特色，

---

① 王韬（1828—1897 年）是我国早期资产阶级思想家。学识渊博，著述达四十余种。年轻时他致力于经世之学。到香港后结识了理雅各。成为理雅各的得力助手。先后撰就《黄清经解校刊记》、《毛氏集释》、《春秋左传集释》、《周易集释》、《礼记集释》供理雅各参考，对理氏译五经贡献极大。

② 林塞・莱德："詹姆斯・理雅各生平"，转引自《四书的英译・前言》，中国文化复兴协会 1980 年版，第 14 页。

③ 王辉："理雅各与《中国经典》"，《中国翻译》2003 年第 2 期，第 38 页。

④ 段怀清："理雅各与儒家经典"，《孔子研究》2006 年第 6 期，第 53—56 页。

更体现了译者对儒家思想深入研究的学术价值。以《中国经典》的第二卷《孟子》译本为例，"学术绪论"由以下部分组成（Chinese Classics，Volume Ⅱ，James Legge，London：Trubner，1861.）：

第一部分　有关孟子的著述

1. 汉代上述著述的认定，以及此前状况；

2. 赵岐及其孟子注释；

3. 其他注释；

4. 完整性；作者；以及在古典经籍中的接受情况。

第二部分　孟子及其门徒

1. 孟子生平；

2. 孟子的影响与观点；

3. 孟子的直接门徒弟子；

附录：1. 荀子性恶篇；2. 韩文公原性篇。

第三部分　杨朱与墨翟

1. 杨朱的思想；

2. 墨翟的思想。

第四部分　本卷翻译前备查书目

1. 中文著作；

2. 翻译著作及其他著作。

理雅各遍译中国经典，其翻译固然也与传统的"合儒"传教策略密切相关，但不同的是随着时间的推移，其翻译过程中的神学研究成分逐渐式微，文化及文学研究成分则不断增加。①

理雅各向西方传播儒家经典不只是通过译经的方式，在翻译中国经籍的同时，以及在出任牛津大学首任中文讲座教

---

① 李玉良：《〈诗经〉英译研究》，齐鲁书社 2007 年版，第 89 页。

授之后，他还专门撰写论文和著作，向西方进一步介绍儒家思想。他先后发表了《儒教与基督教对比》、《中华帝国的儒教》、《孔子生平与教义》、《孟子生平与著作》、《基督教与儒教关于人生教义的对比》等论著。牛津大学的讲堂更成了他传播儒家思想的阵地，自 1876 年任牛津大学中文教授后，先后举行了 36 场公开讲座，儒家经典及其大众化普及，占据了讲座的主要部分。理雅各的课堂教学尤其强调对儒家经典的文化意义、思想价值和人生经验的阐释，使每一位学习者受益匪浅。理雅各在牛津大学宣讲、注释儒学，前后二十余年，培养了大批研究和传播儒学的学者。

　　与早期来华的新教传教士不同，理雅各对待中国文化的态度是比较客观和充满尊重的，他的论述中见不到对中国的谩骂和攻击，相反他对中国文化表现出一种亲和态度，体现出苏格兰神学思想的开放性与独立性。这在当时中国饱受西方列强欺凌的年代是十分难得的。

　　在众多来华新教传教士中，德国人花之安（Ernst Faber，1839—1899 年）也为儒家思想的西传做出了一定贡献。花之安用德文写作并出版了一系列关于中国古代哲学的著述，其中多数关于儒家伦理思想，如《孔子的学说》（1872 年）、《关于孔子和儒家学说的史料》（1873 年）、《一种以伦理为基础的国家学说或中国哲学家孟子的思想》（1877 年）等。他还翻译和诠释多部中国古典作品，特别是儒学经籍。首先他以概览的方式，对孔子的三部主要著作——《论语》、《大学》和《中庸》——进行了整理，翻译成德文，并对其主要内容作了系统介绍和评论。花之安也对《孟子》一书的主要内容进行了整理和翻译，并以国家学说为中心，对孟子的思想进行了系统阐述。

　　花之安对儒学的译介和著述，主要出于传教的需要，其立场和观点都是基于基督教义。然而与 17—18 世纪的耶稣会传教士不同，花之安坚决反对向儒家学说妥协的"文化适应"策略。他强调在孔子或儒家学说中存在"大量缺点或错误"，主张用基督教来予以补充和更正，最终以基督教取而代之。① 因此，花之安的注疏和翻译在总体上缺乏中西文化交流的自觉意识，而且其儒学观带有明显的宗教偏见，很容易对西方公众产生误导作用。

在十九世纪晚期，还有一位法国神甫为儒学西传立下了汗马功劳，他就是顾赛芬（Séraphin Couvreur，1835—1919 年）。他终生勤奋笔耕，几乎翻译出版了所有的儒家经典文献，包括《四书》（1895 年）、《诗经》（1896 年）、《书经》（1897 年）、《礼记》（1899 年）、《春秋左传》（1914 年）、《仪礼》（1916 年）等，其数量之多、涉及范围之广，在国外汉学界也是不多见的。顾赛芬通常用双语，即法语和拉丁语对汉文进行翻译和注释。拉丁语的结构更为自由，使之能进行几乎是逐字逐句的直译，并与法文、汉文对照排印。他的法文和拉丁文翻译严格忠实于当时中国官方推崇的朱熹学派的诠释，没有任何译者本人独出心裁的解释或个人评论，② 译文较准确优美，几乎无可挑剔，在法国学界有相当的影响，时至今日仍有很强的实用价值。

总之，尽管西方传教士来华传教主观动机乃为宣扬所谓的"福音"，但是，19 世纪末以前西方传教士大多能够对儒家思想进行大量的研究与传播（见附表），客观上为增进中西文化交流发挥了积极作用。

---

① 孙立新："评德国新教传教士花之安的中国研究"，《诗学月刊》2003 年第 2 期，第 49 页。
② ［法］保罗·戴密微："法国汉学研究史概述"，《中国文化研究》1994 年春之卷（总第 3 期）。

附表　　在华耶稣会士及新教传教士儒家思想译介，著述简表

西文名	汉名	国籍	生卒年	儒家思想译介与著述
Michele Ruggieri	罗明坚	意大利	1543—1607	用拉丁语试译《大学》的部分章节和《孟子》
Matteo Ricci	利玛窦	意大利	1552—1610	著《中国札记》、《利玛窦日记》、《天主实义》，译《四书》（拉丁语）
Niccolo Longobardo	龙华民	意大利	1565—1655	《孔夫子及其教理》、《论中国宗教的若干问题》
Nicolaus Trigault	金尼阁	法国	1577—1628	译《五经》为拉丁文（1626），用中文撰写《西儒耳目资》
P. Julius Aleni	艾儒略	意大利	1582—1610	《万物本原》、《三山论学记》、《口铎日抄》
A lvaro de Sem edo	曾德昭	葡萄牙	1586—1658	《中华大帝国史》（1641年，葡文）介绍儒家思想和其经典著作
Inácio da Costa	郭纳爵	葡萄牙	1603—1666	《中国智慧》（《大学》译本，与殷多泽合译）
Jean Baptiste Regis	雷孝思	法国	1603—1738	1834年与冯秉正将《易经》译为拉丁文，取名《中国最古典籍〈易经〉》
Martini Martino	卫匡国	意大利	1614—1661	1658年根据《易经》、《书经》、《春秋》、《史记》等中国典籍著《中国上古史》（Sinicae Historiae decus Prima）

西文名	汉名	国籍	生卒年	儒家思想译介与著述
Philippe Couplet	柏应理	比利时	1622—1693	《中国哲学家孔子》、（中文标题为《西文四书直解》）
Prospero Intorcetta	殷铎泽	意大利	1625—1696	《中国政治道德学》（《中庸》译文）、《孔子传》
Fran Cois Noël	卫方济	比利时	1651—1729	《中国六经》
Louis Daniel le Comte	李明	法国	1655—1728	《中国礼仪论》
Joachim Bouvet	白晋	法国	1656—1730	《易经研究》（手稿）、《天学本义》
Henry – Manté de Premare	马若瑟	法国	1666—1736	《儒交信》、《六书析义》
Pierre Vincent de Tartre	汤尚贤	法国	1669—1724	《易经研究》
Julien – Placide Herviea	赫苍璧	法国	1671—1746	《诗经选译》
Jean – Baptiste Du Halde	杜赫德	法国	1674—1743	《中华帝国志》（1735 年）
Antoine Gaubil	宋君荣	法国	1689—1759	《四书译注》（1753 年《书经》法译本），1770 年法译《书经》
P. Josephus Maria Amiot	钱德明	法国	1718—1793	《孔子传》

续表

西文名	汉名	国籍	生卒年	儒家思想译介与著述
Robert Morrison	马礼逊	英	1782—1834	1812 年译《大学》，编纂《英华字典》
Elijah Coleman Bridgman	裨治文	美	1801—1861	1832 年创办《中国丛报》（Chinese Repository）
Samuel Wells Williams	卫三畏	美	1812—1884	1848 年《中国总论》，对儒家文化进行全面论述
James Legge	理雅各	英	1815—1897	1861—1886 年间，英译《十三经》中的十经
Séraphin Couvreur	顾赛芬	法	1835—1919	编译、法汉对照的《四书》、《诗经》、《尚书》、《礼记》、《左传》、《春秋》
Ernst Faber	花之安	德	1839—1899	《自西徂东》1884 年

二　早期汉学家的儒学传播

"汉学"（Sinology）作为学术名词出现在十九世纪末，"它是在国际文化关系中以中国文化向世界传播为基础而形成的一门独特的学术，具有双边文化性质"。① 西方汉学的源头可以追溯到早期西人来华所写的关于中国的报道文献，如意大利旅行家马可波罗的《马可波罗游记》，皮尔兹的《东方志》，西班牙人门多萨的《中华大帝史》等。从 16 世纪晚期开始，罗明坚、利玛窦等西方传教士纷纷入华，他们广交朝野文人，研习儒家经典，

---

① 严绍璗："欧洲'中国学'的形成与早期理性主义中国观"，《北京大学学报》1990 年第 5 期。

直到最后一名耶稣会士 1793 年钱德明辞世，他们对中国文化典籍进行翻译、介绍和研究，此时的汉学已粗具雏形，但并没有形成实证、科学、系统的专业研究。直到 1814 年 12 月 11 日法国的法兰西学院第一次设立"汉学"讲席，汉学家雷慕沙（Abel Rémusat，1788—1832 年）担任第一位汉学教授，西方的"汉学"专业研究正式确立。法国也一直雄居欧洲汉学研究的中心地位，巴黎也获得了"西方汉学之都"的美誉。从此，欧洲大陆及美国陆续设立汉学研究机构，大批享誉世界的汉学家脱颖而出。本节所谈的早期汉学家即指 19 世纪出现的专门从事汉学研究的学者。早期汉学家中有许多身兼传教士身份如马礼逊、理雅各等人，这里我们不再赘述。

19 世纪的西方汉学主要以儒家思想作为研究目标，汉学家们除了继续译介儒家经典著作之外，还出版了大量的研究专著，为儒学在西方世界的传播作出了贡献。19 世纪初，法国开欧洲经院汉学先河，雷慕沙担当法兰西学院首位汉语讲席。雷慕沙是第一位在欧洲仅从书本了解中国而成功地掌握了有关中国深广知识的学者。最能代表其儒学研究的工作是他对儒家典籍《四书》的注释——《四书札记》，他向读者提供了孔子及其学派的更为精确的思想概念。雷慕沙还用法文翻译了《论语》、《大学》、《中庸》、《书经》等。

另一位为儒家思想在西方传播作出贡献的法国汉学家是儒莲（Stanislas Julien，1797—1873 年），他是雷慕沙的得意门生，法兰西学院院士，汉学教授，曾任国家图书馆副馆长，"支配法国汉学界大半个世纪之久"。雷慕沙去世后，儒莲接任了汉学讲席之职。在法兰西学院的教学中，他还喜欢用中国的传统方法，将充满儒家伦理思想的《三字经》、《千字文》这样歌诀式的启蒙读物，作为文言基础教材，让学生学习汉语。在儒学研究与传播中，儒莲首先依据满文版的《孟子》，将其译成拉丁文，该书拉丁文标题为

Men Tseu; vel Mencium inter Sinenses Philosophos, Ingenio, Doctrina, Nominisque Claritate Confucio Proximum Lutetiae, Parisiorum, 共两卷，于 1824 年至 1826 年间在巴黎出版。此后大半生，他致力于中国古典的翻译工作，积四十余年，先后又翻译了《三字经》、《千字文》、《赵氏孤儿记》、《西厢记》、《玉娇梨》、《平山冷燕》、《白蛇传》、《太上感应篇》、《老子道德经》、《景德镇陶录》、《天工开物》等重要典籍。中国旅欧学者王韬曾经这样记述他在法国见到这位仰慕已久的汉学大师时的情形：“是日风情日暖，往访儒莲……院中庋华书三万册，目录凡三卷。儒莲好学，一志穷经，足迹虽未至禹域，而译书已衰然盈尺。”①

　　十九世纪的法国汉学界还有一位显赫的人物，就是毕欧（Edouvard Biot，1803—1862 年），他是儒莲的得意弟子。毕欧从 30 岁起才开始专心研究汉学，他写了大量学术论文和著作，研究领域重心在中国古代的科学，包括天文学、地质学、气候学、气象学和地震测报术。在儒学研究方面，他著有一篇内容丰富的短论——《中国公共教育与儒学史》，从儒家伦理思想出发探讨中国古代的公共教育。另外，他还着手翻译了以前从未有人涉足的古代儒学经典《周礼》，由于他父亲和老师儒莲的关怀，其译稿在他去世后得以出版，成为至今绝无仅有的《周礼》译本。据称，译文质量很高，享有“被北京盗印（1940 年）、如今又被列入巴黎国家印刷局再版目录”的荣誉。②

　　德国虽然在 20 世纪初的 1912 年才在柏林大学正式设立汉学讲座，远远落后于法国，但在整个 19 世纪，也涌现出几位杰出的汉学家，他们为“儒学西传”同样作出了贡献。德国汉学的

---

　　①　王韬：《漫游附录》，岳麓书社 1985 年版，第 87 页。
　　②　［法］保罗·戴密微：“法国汉学研究史概述”，《中国文化研究》1994 年春之卷（总第 3 期），第 134—135 页。

先驱伯拉特（Johann Heinrich Plath, 1802—1874）刻苦自学中文，后来出任哥廷根大学东方学教授和巴伐利亚科学院院士，发表了许多关于中国古代文明与儒家思想的论文，并结集出版，名为《关于孔子及其弟子的生平与学说》。该论文集史料丰富，分析精湛，为德国汉学界广为称道，并影响了几代学者。1828 年，克拉普洛特－加龙省博士（Heinrich Julius Klaproth）将《论语》译成德文；1833 年，若克瑞特（Friedrich Ruckert）将《诗经》译成德文；1844 年，克玛律（John Cramer）翻译和出版了《四书》的德文译本；1876 年，格贝莱兹博士（Georg von der Ga-belentz, 1840—1893 年）出版了研究宋明理学的专著《太极图》（Thai－kihthu）一书，此书是以朱子的《太极图说》和周子的《太极图》为基础而写成的介绍性加翻译性的著作，① 这一切都使得儒家思想在德国得到进一步的传播。

　　19 世纪，英国也涌现了许多为儒学西传作出贡献的汉学家，翟理斯（Herbert. A. Giles, 1845—1935 年）就是其中杰出代表。他在华期间历任天津、宁波、汉口、广州、汕头、厦门、福州、上海、淡水等地英国领事馆翻译、助理领事、代领事、副领事、领事等职，1893 年辞职返英。1897 年，翟理斯全票当选为剑桥大学第二任汉学教授。此后 35 年，翟理斯在教学之余，潜心汉学。1935 年于剑桥家中病逝。翟理斯毕生都在为传播中国语言、文学和文化而努力。他著有《中国文明》、《中国和汉人》、《儒家及其竞争者》、《十九世纪的儒学》（*Confucianism in the Nine-teenth century*）等重要著作，专门论述儒家思想。他还向西方译介了诸如《聊斋志异》和中国古诗等文学作品，并且是世界上撰写《中国文学史》的第一人。

------

　　① 　刘正："19 世纪以前德国汉学研究的历史回顾"，转引自北京大学儒藏编纂中心网站：http：//www. ruzang. com/displaynews. asp？id＝403。

附表　　　　　　早期汉学家的儒学译介、著述简表

Abel Rémusat	雷慕沙	法	1788—1832	《四书札记》
Stanislas Julien	儒莲	法	1797—1873	四十余年陆续翻译《孟子》、《三字经》等中国典籍
Johann Heinrich Plath	伯拉特	德	1802—1874	德国汉学的先驱《关于孔子及其弟子的生平与学说》（论文集）
Friedrich Ruckert	克拉普洛特－加龙省	德		翻译出版《论语》德文本
Friedrich Ruckert	若克瑞特	德		翻译出版《诗经》德文本
John Cramer	克玛律	德		翻译和出版《四书》德文本
Edouvard Biot	毕欧	法	1803—1862	著《中国公共教育与儒学史》；译《周礼》
Herbert. A. Gilles	翟理斯	英	1845—1935	翻译《尔雅》，选译部分《诗经》。著《儒家及其竞争者》（1915 年）

第二节　20 世纪以来西方汉学家的儒学研究

一　法国汉学家的儒学研究

　　法国早在十九世纪初就设立了"汉语"讲席，可以认为西方的现代汉学"专业"研究发源于法国。事实上，法国在 19 世纪一直处于欧洲汉学研究的中心地位。在老一代汉学家雷慕沙、儒莲之后，法国汉学界又出现了一位跨世纪的学者——沙畹（Edouard Chavannes，1865—1918 年）。他对西方汉学的贡献，像他的老师

儒莲一样获得举世公认。沙畹继承了 19 世纪法国汉学的传统，使
汉学的各个领域，如中国历史、中国哲学、宗教、中外关系史等
在 20 世纪得以发扬光大，不仅为法国汉学，也为整个欧洲汉学在
研究方法、史料学等方面奠定了基础。他的研究涉猎极为广泛，
著述博大精深。他翻译《史记》，研究中国佛教，考察文物、碑
帖，钻研古文字、西域史、突厥史、中国地理、道教等等，成就
斐然。然而，沙畹对儒家思想的研究专论较少，在这方面他最大
的贡献当属对非儒学经典但深受儒家思想影响的《史记》的翻译。

　　在沙畹之后，其弟子伯希和（Paul Pelliot，1878—1945 年）、
马伯乐（Henri Maspero，1883—1945 年）、葛兰言（Marcel Gra-
net，1884—1940 年）等人继续活跃在法国和西方汉学舞台，其
中葛兰言在儒学研究上卓有成就。这主要体现在其 1919 年出版
的专著《中国古代的祭日和歌谣》，这算是西方第一部深入研究
《诗经》的专著。他运用法国社会学和西方民俗学的研究方法，
论证《国风》诸篇与中国古代节庆、歌舞、求爱、劳动生活的
联系，描绘了一幅中国古代人民的风俗画。他吸取中国传统注疏
可取的阐释，将中国西南少数民族和印支半岛的歌谣与《国风》
作比较研究，进而探讨了远古中国的社会结构、宗教信仰和生活
习俗。其法文版于 1919 年出版，1932 年在伦敦、纽约又同时出
版英文版，其理论和方法对此后的汉学研究产生了深远的影响。
它具有文学、社会学、民俗学、民族学、神话学等综合研究的性
质，是后来盛行的文化人类学的《诗经》研究的肇始。① 沙畹对
《礼记》、《周礼》、《书经》、《左传》也颇有研究。

　　第二次世界大战使包括法国在内的西方汉学研究几乎陷入停
顿。战争结束后，尤其是进入八十年代后，西方汉学得以重振雄

---

　　① 夏传才："略述国外《诗经》研究的发展"，《河北师院学报》（社会科学
版）1997 年第 2 期，第 74—81 页。

风。这一时期，法国汉学界对儒家思想的研究也步入了新的阶段。汪德迈（Leon Vandermeersch, 1928—）曾经任法国远东学院院长，在高等实验学院长期开设中国儒学课程一直持续到1993年退休。他分别于1977年和1988年出版了其博士论文《王道》（两卷本），书中纠正了马伯乐等人对儒家思想的一些错误认识，提出了儒学人文主义是商周王道之顶峰的观点。他于1986年出版了《新汉文化圈》，论述了儒学在东亚的传播。在这本书中，汪德迈为我们提供了一个认识和把握儒学的新视角：儒学将在三个层面对文化发展起作用，其一是在语言层面，汉字仍然是汉文化各民族之间举世无双的宝贵桥梁；其二是在那种共有的浸透了儒家传统的社会形式上代表了一个非政治的侧面，一个可以抵消意识形态上两极对抗的侧面；其三是在思想层面，应充分考虑十分接近的其他思想方式给予整个汉文化圈的积极影响。[①]

此外，汪德迈1993年还主编了一本《儒学与亚洲社会》论文集，1994年出版了《汉学研究》论文集，收集的论文大多是有关儒学的研究。

法国现当代著名汉学家、历史学家、社会学家谢和耐（Jacques Gernet, 1921—）在儒学研究方面也做出了突出的贡献。谢和耐曾于1975—1992年间主持了法兰西学院的中国社会和文化史讲座，被誉为当代法国的汉学大师。谢氏重视以儒学为基本特征的中国社会文化史，在法兰西学院授课时研究了顾炎武、王夫之、王阳明、唐甄、戴震和章学诚等儒家思想家的学说。1991年出版了唐甄所著《潜书》的译注本。他还于1982年撰写并出版了《中国和基督教》，论述了基督教与儒学

---

① 路德斌："儒学的认同与转换——'山东省首届中国哲学与文化论坛'纪要"，《哲学研究》2004年第11期，第93页。

文化的矛盾冲突。他的著作《中国社会史》（1990 年）及论文集《中国人的智慧》（1994 年）也是以研究儒学为主的著作。其他著作如《16 世纪末至 17 世纪中叶的中国哲学和基督教》、《近代中国和传统中国》、《论儒教传统对中国的影响》、《中国思想概论》、《中欧交流中的时空、科学与宗教》等，在国际学术界颇有影响，为 20 世纪后半叶的儒学研究和传播做出了卓越贡献。

　　此外，现任巴黎第七大学中文系主任的朱利安（Frangois Jullien）也发表了一系列以研究中国儒学传统文化为基本内容的汉学著作。这些著作有《模糊价值，中国传统中诗词注释类别》（1985 年）、《进化或创造，中国文人思想研究概论》（1989）等。他还于 1993 年出版了《中庸》的法译本。

　　法国汉学界近年来对明清儒学研究的成果异常丰富。一批儒学著作最近又被译成法文出版。李克曼（P. Ryckmans）于 1987 年和雷威安（A. Levy）于 1994 年分别出版了《论语》的译注本。哈斯（M. Hasse）于 1984 年出版了《大学》译本并附有朱熹的注释。卡梅纳罗维奇（I. Kamenarovie）于 1987 年出版了《荀子》译本并于 1994 年出版了王符《潜夫论》的译本。除了这些专著和专门翻译之外，散见于各种刊物上的儒学研究论文更不胜枚举。法国汉学界研究儒学文化的学者人数多，水平高，成果丰富，在欧美国家中居重要地位。①

二　美国汉学家的儒学研究

　　世界上最早的汉学是在欧洲出现和兴起的，美国的早期汉学具有深深的欧洲汉学烙印，在很大程度上继承了欧洲学院式的学

---

　　①　转引自《国际儒学联合会简报》1995 年第 4 期：http：//www. ica. org. cn/content/view_ content. asp? id＝5407。

术传统。1877 年，耶鲁大学和加利福尼亚大学率先开设了汉语课程，设置中国语言文学教授。同年，哈佛大学将开设汉语和中国文化课程提上议事日程。然而，到了 20 世纪，尤其是"二战"结束之后，美国汉学研究进入了"费正清时代"，受当时政治气候的影响，其学风开始明显有别于欧洲汉学。从某种意义上说，美国汉学是较为典型的学术受制于政治利益、学术为政治服务的样本。[①] 因此，美国学术界更喜欢用"中国学"（Chinese Studies）取代"汉学"（sinology）。美国的"中国学"研究领域大为扩展，现代中国的政治、经济、外交、社会等各学科都有所涉及，而中国儒家思想的研究只是其中的部分内容而已。

纵观 20 世纪美国的"中国学"界，许多学者为中国儒家思想的研究和传播作出了贡献，首先值得一提的是费正清（1907—1991 年）与"哈佛学派"儒学研究。

费正清（1907—1991 年）被称为现代美国中国学的创始人，他开创了美国中国学的"费正清时代"。费正清开展的是广义上的中国研究（China Studies），以近代中国作为研究对象，儒学是其研究的其中一个重要方面。费正清虽然不是美国本土最早接触中国儒家思想的人，但却是美国本土儒学研究的真正开创者，他不仅建立起了美国本土的儒学研究，而且还培养了一支职业研究队伍。这支队伍因其鲜明的学术特色而被称为"哈佛学派"。20 世纪中后期，"哈佛学派"的儒学研究代表了美国儒学研究的实力与水平，甚至渐渐执西方儒学研究界之牛耳。"哈佛学派"在其研究过程中，提出了几种著名的儒学观：费正清提出了"冲击——反应说"，列文森（1920—1969 年）提出了"传统——现代说"，后来，柯文（Paul A. Cohen，1934—　）又提

---

① 王海龙："美国当代汉学研究综论"，《上海师范大学学报》（哲学社会科学版）1999 年第 1 期，第 57 页。

出了"中国中心观"。① 费正清在其代表作《美国与中国》一书中专门论述了孔孟之道，在他看来，儒学是一种具有窒息一切生命力量的惰性文化。他指出："2000 年来中国政治生活中孔孟思想格局所造成的这种根深蒂固的惯性，说明为什么中国近代反对那种思想格局的革命要走那么长的道路。"② 这种顽固的惰性的文化使中国对西方文明表现出顽强的抵触和排斥。

哈佛学派的重要代表人物，费正清的学生——列文森通过对儒家思想的研究提出了与其老师不同的学说"传统——现代说"。列文森对于儒学观点的阐发主要体现在其三卷本巨著《儒家中国及其现代命运》（*Confucian China and Its Modern Fate*，1958、1964、1965 年）中。该书从哲学思想、官僚制度、政治文化、社会心理和理想人格等层面，详细分析了明、清以降至新中国成立以后，中国各派知识分子对儒家思想的态度，描述了中国儒家文明的现代命运。他指出，儒家传统在中国已经失去了真正的价值，被"博物馆化"（museumnization）了。在他看来，中国的儒学已随中国的封建时代一起"走入历史"，成为一种供人鉴赏的"博物馆"哲学，只是一种供人进行历史研究的史料。

费正清和列文森等人对孔子和儒家思想的评价大多是否定性和负面性的，但哈佛学派其他代表人物则表达了不同的观点。史华慈（Benjamin I. Schwartz，1916—1999 年）并不认为在西方冲击来临之前中国是"沉默的"、"静止的"和"无历史"的。他认为，就内容来看，与西方哲学相比较，儒学在自由、平等和民主等方面存在着理论上的缺陷，这是不容置疑的客观事实。但

---

① 程志华："哈佛学派儒学观的奠立、嬗变与成熟"，《河北大学学报》（哲学社会科学版）2008 年第 1 期，第 49 页。

② 费正清，张理京译：《美国与中国》，世界知识出版社 2000 年版，第 75 页。

是，我们并不能由此贸然论定儒学完全无法与现代化兼容。① 史华慈曾在哈佛大学讲授《中国古代统治阶级意识形态：汉代儒学》、《古代中国观念：新儒学》等课程。其代表作有：《古代中国的思想世界》、《中国古典思想研究》、《中国文化的价值》等。较客观地评价和传授了儒家思想的社会价值和历史作用。哈佛学派的另一位代表人物柯文（Paul A. Cohen, 1934—　）则提出了一种新的儒学研究模式——"中国中心观"，即从中国而不是从西方着手来研究中国历史，并尽量采取内部的（即中国的）而不是外部的（即西方的）准绳来决定中国历史中哪些现象具有历史重要性。② 只有这样才能避免由于"西方中心论"而导致的对儒学的歪曲。

　　20世纪的美国儒学研究除了"哈佛学派"外，著名的还有顾立雅（H. G. Creel, 1905—1994年）、芮沃寿（A. F. Wright, 1913—1976年）、狄百瑞（William Theodore de Bary, 1919—　）等人。顾立雅（1905—1994年）是20世纪美国著名的汉学家，主要研究孔子和中国的文化教育。代表作《孔子与中国之道》（Confucius and the Chinese Way）被美国学术界誉为"研究孔子或孔子哲学的一种主要英文参考书"。顾立雅对孔子和儒家思想做出了肯定、积极而热情的评价，认为孔子在动荡、变革的时代里根本上是一个社会改革者，孔子所关心的不仅仅局限于一国或某一政府，而且包括全人类的幸福，孔子的思想不仅仅具有一国的意义，同时具有全世界、全人类的重大意义。这成为贯穿顾立雅儒学观的一条主线索。孔子思想的重要性是不可磨灭

---

① 程志华："哈佛学派儒学观的奠立、嬗变与成熟"，《河北大学学报》（哲学社会科学版）2008年第1期，第50页。

② 柯文：《在中国发现历史——中国中心观在美国的兴起》（增订本），中华书局2002年版，第53页。

的，并会在未来的时代继续发扬光大。顾立雅的预见无疑是十分准确的。①　芮沃寿曾于 1939—1940 年，1941—1947 年间由哈佛燕京学社派遣来华学习，后任斯坦福和耶鲁大学教授，著有《行动中的儒家》（1959 与倪德卫合编），《儒家的说服术》（1960 年），《儒家人格》（1963 年），《儒家与中国文明》（1964 年）等书。狄百瑞是美国哥伦比亚大学教授，儒家思想专家，主要著作有：《研究东方经典著作的途径》（1959 年）、《中国传统的来源》（1960 年）、《道学与心学》（1981 年）、《心学与道统》（1989 年）等。狄百瑞是新儒学在美国的代表，他把新儒学研究引入美国。在《道学与心学》一书中，他对宋明新儒学给予了新的诠释：儒家思想对现代化不仅没有危害，相反，它是东亚地区的一种无可取代的文化资源。贝勒大学历史与亚洲研究教授孟德卫（1943—　）也是一名著名汉学家，他的研究领域主要是基督教在中国文化中的传播过程和地位，以及儒学在西方的发展和西方早期汉学研究的历程。他创办了《中西文化交流杂志》，并著有《莱布尼茨和儒学》、《1500—1800 年中西方的伟大相遇》等书，专门探讨儒家思想与西方文明之间的关系。他认为精神修养是以儒学为代表的东方文化和以基督教为代表的西方文化融合的基础。

　　20 世纪八九十年代以来，美国儒学研究又出现了"波士顿儒学"和"夏威夷儒学"两个学派。波士顿儒学以南乐山（Robert Cummings Neville, 1939—　）、白诗朗（John Berthrong, 1964—　）为代表，以对话为主要特点。夏威夷儒学以安乐哲（Roger T. Ames, 1947—　）、郝大维为代表，以诠释为主要特点。两派在思想主张上虽有不同，但在把儒学推向世界方面都做

---

　　①　蒋向艳："美国汉学家顾立雅的汉学研究"，《枣庄师范专科学校学报》2002 年第 1 期，第 74 页。

出了很大的贡献。

　　"波士顿儒学"是在美国波士顿形成的儒家研究学派，2000年，长期担任波士顿大学神学院院长的南乐山教授出版了《波士顿儒学》一书，标志着"波士顿儒学"学派正式确立。①南乐山和他的同事，该神学院副院长白诗朗，共同致力于儒家思想的研究。他们认同儒家思想价值，认为儒家思想是对于每个普通的当代人都有价值的精神生活资源。他们强调，儒学应参与到世界哲学对话中，这样儒学自身才能在不同的文化土壤中进行自我改造和发展。南乐山强调说，中国哲学传统在揭示"礼"如何使文明各层次各得其宜地实现自身价值方面，比西方哲学要丰富得多，因为西方传统把符号系统等同于语言，而不是制度和行为。他认为，从儒学的现代意义出发，我们今天应当把《荀子》纳入到儒家的核心经典之中，而与此相应，"波士顿儒家的一个主要工作重点，即是在儒家之中呼唤礼（ritual，propriety）的复兴"。②白诗朗基于宗教多元主义的基本立场，将儒学作为一种宗教性的传统引入全球范围内的宗教对话。此外，对于当今世界所面临的一些普遍性的问题，如生态问题等，白诗朗也充分结合他所掌握的儒学资源进行建构性的理论回应。③本质上讲，波士顿儒学在思想取向上显示了中国哲学和国际哲学对话的性质。

　　"夏威夷儒学"以夏威夷大学的两位教授安乐哲、郝大维为

　　①　波士顿儒学以查尔斯河为界，形成以南乐山与白诗朗为首的"河南派"和以哈佛大学杜维明为首的"河北派"。——转引自蔡德贵"试论美国的儒家学派"，《中国人民大学学报》2004年第5期，第80页。
　　②　选自南乐山2005年8月在上海的演讲"当代儒家思想的扩展形态"，见学术中国网：http://www.xschina.org/show.php?id=4421。
　　③　彭国翔："全球视域中当代儒学的重构"，《中国哲学史》2006年第2期，第40页。

主要代表人物。他们两人长期合作，撰写了《透过孔子而思》、《期待中国：透过中西文化的叙事而思》、《由汉而思：中西文化中的自我、真理和超越性》以及《逝者的民主：孔子、杜威以及民主在中国的希望》等著作。另外，二人合作翻译了《中庸》，安乐哲还与他人合译了《论语》。与以往儒家经典的翻译不同，安乐哲等人进行的是哲学性翻译，译文体现了西方过程哲学、实用主义与儒学的结合。例如，对于《中庸》中的核心概念"诚"，安乐哲和郝大维的翻译就不再是传统的"sincerity"或"integrity"，而是"creativity"。对于《论语》中的核心观念"仁"和"君子"，安乐哲和罗思文的翻译就是"authoritative conduct"和"exemplary person"。对安乐哲等人而言，如此翻译才能够使西方读者真正进入古代中国儒家的思想世界。一方面，这种翻译似乎是将西方过程哲学、实用主义的思想输入到了儒学之中；另一方面，通过这种翻译，儒家思想也同时进入到了西方哲学的脉络之中。①

　　夏威夷儒学的代表人物还有美籍华人学者成中英、田辰山等人，我们将在下一节"海外华人的儒学研究与传播"中另作探讨。

三　德国汉学家的儒学研究

　　自 20 世纪初开始，德国的汉学研究陆续纳入大学体制：1909年德国第一所汉学系在汉堡（Hamburg）成立；1912 年柏林大学设立汉学讲席；1922 年和 1925 年莱比锡大学与法兰克福歌德学院也分别设立汉学研究机构。第二次世界大战以后，汉学在德国成为独立的学科，70 年代以后，汉学成为显学，并且易名为中国学，

---

　　①　彭国翔："全球视域中当代儒学的重构"，《中国哲学史》2006 年第 2 期，第40 页。

更注重当代时事政治、经济、商业贸易的观察和研究。①

　　20世纪德国汉学家的儒学研究贡献最大的当属卫礼贤（Richard Wilhelm，1873—1930年）。卫礼贤首次来华时的身份是传教士，然而随着对中国人和中国文化理解的不断深入，他很快放弃了传教的本职工作，把全部精力用在了开办医院、办学校和学习钻研中国文化上。作为享誉全欧的汉学家，卫礼贤一生拥有热爱中国、公正看待中国人民、推崇中国文化的博大胸怀。他翻译了中国儒家思想的大部分经典，著述宏富，内容涉及中国文化的许多层面，受到了西方学术思想界的高度重视。卫礼贤翻译的儒家典籍包括：《论语》（1910年）、《孔子家语》（1914—1915年）、《孟子》（1916年）、《易经》（1924年）、《吕氏春秋》（1928年）、《礼记》（1930年）、《中庸》（1930年）等。此外他还译有《道德经》（1911年）、《庄子》（1912年）等多部道家著作，以及《西游记》、《三国演义》、《三言二拍》、《聊斋》、《搜神记》、《封神演义》等等，对西方整个社会思潮产生了积极而深远的影响。

　　卫礼贤关于中国儒学研究和传统文化的专著和论文也相当丰富，其中包括：《孔夫子在人类杰出代表中的地位》（1903年）、《孔子的生平及其著作》（1925年）、《中国文化史》（1928年）、《孔子与儒家》（1928年）、《中国哲学》（1929年）、《东亚：中国文化的形成与变迁》（1928年）等等。在《歌德与孔子》一文中，卫礼贤认为中国精神的许多方面，诸如儒家的修身齐家、忠恕孝悌，老庄的知足无为、返璞归真等等，都正好能弥补西方伦理道德观和人生观之不足，能够起到拯救物欲横流、竞争激烈的西方资本主义社会的作用。

　　卫礼贤晚年还曾担任法兰克福歌德学院中国研究所所长，专

① 王维江："20世纪德国的汉学研究"，《史林》2004年第5期。

事汉学研究。并且创办《中国学报》，并在学报上发表多篇有关儒学研究的文章，以弘扬中国文化。德国当代著名汉学家罗梅君（Mechthild Leutner）教授曾这样评论卫礼贤在德国、欧洲乃至世界汉学界的影响："在著述与普及有关中国的知识方面，当时再也没有其他汉学家能像卫礼贤那样产生广泛而特殊的传播效应。不仅他对《易经》的翻译和解说直到今天仍在全世界传播并获得学术界认可，而且他对那些最重要哲学著作的翻译和解说，也通过不断再版，直到今天还对专业人士和大众的中国观有决定性影响。"①

德国汉学家对儒学研究贡献较大的还有佛尔克（Alfred Forke，1867—1944 年）。佛尔克 1903 年担任柏林大学的东语所教授，1923 年担任汉堡大学中国语言与文化研究所教授兼所长。他曾出版英语版《论衡——王充哲学散文选》而获得"儒莲奖"。从 1927—1938 年的十余年间，他先后出版了三卷本的《中国哲学史》。在这项巨著中，佛尔克采用翔实的中文原始资料，做了大量注释和译介，介绍了以儒家为核心的一百五十多位中国哲学家。

20 世纪下半叶，德国汉学家中对中国儒家思想研究颇深的还有莫利茨（Ralf Moritz，1941—　　）等人。莫利茨 1984 年出任莱比锡大学汉学专业主任教授，他用德语翻译了《论语》，并主持了《大学》、《中庸》等儒家典籍的重译工作。2003 年他主持了题为"中国思想史——儒家思想"的科研项目。② 关于德国其他汉学家，在此不再详述。

四　英国汉学家的儒学研究

十九世纪中后期，英国汉学研究开始纳入大学体制。1875

---

① 转引自蒋锐 "卫礼贤的汉学生涯"，《德国研究》2004 年第 1 期。
② 何培忠：《当代国外中国学研究》，商务印书馆 2006 年版，第 150 页。

年牛津大学在英国率先设立汉语讲席教授，理雅各任首位汉学教授。1888 年剑桥大学开始设立汉语讲席，威妥玛（Thomas Wade，1818 —1895）任第一位教授。此后利兹大学、威斯敏斯特大学、爱丁堡大学等学校先后设立汉学讲习。进入 20 世纪，英国汉学研究进一步发展，儒学研究成果也颇为丰富。

20 世纪上半叶，对儒学和儒家思想颇有研究的首先当属英国伦敦会教士修中诚（E. R. Hughes，1883—1956 年），他是理雅各在牛津大学的学生，和他的老师一样享有“传教士汉学家”的美誉。1911 年起，修中诚继承师大，曾先后两次来华，在福建汀州传教 18 年，并于 1929—1932 年间在上海中华基督教青年会全国协会任职。① 回国后，自 1934 年 1 月起，在牛津大学任中国宗教和哲学高级讲师。1939 年，牛津大学汉学讲座教授空缺，修中诚主持汉学教学工作，并进行了牛津大学汉学发展史上的一次重大改革，创立了汉学高阶学科（Chinese Honour School），确定本科四年制的课程内容和考试方法，并正式设置相应学位。② 修中诚对儒家思想有较为深入的研究，其代表著作《中国古代哲学》（*Chinese Philosophy in Classical Times*）着重介绍了孔孟儒家哲学思想，称孔子为“礼学的权威”，称孔门后学孟子为“政治哲学家和心理学家”。此外，作者还详细介绍了其他孔门大儒子思、荀子、董仲舒、王冲等，并对儒家经典《诗经》、《左传》、《尚书》、《论语》等进行了全面的介绍。此外，修中诚还翻译了《大学》、《中庸》，以及冯友兰的著作《新理学》，后者的译本以《中国哲学精神》为书名出版。

---

① 中国社会科学院近代史研究所翻译室编《近代来华外国人名辞典》，中国社会科学出版社 1981 年版，第 220 页。

② 杨国桢：“牛津大学中国学的变迁”，《中国史研究动态》1995 年第 8 期，第 5 页。

　　20 世纪初，英国另外一位汉学大师是阿瑟·韦利（Arthur Waley，1889—1966 年）。韦利在 1907—1910 年，曾就读于英国剑桥大学国王学院（King's College，Cambridge）。1913 年任职于大英博物馆书画部东方学科，从事中国书画史的分类归档工作。他勤勤恳恳地工作，1923 年出版了中国书画研究的专著《中国画研究导论》（Introduction to the Study of Chinese Painting）。1929 年，他辞去了大英博物馆的工作，专心致力于著书与翻译。韦利一生以中国文化为主要研究领域，成果丰富，据统计，截止到 1964 年，他出版了 40 余本著作与译作，论文 80 余篇，还有 100 余篇书评。①

　　韦利被认为是 20 世纪少有的"具有文学天赋的汉学家"，其主要汉学成果集中于文学领域，但同时也反映在对中国思想典籍的翻译与研究上。他的《论语》译本（The Analects of Confucius）与《道德经》译本（The Way and its Power：A Study of the Tao Te Ching and its Place in Chinese Thought）是目前英语世界比较受欢迎的译本，也充分体现了他对《论语》和《道德经》的深入研究。在《论语》译本的序言中，韦利详细讨论了孔子及其弟子、《论语》的文本问题，甚至中国古代的礼义问题等。译本后有附录，研究了《论语》的注释史，涉及了曹魏时期何晏的《论语集解》与宋代大儒朱熹的《论语集注》。译本正文中的译文随文附有较多的注释，译文后还有附注，进一步具体深入地讨论了有关文本问题。其对孔子及儒家思想学说的研究可见一斑。他还著有《中国古代的三种思维方式》（Three Ways of Thought in Ancient China），讨论了先秦时期三种影响较大的思想学派儒家、道家、法家。此书专门针对普通读者，视野开阔，在

---

　　①　数据转引自程钢"理雅各与韦利论语译文体现的义理系统的比较分析"，《孔子研究》2002 年第 2 期，第 22 页。

多文明比较的语境中介绍了中国思想，文字通晓流畅，内容深入浅出，成为英语世界中国先秦思想史的一部普及型名著。韦利的译著还有《诗经》，人类学和文学相融合的视界是本书的显著特点，被文化翻译界誉为《诗经》英译翻译史上的一座里程碑。

五　意大利汉学家的儒学研究

意大利的汉学研究渊源可以追溯到 13 世纪，马可·波罗兄弟来到中国，并带回了中国文化。然而，与欧美其他国家相比，意大利真正意义上的"汉学"或"中国学研究"起步相当晚。所以有学者称，意大利的汉学"是一门古老而年轻的学科"。[①]

20 世纪以来，尤其是二战之后，意大利的汉学研究开始重新崛起，研究力量主要集中在那不勒斯东方大学的中国研究所、罗马的意大利中远东学院和罗马大学东方系、威尼斯大学等。兰乔蒂是意大利中国学的一位带头人，他的著作有 150 多种，包括评论、译介中文的书，而其研究领域主要在中国文学、哲学与宗教等方面。[②] 兰乔蒂关于儒家研究的专著 *Che cosa ha veramente ditto Confucio*，通过对《论语》的研究，分析了早期儒家思想。

史华罗是意大利汉学研究的另一位领军人物，生于 1943 年，1966 年在罗马大学获得博士学位，现任意大利那不勒斯东方大学亚洲系中国史教授，汉学系主任，罗马大学东方学院东亚史教授，同时兼任意大利汉学学会、欧洲汉学学会理事。出版汉学学术专著十余部，主要有《中国思想通史》等，对儒家思想也有

---

① 陈耀庭："意大利的道教研究"，《当代宗教研究》1998 年第 1 期。

② 引自 Antonella Tulli，"意大利汉学研究的现况——从历史观点"，蔡雅菁译，http://www. italy. fju. edu. tw/files/Sinologia_ Ital_ TULLI_ Chinese. pdf。

专门的论述。1974 年出版了《儒家学说》，1986 年出版了《孔子与儒家学派》，1991 年出版了《中国之罪：14、15 世纪以来的儒家独尊》。

威尼斯大学东亚研究系的中国哲学教授斯卡尔帕里（Maurizio Scarpari，1950—　　）对中国儒家学说进行过专门研究，发表多篇论文和专著。1991 年他发表论文"孔孟学说中的人性论"，反映了作者对孔子思想的独到见解。之后，他继续就此课题展开了研究。2003 年，其论文"早期儒家著作中人性之辩"发表在国际著名哲学期刊《东西方哲学》（*Philosophy East and West*）第 53 卷第 3 期上（该刊由夏威夷大学哲学系 1951 年创办，是一本国际性跨学科学术期刊）。作者认为，早期儒家中告子、孟子和荀子在人性和道德发展上的观点虽然不尽相同，但是他们之间仍存在一致性，一起构成了儒家两大既相互对立又相互补充、共同发展的学派。[1] 斯卡尔帕里的其他有关儒家思想研究的著作当中还有《孔孟思想中的人性构建》（威尼斯，1991 年）、《中国经典研究初探》（威尼斯，1995 年）和《荀子及性恶论》（1997年）、主编《中华文明的起源》（1995 年）。

六　西方其他国家汉学家的儒学研究

在西方各国的汉学研究历史中，瑞典也有着相当悠久的传统。早在 1710 年，孔子就成为乌普萨拉大学一位东方学家奥拉瓦·塞修斯（Olavus Celsius）的博士论文选题对象，论文的题目是"略论中国哲学家孔子"。[2] 进入 20 世纪，对儒家思想颇有研究的瑞典汉学家主要有高本汉（Bernhard Karlgren，1889—1978

---

① Maurizio Scarpari, "The Debate on Human Nature in Early Confucian Literature," Philosophy East & West 53（July 2003）3：323—339

② 张西平：《欧美汉学研究的历史与现状》，大象出版社 2006 年版，第 382 页。

年）、马悦然（Goran Malmqvist，1924—　）、罗多弼（Torbjorn Loden，1947—　）。高本汉翻译和注释了许多儒学著作，包括：《诗经英译》和《诗经注释》、《书经英译》和《书经注释》、《左传注释》，上述翻译或注释均刊载于《远东古物博物馆馆刊》上。另外，高本汉对《论语》、《礼记》、《尚书》、《国语》和《左传》等先秦著作也有十分独到的见解。①

高本汉的弟子马悦然继承了其师的研究传统，他在儒家思想的研究方面主要对《春秋》之《公羊传》和《穀梁传》进行了细致的文本研究和翻译注释工作，并向西方介绍了中国的《诗经》、《礼记》、《论语》、《孟子》、《史记》等著作。当然，马悦然作为汉学家的成就和贡献远不止于此，不但为促进中国与西方文化交流作出了卓越贡献，而且还把瑞典的汉学研究引入了更高的层次。

在挪威，汉学家龙恩（Ole Bjørn Rongen，1946—　）对儒家思想也有专门的研究。他于1970年获得美国哥伦比亚大学中国文学硕士学位，之后返回奥斯陆大学继续深造，重点研究中国思想史和哲学，主要是《四书五经》，并将《论语》和《孟子》译成现代挪威文，书后还附有详细的注解和引言。目前，龙恩正从事研究早期的孔子思想在汉唐时期的发展，以及儒家思想在当代中国复兴的情况。②

葡萄牙也有一位汉学家在儒家典籍的译介方面做出了杰出贡献，他就是葡萄牙耶稣会神父、汉学家戈振东（Joaquim Guerra，1908—1993年）。他曾远渡重洋来中国澳门，在澳门神学院教授哲学。后来他被派往中国内地，他边传教边研究中国的汉语语

---

① 王蔚桦："瑞典汉学对中华文化的贡献"，《理论与当代》2006年第4期，第50页。

② 张西平：《欧美汉学研究的历史与现状》，大象出版社2006年版，第415页。

音，以及令他神往的中国文化。1973 年，戈振东开始翻译《四书五经》，历时十年，先后翻译出版了《诗经》（1979 年）、《尚书》（1980 年）、《春秋左传》（1981 年）、《孔子的四书》（1984年）、《孟子》（1984 年）、《易经》（1984 年）、《礼记》（1986年）等。

　　总之，20 世纪以来西方汉学家对儒家思想进行了广泛而深入地研究，取得了丰硕的成果，详见附表。

附表　　20 世纪以来西方汉学家儒学译介、著述简表

Alfred Forke	佛尔克	德	1867—1944	著《论衡——王充哲学散文选》（英语单行本，1911年）、《中国文化的思想世界》、《中国哲学史》三卷本
Richard Wilhelm	卫礼贤	德	1873—1930	译《论语》（1910 年）、《易经》（1924 年）、《孟子》（1921 年）、《礼记》（1930年）等
Ralf Moritz	拉尔夫·莫利茨	德	1941—	著《古代中国的哲学》（DiePhilosophie im alten China，1990 年），译《论语》（*Konfuzius. Gespräche*，1982）、《大学》［DasGrobe Lernen（Daxue），2003 年］
Marcel Granet	葛兰言	法	1884—1940	著《古代中国的祭日和歌谣》、《中国文明》

Louis Van Dermeersch	汪德迈	法	1928—	编著《新汉文化圈》（1986年）、《儒教与亚洲社会》（1993 年沟口雄三合编）、《王道》（1977、1988 年两卷本）、《启示性文字与被启示的文字——儒家注释及与其相对的圣经阐释》
Frangois Jullien	朱利安	法		译《中庸》（1993 年）、《模糊价值，中国传统中诗词注释类别》（1985 年）、《进化或创造，中国文人思想研究概论》（1989 年）
William Theodore de Bary	狄百瑞	美	1919—	《新儒学中的心法》、《明代思想中的自我和社会》
Homer Hasenpflug Dubs	德效骞	美	1892—1969	译《荀子英译》（1927 年）、著《荀子：古代儒家的铸造者》（1927 年）
H. G. Creel	顾立雅	美	1905—1994	著《中国世界观的演变》（1929 年）、《孔子与中国之道》（1960 年）、《中国思想：从孔子到毛泽东》
John King Fairbank	费正清	美	1907—1991	著《美国与中国》（第三章专门论述孔孟之道）
A. F. Wright	芮沃寿	美	1913—1976	著《行动中的儒家》（1959年与倪德卫合编）、《儒家的说服术》（1960 年）、《儒家人格》（1963 年）、《儒家与中国文明》（1964 年）

Joseph R. Levenson	列文森	美	1920—1969	著《儒教在近代中国的命运》
Herbert Fing-arette	赫伯特·芬格莱特	美	1921—	著 Confucius：The Secular as Sacred
Robert Cummings Neville	南乐山	美	1939—	著《波士顿儒学》（Boston Confucianism. SUNY，2000 年）
David E. Mungello	孟德卫		1943—	著《神奇的土地：耶稣会士的适应性和早期汉学的起源》、《莱布尼茨和儒学》（Leibniz and Confucianism：The Search for Accord）
Roger T. Ames	安乐哲	美	1947—	著《自我的圆成：中西互镜下的古典儒学与道家》《孔子哲学思微》 （Thinking through Confucius）
John Berthrong	白诗朗	美	1964—	著《普天之下：儒耶对话中的范式转化》（John Berthrong，All Under Heaven：Transforming Paradigms in Confucian-Christian Dialogue. New York：SUNY Press, 1994.），《儒学之道的转换》《儒学与生态学》
Luís Gonzaga Gomes	高美士	葡	1907—1976	译著：《古典三格言》（1944 年），《古典孝道》（1944 年），《四书》（1945 年）

Fr. Joaquim Guerra S. J.	戈振东	葡	1908—1993	翻译《孟子》（1990 年）、《论语》（1990 年）、《诗经》、《四书》等
Bernhard Karlgren	高本汉	瑞典	1889—1978	翻译并注释儒家典籍:《诗经英译》、《诗经注释》(1942—1946 年)、《书经英译》、《书经注释》(1948—1949 年)、《左传注释》(1969—1970 年)
GÖran Malmqvist	马悦然	瑞典	1924—	著《〈公羊传〉 和 〈穀梁传〉研究》，译有《诗经》、《楚辞》
Torbjorn Loden	罗多弼	瑞典	1947—	译《戴震的〈孟子字义疏证〉》；著《重新发现儒学：东亚的人生哲学》
Giuliano Bertuccioli	白佐良	意	1923—2001	《中国文学史》、《儒教和道教》
Lionello Lanciotti	兰乔蒂	意	1925—	著 " *Che cosa ha veramente ditto Confucio*" (1968 年)
Paolo Santagelo	史华罗	意	1943—	著《孔子与儒家学派》,《儒学学说》,《中国之罪：14、15 世纪以来的儒家独尊》(1991 年)

Maurizio Scarpari	斯卡尔帕里	意	1950—	著《孔孟思想中的人性构建》（1991 年）、《中国经典研究初探》（1995 年）、《荀子及性恶论》（1997 年）
L. Giles	翟林奈	英	1875—1958	译《孙子兵法》、《论语》、《左传》
E. R. Hughes	修中诚	英	1883—1956	著《中国古代哲学》，译《大学》、《中庸》，以及冯友兰的著作《新理学》
Aurth Waley	亚瑟·韦利	英	1889—1966	译《诗经》、《楚辞》、《论语》等
Angus Charles Graham	葛瑞汉	英	1919—1991	著《论道者——中国古代哲学论辩》、《两位中国哲学家：程明道与程伊川》、《后期墨家的逻辑、伦理和科学》
Ole Bjørn Rongen	龙恩	挪威	1946—	译《论语》和《孟子》
Joaquim Guerra	戈振东	葡	1908—1993	译《诗经》(1979 年)、《尚书》(1980 年)、《春秋左传》(1981 年)、《孔子的四书》(1984 年)、《孟子》(1984 年)、《易经》(1984 年)、《礼记》(1986 年)

第三节　20 世纪以来中国儒学界对
儒家思想的海外传播

从 20 世纪 90 年代开始，包括中国内地和港澳台地区在内的中国儒学界的联系日益加强，他们通过创立儒家思想研究组织、举办各类国际性学术活动，大大促进了儒家思想向海外的传播。

一　创办"国际儒学联合会"

1994 年 10 月 5 日，国际儒学联合会（International Confucian Association，简称 ICA）在北京正式宣告成立。该会是由中国、韩国、日本、美国、德国、新加坡、越南等国家和中国香港、中华台北地区与儒学研究有关的学术团体共同发起创办的。1995 年 7 月国际儒学联合会获得中国民政部注册，成为具有法人地位的国际性学术团体。联合会永久会址设在中国北京。国际儒学联合会的宗旨是：研究儒家思想，继承儒学精华，发扬儒学精神，以促进人类之自由平等、和平发展与繁荣。

国际儒学联合会成立以来，开展了多方面的工作，主要内容包括参与筹备或主办儒学研讨会议，编印《国际儒学联合会简报》，报道各国家和各地区儒学研究动态及与儒学有关的各种活动情况，并发往海内外大学图书馆、汉学研究机构，编辑出版《国际儒学研究》集刊，策划、组织、编写儒学论著及专题性的儒学研究文集，以及接待来访学者，安排学术交流等等。

二　主办国际儒学论坛

"国际儒学论坛"是由中国人民大学与韩国高等教育财团联合主办的专题国际论坛，2004 年举办首届论坛，以后每年举办一届，已经连续举办了四届，现已成为很有影响的国际儒学盛会。

2004 年 12 月 3—5 日，第一届国际儒学论坛在中国人民大学隆重举行。论坛的主题是"儒家思想在世界的传播与发展"。来自韩国、日本、马来西亚、新加坡、越南、巴西、瑞典、俄罗斯、柬埔寨和中国等 10 个国家的 130 多位专家学者参加了本次研讨会。大会共收到学术论文 70 多篇。在为期三天的会议中，各位专家学者就儒家思想在世界各地的传播与发展、儒家思想在世界哲学中的地位、儒家思想的现代价值等问题进行深入广泛的学术探讨和学术交流。论坛受到了海内外的广泛关注。人民日报海外版、CCTV、中广网、中新网、中华文化网等知名媒体均对会议进行了报道。

2005 年 12 月，第二届国际儒学论坛在中国人民大学如期举行，来自中国、韩国、日本、新加坡、越南、俄罗斯、美国、瑞典、巴西等国家的 100 多位学者围绕着本次论坛的主题"儒学与亚洲人文价值"，各抒己见，进行了广泛深入的探讨。

2006 年，第三届国际儒学论坛吸引了来自 10 个国家和地区的 160 多名会议代表。本次国际儒学论坛的主题是"儒家思想与跨文化交流"。论坛内容涉及了儒学、传统与现代性，儒家思想与东亚社会，儒家思想与和谐社会，以及儒家思想与文明对话等有关现代社会建设与发展的课题。

2007 年，第四届国际儒学论坛的主题为"儒家文化与经济发展"。120 多名来自韩国、日本、美国、马来西亚、俄罗斯等国家和港澳台地区专家学者济济一堂，他们一起探寻儒家义理，追寻现代价值，以期从古老的儒家思想中发掘现代意义，促进经济发展，推动社会进步。

三　举行各类国际学术研讨会

1991 年 1 月，海南大学举办"儒家文化与现代化国际研讨会"。

1991 年 10 月，山东曲阜举办"曲阜海峡两岸首次儒学学术讨论会"。

1992 年 6 月，由中华孔子学会、四川省孔子研究会、德阳市对外文化交流协会共同主办了"儒学及其现代意义国际学术研讨会"。来自海内外的专家学者 200 多人参加了会议，提交论文 140 篇。

1992 年 7 月，陕西师范大学中外文化研究交流中心发起并组织召开了"儒学与当代社会"国际学术研讨会，来自海内外的 60 多位专家围绕儒学的现代意义这个中心议题，进行了广泛深入的研讨。

1994 年 9 月，在北京举行"孔子 2545 年诞辰纪念与学术国际研讨会"，邀请 20 多个国家的学者参加，与会者达 200 多人。

1994 年 9 月，南京师范大学举办了"1994 南京金秋儒学国际研讨会"，来自海内外的 80 多位专家学者出席了会议。与会专家就孔子和儒学在中华民族传统文化中的地位和作用，儒家思想对中国文学的影响，当今儒学研究的方向、态度、重点和意义等诸问题，展开了热烈的讨论。

1995 年 9 月，海南省海口市召开了"儒学与 21 世纪世界和平国际学术研讨会"。

1997 年 9 月，"孔子思想与 21 世纪国际学术研讨会"在香港和广东三水市召开。研讨会由香港孔教学院、香港中文大学新亚书院联合主办，北京国际儒学联合会、中华孔子学会、韩国成均馆、三水市孔子学会协办。来自世界各地的专家学者 200 多人出席了会议。香港孔教学院院长汤恩佳、香港中大新亚书院梁秉中，以及著名学者饶宗颐、成中英等作了大会学术发言。

1998 年 9 月，山东济南举办"牟宗三与当代新儒学国际学术会议"，会议由中国孔子基金会、山东大学、栖霞市人民政府和台湾鹅湖杂志社、东方人文学术基金会、台湾中央大学、中央研究所等联合主办。来自海内外 90 多位学者出席了会议。会议期间，杜维明、蔡仁厚等当代新儒家代表作了精彩发言，围绕牟宗三与当代新儒学的思想成就、学术贡献及理论价值，从不同角度、层面进行了热烈的讨论和交流。

1999 年，在北京召开的纪念孔子诞辰 2550 周年国际学术研讨会，就把"儒学与 21 世纪的和平与发展"作为大会的主题。世界各国有识之士都认为，中国文化提倡和平、爱好和平，儒学有益于维护世界和平。

2000 年 10 月，由中华炎黄文化研讨会、华东师范大学朱熹研究中心、厦门大学、福建省炎黄文化研究会、福建社会科学院、福建省社会科学界联合会和武夷山朱熹研究中心联合主办，南平市人民政府承办的"朱子学与 21 世纪国际学术研讨会"在武夷山市举行。来自海内外的 180 多名学者出席了会议。与会代表围绕"朱子学与 21 世纪"这一主题展开了广泛讨论。

2001 年 8 月 12—14 日，由安徽大学儒学研究中心、中文系、哲学系和安徽省朱子研究会主办，国际儒学联合会、香港孔教学院、台湾达摩书院、安徽省古籍办、中国科技大学人文学院、淮北煤炭师范学院等单位协办的"2001 年国际儒学研讨会"在黄山市召开。来自海内外的 110 余人出席了研讨会。大会收到论文 86 篇，论题涉及了儒学与"以德治国"、儒学的功能与社会价值、孔子和朱熹及戴震思想研究、儒学与儒教、儒学与新文化运动、儒学与徽州文化等方面内容。学术论文水平较高，会议研讨气氛热烈，收到了很好的效果。

2002 年 8 月 11—13 日，山东省青岛市举行"儒学与全球化"国际学术研讨会，此次会议由国际儒学联合会、中国孔子基金会和山东社会科学院共同举办。来自海内外的百余名专家学者出席了会议，并向大会提交了近百篇论文。会议期间，与会学者围绕着"儒学与全球化"这一中心议题发表了各自的见解，交流了彼此的观点。

2002 年 10 月，四川省都江堰市举行"儒家德治思想与现代社会"国际学术研讨会，此次研讨会由中国哲学史学会、四川省社会科学院、四川大学古籍所、国际教育基金会、香港孔教学院等单位联合发起。来自海内外的 60 余位专家、学者提交论文并参加讨论，著名学者、国家图书馆前馆长、中国哲学史学会会长任继愈教授、国际教育基金会总裁石竣（Kook Jing Seuk）先生、美国夏威夷大学教授、国际中国研究院院长成中英先生、香港孔教学院院长汤恩佳先生等亲自（或委托专人）在大会上发表了重要讲话，对儒家"德治"理论和儒学"以德治国"思想及其当代价值，进行了深入讨论。

2004 年 4 月，"当代儒学国际学术研讨会"在杭州举行，研讨会由浙江省社会科学院主办，国际教育基金会、佛光人文社会学院、杭州师范学院、宁波社会科学研究院参与合办，并得到国际儒学联合会、中国孔子基金会、香港孔教学院赞助。出席会议的海内外学者共有 120 多位，其中港台学者 15 人，美国、加拿大、新加坡、韩国、日本等国外学者 16 人，共收到论文 72 篇。会议期间，与会学者围绕着"儒学的当代发展及其理论前瞻"的议题，展开了热烈讨论。

2004 年 10 月 9—11 日，由国际儒学联合会、中国孔子基金会、联合国教科文组织联合举办的"纪念孔子诞生 2555 周年国际学术研讨会"在北京召开，来自海内外的 200 多名专家、学者出席了会议。中国全国政协主席贾庆林、全国人大副委员长何鲁丽，国际儒学联合会名誉会长谷牧、会长叶选平，著名学者中国国家图书馆前馆长任继愈、美国哈佛大学教授杜维明等出席会议并讲话。大会围绕着"儒学与当代文明"这一主题展开了热烈而深入的讨论。

2004 年 11 月，北京语言大学举办了"孔子与世界文化"学术研讨会。来自世界各地的 40 余名专家学者参加了学术研讨会，陈来教授、葛兆光教授、黄卓越教授等在会上作了主题发言。

2005 年 9 月 21—25 日，香港孔教学院主办"国际儒学大会第二届儒学国际学术研讨会"，① 来自世界各地的 200 多位学者济济一堂，围绕"儒教、儒学、儒商对人类的贡献"这一主题，进行了广泛交流。

2006 年 4 月，山东青岛召开了由中国孔子基金会等单位主办的"儒学与和谐世界研讨会"。联合国教科文组织代表及中外众多学者从儒学资源的视角讨论了建设和谐世界问题。

2006 年 9 月，由澳门理工学院主办"第三届儒学国际学术研讨会"。来自海内外的著名学者参加了会议，其中有全国人大常委会副委员长许嘉璐教授、哈佛大学哈佛燕京学社社长杜维明教授等。这次会议对传播儒家学术文化和弘扬祖国优秀传统文化精神起到了积极作用。

2006 年 9 月，由国际儒学联合会和德国阿登纳基金会共同举办的"孔子儒学与中国现代社会国际学术研讨会"在北京召开。与会专家学者围绕孔子儒学与中国现代社会主题，就如何弘扬儒家思想中的优秀文化和构建和谐社会课题，进行了深入研讨。学者们认为，儒家思想对中华民族精神的形成起了重要的作

---

① 国际儒学大会是由马来西亚孔学研究会发起，得到世界上多个孔子儒学研究会及许多著名学者的支持，设永久秘书处于马来西亚孔学研究会，负责大会一切的联络和组织事宜。国际儒学大会的宗旨和目标是：广深研究儒学，去芜存菁，创造转化，发扬光大；弘扬儒家学说，建设精神文明，再造社会伦理，促进日用常行；强化儒家学者的交流，以"仁"为中心学说，以忠恕之道促进世界和平。作为一个民间组织，国际儒学大会是孔学／儒学的国际性论坛，试图通过聚各地孔学、孔教、儒家团体、儒学机构的力量发展儒学，一年或两年由团体会员轮流主办。同时还主办孔诞纪念会或祭孔典礼。大会设常务理事会和国际会员会议讨论相关事宜。国际儒学大会自 2004 年起每年定期举行儒学国际学术研讨会，至今已举办四届。

用，影响了中华民族特有的世界观、价值观和思维方式，儒家的
伦理思想和道德规范，特别是其中重礼仪、宽厚待人、自强不息
和积极进取等在中国人民的精神风貌中处处可见。

2006 年 10 月 30—31 日，由美国夏威夷大学中国研究中心
与北京语言大学人文学院和汉学研究所联合举办的"儒学与后
现代"国际研讨会在北京语言大学会议中心召开。北京语言大
学教授黄卓越主持开幕式。北京语言大学校长和美国夏威夷大学
中国研究中心主任张平华（Rosita P. Chang）教授分别致辞。国
际著名儒学家、夏威夷大学哲学系教授成中英先生（Chungying
Cheng）、安乐哲（Roger T. Amas）先生在开幕式上作了主题演
讲。来自世界各地的相关专家学者，以"儒学与后现代思潮"、
"从新儒学到后儒学"、"儒学与国际社会"、"儒学与当代中国社
会"为主题，进行了五个场次的讨论。此次会议的目的是，在
中国、东方渐次步入后现代社会的时代背景下，在全球化、文化
多元化进程不断加速的国际语境下，联合国内外知名学者共同探
讨儒学的命运、价值、发展和未来等问题，为当代的儒学研究开
拓出一个新的理论境域。

2007 年 8 月 10—13 日，"儒家思孟学派国际学术研讨会"
在山东济南和邹城两地召开。本次会议由山东师范大学齐鲁文化
研究中心、美国哈佛大学燕京学社、山东省邹城市人民政府主
办，北京大学儒学研究中心、山东大学儒学研究中心、中国人民
大学国学院协办。来自世界各地的 50 多位国内外知名学者参加
了会议。

四　举办中国（曲阜）国际孔子文化节

国际孔子文化节于每年 9 月下旬在孔子故里、著名历史文化
名城济宁市曲阜举办。自 1984 年起国际孔子文化节已连续举办
了 24 届，在海内外产生了广泛而深远的影响。文化节活动包括

祭孔大典、孔子及儒家思想学术报告会、"联合国教科文组织孔子教育奖"颁奖典礼等。从 2008 年开始，每年文化节还将举行世界儒学大会，以弘扬儒学文化、促进世界和谐。

第四节　海外华人的儒学研究与传播

海外华人在异国他乡，依靠自己的智慧与劳动开辟了一片属于他们自己的天地，以至于美国人发出了这样的感叹：智慧都掌握在华人的脑子里。他们之所以能够取得如此巨大的成就，是因为渗透在他们骨子里的儒家精神为他们提供了自强不息的精神力量。华人在世界各地所取得的成就，促进了世界各国人民对中国、对儒家思想文化的兴趣与崇尚，而且他们在促进儒学的海外传播方面起到了无可替代的作用。有许多华裔学者毕生致力于儒学的研究与传播事业。可以说，儒家思想成就了海外创业的华人，旅居海外的华人也促进了儒家思想在世界范围内的传播。

一　海外华人对儒学的研究与发展

儒家思想在西方传播的过程中，涌现出了一大批学贯中西，长期居住在西方的华人学者。他们不但继承了儒学传统，而且结合西方现代哲学思想以及全球化的浪潮，对儒家思想进行了深入的研究和探索，在儒学的现代化、儒学的发展等方面，取得了举世瞩目的成就。他们用现代的眼光对中西文化进行比较研究，使中国人更好地了解西方文化，也使西方人更多地了解中国文化，推动了两种文化的互释与互补。其中张君劢、陈荣捷、余英时、成中英、杜维明等学者，在西方讲授中国传统思想和儒家学说，用西方人熟悉的思维方式和话语系统诠释和阐扬儒家思想精华，大大扩大了儒家思想的影响，促进了儒家思想的世界化。[①]

　　张君劢（1887—1969 年），1953 年移居美国。在国内时期，张君劢与梁漱溟、熊十力等积极宣导儒家思想的现代发展，主张超越一切门户之见，在新的世界潮流中实现儒学复兴。1958 年，与唐君毅、牟宗三、徐复观联名发表《为中国文化敬告世界人士宣言》，这份宣言被称为当代海外新儒家的思想纲领。张君劢移居海外期间先后撰写、发表和出版了《义理学十讲》、《新儒家思想史》、《中国哲学家——王阳明》以及《立极之哲人——孟子》、《孟子与柏拉图》、《新儒家哲学之基本范畴》、《宋代儒学复兴之先例》、《儒家伦理学之复兴》、《新儒家政治哲学》等一大批阐发儒家思想的著作和文章。其中《中国哲学家——王阳明》和《新儒家思想史》是用英文撰写的，对推动现代新儒学走向世界起了很重要的作用。[②]为推动现代新儒学走向世界，张君劢还多次做环球讲学，足迹遍及五大洲的大学及学术和社会团体。

　　陈荣捷（1901—1994 年），广东人。美籍华裔学者，哲学史家、朱子学专家。1924 年赴美留学，1929 年获哈佛大学博士学位。同年回母校岭南大学任教。1936 年起再度赴美，在此之后长达半个世纪之久，在美国夏威夷大学、新罕布尔什州达特茅斯学院（Dartmouth College）、匹兹堡大学、哥伦比亚大学等高校任中国哲学和文化教授，研究中国哲学和儒家文化。在漫长的教学和研究生涯中，他为儒学在世界范围内的传播，为儒家思想的国际研究作出了巨大贡献。陈荣捷的著作主要有：《朱学论集》、

---

　　① 牟钟鉴："20 世纪儒学的衰落与复苏（下）"，《孔子研究》1998 年第 4 期，第 107—108 页。
　　② 郑大华："张君劢与现代新儒学"，《天津社会科学》2003 年第 4 期，第 139页。

《中国和西方对仁的解说》、《西方对儒学的研究》、《现代中国的宗教趋势》，以及关于中国文化和儒家思想方面的不少译著和编译著作，包括王阳明的《传习录》、朱熹和吕祖谦编的《近思录》、陈淳的《北溪字义》等。此外，陈荣捷最重要的编译著作当属《中国哲学资料书》（*A Source Book in Chinese Philosophy*）。这是一本划时代的巨著，多次再版，在英语世界被公认为是最权威的关于中国哲学的论著之一。在最近几十年研究中国哲学和思想的英文论著中被大量引用。该书精选两千多年来中国哲学的经典，其中儒家经典占该书全部所选内容的一半以上。①

刘殿爵（D. C. Lau, 1921—　）教授生于香港，四十年代初毕业于香港大学。1946 年赴苏格兰格拉斯哥研读哲学，自 1950 年起于伦敦大学东方与非洲研究学院教授中国哲学，1965 年被聘为中国哲学讲座教授，并于 1970 年成为该校中文研究首席教授。1978 年回港就任香港中文大学中国语言及文学系讲座教授。刘殿爵在 1960—1970 年间陆续翻译出版了《孟子》、《论语》，成为典范之作。他通过相关文献的排比对读来研究中国经典，从而突显问题之所在，并结合对语法、语义、语境、校勘、避讳字和假借字的种种考虑，从而解决问题。他倡议建立"中国古代传世文献计算机数据库"，并已编纂出版逐字索引一百多种。

余英时（1930—　），原籍安徽，曾就读于香港新亚书院及新亚研究所，师从钱穆先生。后赴哈佛大学，获博士学位。曾任密歇根大学、哈佛大学、耶鲁大学教授、香港新亚书院院长兼中文大学副校长。现任普林斯顿大学讲座教授，台湾"中央研究院"院士。著有《中国思想传统的现代诠释》、《文化评论与中国情怀》、《中国文化与现代变迁》、《历史人物与文化危机》、《士与中国文化》、《现代儒学论》等多种著作。

――――――――――――

① 周炽成："简论陈荣捷对儒学的世界性贡献"，《中国哲学史》1999 年第 4 期。

　　成中英（1935—　），祖籍湖北，就读于台湾大学外文系，
之后赴美深造，获华盛顿大学硕士学位，哈佛大学哲学博士学
位。他是世界著名哲学家、著名管理哲学家，现代新儒家代表人
物，现为美国夏威夷大学哲学系教授，同时兼任多所大学的客座
教授。研究领域主要为中西哲学比较、儒家哲学及本体诠释学。
其治学基本思路是深入西方哲学的核心，弘扬中国哲学的精华，
推动融合中国哲学的世界哲学的创立。学术著作有《儒家哲学
论》、《中国文化的新定位》、《成中英自选集》、《中西哲学精
神》、《知识与价值》、《易学本体论》、《中国哲学与中国文化》、
《合外内之道：儒家哲学论》、《周易策略与经营管理》等。

　　杜维明（1940—　），祖籍广东，毕业于台湾东海大学，师
从徐复观。后赴美留学，在哈佛大学相继取得硕士博士学位。先
后任教于普林斯顿大学、加州大学伯克利分校，1981 年始任哈
佛大学中国历史和哲学教授。1988 年，获选美国人文社会科学
院院士，自 1996 年开始出任哈佛燕京学社社长至今。杜维明的
研究以中国儒家传统的现代转化为中心，推崇儒家文化所蕴涵的
道德理性、人文关怀和入世精神，矢志不渝地探究、注释、传播
儒家文化。出版中、英文著作近 30 部，发表论文数百篇，如：
《工业东亚与儒家伦理》、《儒家发展与现代化》、《儒学精神与儒
家传统》等。杜维明近些年根据儒家主和的理念，提出“文明
对话论”，用以回应亨廷顿的“文明冲突论”，主张不同文明之
间要平等对话，互相沟通，互摄互补，共同发展。这一主张不仅
有利于打破东西方的文化隔膜，推动世界和平事业和文化合作，
也显示了儒学精神在解决当代文化冲突中的博大胸襟和重要作
用，得到了越来越广泛的赞同。①

――――――――――

　　①　牟钟鉴：“20 世纪儒学的衰落与复苏（下）”，《孔子研究》1998 年第 4 期，
第 107—108 页。

　　此外，在众多生活在海外的华裔学者中，有两位女性值得一提。她们在汉学研究领域成就卓著，对中国传统的儒家思想有着较为深刻的研究和著述。一位是秦家懿（Julia Chia – yi Ching）女士，另一位是程安娜（Anne Cheng，又译程艾蓝）女士。

　　秦家懿（Julia Chia – yi Ching，1934—2001）出生于上海，1972 年在澳大利亚国立大学获得博士学位，先后任教于澳大利亚国立大学、哥伦比亚大学、耶鲁大学和多伦多大学，从事宗教学与东亚文化的研究。秦家懿作为旅居海外的中国学家，有着深厚的中国文化背景，而又长期在海外从事学术文化研究，在中外文化交流中发挥了桥梁作用。其主要著作有《中国宗教与基督教》（*Christianity and Chinese Religion*），《中国诸宗教》（*Chinese Religions*），《中国的神秘主义和帝王统治》（*Mysticism and Kingship in China*），《儒学与基督教比较研究》（*Confucianism and Christianity：A Comparative Study*）。另外她还用英文选译了黄宗羲的《明儒学案》。

　　程艾蓝（Anne Cheng）出生在法国，并于 2002 年入选为法兰西学院院士。其父程抱一被法国学术界称赞为“中国与西方文化之间永不疲倦的摆渡者”。程艾蓝攻读于巴黎第七大学，师从法国著名汉学家汪德迈、谢和耐等人。现任法兰西国立科研中心研究员，重点研究中国思想史与儒学传统。程艾蓝对法国的儒学研究颇有贡献，她最早于 1981 年出版了《论语》的法译本，后于 1985 年出版了其博士论文《汉代儒学研究》。1995 年她又出版了《从起源到 19 世纪末的中国哲学史》，该著作从训诂学、史学和政治学的角度研究了中国儒学传统的起源与发展过程。目前，程艾蓝女士正在从事 20 世纪新儒学的研究工作。

二　海外华人的儒学传播

　　旅居海外的华人出于完全的文化自觉，在世界各地以各种形式践行并传播着儒家思想，成为增进中西文化交流与融合的桥梁。

1. 言传身教

儒家思想是海外华人的生存法则和精神力量，长期受到儒家思想洗礼的华人，虽然远离祖国，但仍然坚持自己的传统文化，在后代的教育方面也是言传身教，使得中华文化之魂一脉相传，生生不息。同时，儒家思想也在海外华人中一代一代传承。一位华人作家曾深情地写道："只要文化之根不断，无论自己身处何方，灵魂始终在故园温暖的怀抱里；不论所处的时代是如何的喧嚣、浮华，精神却不会焦躁和空落。"①

2. 翻译经典

一些海外华人学者致力于儒学经典的传播，他们兼具东西方文化于一身，精通东西方语言，将大量儒学经典译成英语等多种语言，极大地促进了儒学在西方的传播。例如，刘殿爵教授历时十年翻译了《论语》、《孟子》等儒家经典。其译作《论语》、《孟子》于 1960 至 1970 年间陆续由企鹅（Penguin）出版社出版为系列经典丛书。香港中文大学和香港大学分别于 1975 年及 1989 年授予其荣誉博士学位，表扬其在海外努力提升中国文化的成就与贡献。

3. 著书立说

很多海外华人学者学贯中西，对儒学有深入的研究，发表了许多有价值的文章，出版了一系列探讨儒学的书籍，其中一些形成了自己的风格和特点，推动了儒学在世界范围的传播与发展。海外华人还创建了许多有关儒学方面的学术期刊，如成中英 1973 年在美国创办的《中国哲学季刊》。

4. 国际研讨

全球每年都要举办很多国际性的儒学研讨会，很多都是由海

---

① 李楠、徐璇子：《人民日报海外版》，2008 年 6 月 12 日，第 6 版。

外华人主办或参与的。比如哈佛大学杜维明教授组织和主持的哈佛儒学研讨会，这个研讨会已经有了 20 多年的历史，参加者有哈佛大学、波士顿大学的教授、博士候选人、研究生与民间学者以及东亚和西欧的访问学者等，每次 20 或 30 人不等。讨论内容涉及对儒学和当代新儒家的批评等各个方面，包括自由主义、女性主义、基督教、佛教、新道家、新马克思主义（以美国杜克大学 Arif Dirlik 为代表）、反传统主义，以及来自历史学界的批评等。

5. 其他形式的传播

针对所在国历史、文化、政治等方面的不同特点以及当前儒学传播的新形势，海外华人积极应对，努力探索和创新儒学传播形式，比如漫画传播。以新加坡为例，新加坡华文课外读物理事会自 2000 年开始将中华文化经典漫画作为推荐读物。亚太图书有限公司出版的《成功美德系列丛书》（礼、义、忠、孝、廉、耻）六本漫画集被列为高小及中学低年级读物；2001 年，亚太图书出版的漫画书《中华习俗的故事》和《中华文化的故事》又被列为推荐读物。2003 年该理事会推荐的共七种 16 本新书，就包括漫画书《中华手工艺的故事》和《朱子治家格言》、历史人物故事书《岳飞》和《诸葛亮》等。这种漫画的方式一改传统儒学教育正统、严肃的模式，实现了知识性和趣味性的结合，对改善儒学教育与传播起到了积极作用。

第五节　网络及其他媒体对儒家思想的传播

一　国际互联网中的儒家思想

1. 网络媒体的发展

21 世纪以来，信息化、数字化、全球化、网络化成为人类社会的重要特征。其中，以计算机网络迅猛发展而形成的网络化则是推动信息化、数字化和全球化的基础和核心，因为计算机网络系统正是一种全球开放的，数字化的综合信息系统。基于计算机网络的各种网络应用系统，通过在网络中对数字信息的综合采集、存储、传输、处理和利用，在全球范围内把人类社会更加紧密地联系起来，并以不可抗拒之势影响和冲击着人类社会的政治、经济、军事和日常生产、生活的各个方面。互联网是当今世界上最大的计算机网络，是现代社会进行信息交流的高速公路，是当今世界上覆盖范围最大，用户最多，资源最丰富、实用性最强的计算机网络。人们不仅可以从网上索取大量信息，更可以通过网络向国际社会展示自己。

自从 20 世纪 80 年代网络技术在中国开展以来，中国的网络化获得了空前发展。中国已经成为网民规模最大的国家，网络在很大程度上影响甚至改变着人们的社会生活。

图1 中国网民规模和年增长率

2. 网络媒体的发展给儒家思想传播带来的机遇

互联网的超时空性、超文本性、信息共享性、强渗透性、互动性等特点，将极大地促进信息的传播。正是网络所具有的信息传播速度快、范围广、效果优等优势，为儒家思想传播带来了新的机遇。

（1）互联网开辟了儒家思想传播的新渠道。

儒家思想传播以来的传统媒体主要包括电视、广播、报纸、杂志、书籍等。这些媒体在过去的几个世纪中对儒家思想西传发挥了主要作用，但却受到传播空间上的覆盖面、传播规模上的发行量、媒体承载的信息量、传播时间上的滞后性以及传播方式上的单调性的限制。互联网的出现为儒家思想的传播开辟了新的渠道。借助于互联网，能够通过诸如建立专门网站、设置网页、开辟专栏、撰写博客等方式传播儒家思想。互联网能够突破传统媒体的局限，实现对儒家思想在全球范围、面对全世界人民以及快速度进行的大规模传播。所以，互联网为儒家思想传播打造了新平台、开辟了新渠道，加之网上信息所具有的资源共享特点，使儒家思想传播在网络中更具有活力和生命力。

（2）互联网能够大幅度提高儒家思想传播的信息量。

互联网的发展使得人们能够根据需要建立各种网站，用以传播儒家思想。目前，已经建立的传播儒家思想的网站有中国孔子网（www. chinakongzi. com）、中国孔子研究院（http：//www. confucius. gov. cn/）、国际儒学联合会（http：//www. ica. org. cn/）、中国儒学网（http：//www. confuchina. com/）、国学网站（http：//www. guoxue. com）、中国国学网站（该网站还有专门的英文版：http：//www. confucianism. com. cn/english/）等。网站的建立充分发挥了计算机的存储和传输优势，使人们能够将数以万计的有关儒家思想的知识信息数字化，并且将这些信息传送到世界各地。网络传播信息量大、更新速度快的特点，克服了报纸版面和广播电视播出时间上的限制，从而大大提高了儒家思想传播的信息量。

（3）互联网能够改善儒家思想的传播效果。

以因特网为代表的信息高速公路具有集声音、图像、文字于一体的多媒体功能，利用网络传播儒家思想能使儒家思想具有艺术的感染力，从而使严肃的儒家思想内容生动有趣、使枯燥的理论变得丰富多彩、使单一的形式变得多种多样，让大众在形象、生动、活泼的形式中学习儒家思想。互联网还具有信息传播的交互性特点，大众的主体地位得到了体现，也就是说大众在接受这些信息的同时，可以随时随地发表自己的见解，进行信息反馈，从而改变传统的"灌输方式"，达到良好的教育和交流效果。

3. 儒家思想在网络媒体中的传播状况

在全球华人以及汉学研究者的共同努力下，现已形成由多家网站等构成的网络传播格局。如在搜索引擎 Google 上搜索关键词"Confucius"，可得到 4640000 条信息；搜索关键词"孔子"，可得到 16800000 条信息。以下是目前国内外介绍儒学的主要网站的基本情况：

(1) 21 世纪孔子：http://www. confucius2000. com

21 世纪孔子网站旨在介绍孔子与儒家、历代儒家、道佛百家、司史言诗、玄学及当代著名学者研究动态。在学术界具有相当的权威性，其内容还包括日本中国学研究的文章，当代新儒家文献及解读，清华大学简帛研究，周易研究，茶山学研究，经典教育大家谈，佛学研究，日本儒学研究及一些思潮、学会、学派的研究。其中孔子专栏刊登了各位学者对孔子相关文章的解读及见解，历代儒家专栏刊登了先秦儒家、汉唐儒家、宋明清儒家、近现代儒家的相关文章，道佛百家专栏刊登了道家与道教、佛学与佛教、诸子百家等相关文献资料。除此之外，还包括一些学术文集，重点如徐梵澄先生纪念文集、陈咏明遗集、最新的学术期刊及动态与信息。此网站内容广泛而权威，访问量及点击率颇高。

(2) 中国孔子：http://www. chinakongzi. com/

中国孔子网站是由中华孔子学会、人民邮电报、济宁市人民政府、曲阜市人民政府、中国网通集团济宁市分公司创办的一个大型网站，它的承办单位包括中国网通集团济宁市分公司和济宁市孔子文化节办公室，合作单位有儒学学术社团——中华孔子学会和国际性的学术基金组织——中国孔子基金会，其友情链接可见齐鲁热线、比拓网、逸品轩、中国文物、孔子2000、中华戏曲网、济宁信息港、宗圣曾子、黄河文化礼品行及济宁文化网。网站主要由博客济宁、思想前沿、儒商论坛、名人访谈和网上祭孔等几个栏目组成，这几个专栏内容丰富，涉及面广。更多的内容体现在文化信息、儒学文萃及视频专栏里，读者可以获得相当多的资料。网站专题回顾栏回顾了以往发生的各个事件，如99中国曲阜国际孔子文化节开幕式——大型乐舞表演等。网站的儒家文化、儒商文化、孔府食谱不但全面介绍了孔子生平、身世、儒商精神及文化，同时介绍了各类鲁菜及孔府食谱。此网站受到各类学者及读者的好评，是一个涉及面广、内容丰富的权威性综合网站。

（3）中华孔子网：http：//chinaconfucius. cn

中华孔子网站是由山东省儒学研究基地——曲阜师范大学孔子文化学院创办的一家孔子儒学大型网站，是国际孔子文化研究门户网站、山东省儒学研究基地。该网站"立足圣地，放眼寰球，胸怀天下，心系中华；值此中华民族贞下起元之际，为民族复兴、文化复兴，贡献绵薄之力。"其办站宗旨为："以生命点燃生命，以智慧点燃智慧，接续洙泗遗风，弘扬中国文化。"网站分为学院篇、普及篇及学术篇。在此网站上可以查到各类文化热点、文献研究论著，主要以研究弘扬孔子文化为主。同时报道了孔子文化学院的各类新闻，很好地促进了各类文化学术的交流。该网站学术气氛浓厚，内容权威，访问量不断上升，呈现出良好的发展势头。

（4）原道网：http：//www. yuandao. org. cn/

原道网站包括原道热点、原道辑刊、原道文丛、原道译丛、原道回音、同人文集、学术信息及原道论坛八大部分。原道网站主要为各界人士提供与当代儒家有关的各类信息，仅仅是一个信息交流的平台。它立足传统资源进行文化建设，这不仅因为古圣先贤的智慧今天仍富启迪，还因为当代文化成就的获得从本质上说必然是民族意志和创造力的体现与验证，而此二者是我们所理解的传统之核心。从中国历史的内在性和一贯性来理解和认识中国，积极探索中华民族自己的文化表达方式，即是原道网的追求目标。原道网就是要从文化与民族的内在关联中重建这样一种话语系统，在这样的目标下和过程中，东西、左右的区分仅有相对的意义。所谓先立乎其大者，则其小者不能夺也。既然文化是民族生命的表征，那么作为中华文化的主体，儒家思想在当代的理论形貌与我们民族在当代的生命形态之间必然具有某种内在的关联。原道网站的自我宣传口号是：一个讨论心得交换信息的茶室；一个结交天下豪杰之士的管道；一个参与各种文化论争的平台。原道网址是一个新兴的权威网站，内容涉及面广，点击率高，海内外的宿儒鸿生尤其喜欢到该网站的儒学联合论坛发表高见。

（5）儒学联合论坛：http：//www．yuandao．com/

儒学联合论坛由中国儒学网、孔子 2000 网和原道网联合举办。儒学联合论坛包括友情合作论坛和友情合作报刊，其中友情合作论坛有简帛论坛、当代儒学论坛，友情合作报刊有《读书时报》、《原道》辑刊。目前主题总数已达 2.5 万篇，帖子总数已超过 21.2 万篇。该网站分"最新主题"、"最新回帖"、"本周精华帖子"三个栏目，日交流量较大，日最高发帖量达 601 篇，是一个相当活跃的学术交流平台。

（6）儒学研究网：http：//www．rxyj．org/

儒学研究网由山东大学儒学研究中心主办。网站主要由儒学源流、儒学今诠、儒门人物、儒家经籍、儒风四海、儒与现代、儒教探索、儒研动态等多个栏目组成，是面向全国各类学者及对孔子、儒家思想感兴趣的各类人士的综合性网站。其相关链接有国学、原道、孔子2000、中国儒学网、当代儒学网、中华孔子网、中国孔子、经典解释学、中国儒教网等各类权威网站，可以访问链接网站获得更多的信息和资源。孟学研究专栏是该网站的特色专栏，该专栏拥有关于孟学的相关学术资料。截止到2008年8月20日，该网站的点击率为27804人次。

（7）中国儒教网：http：//www. zgrj. cn/

中国儒教网的办站理念是：儒教能否重建成功，既是儒家文化复兴的关键，也是中华民族复兴的关键。中国儒教网的立场和宗旨是：儒家的情怀，儒学的理念，儒教的事业，为了中华民族的伟大复兴一起努力！中国儒教网的创立是为了民族与国家的文化振兴大业，中国儒教网对于儒教的复兴不但给予相当程度的同情与敬意，而且更引之为己任。中国儒教网和中国儒教研究所是当前中国儒教发展的两股不同的社会文化主流。中国儒教网主要由重建与复兴、历史与圣贤、经典与教理、生命与体证、道场与礼制、国家与教化、公益与慈善、判教与卫道、艺文与考据、学术与争鸣、儒门报刊、热点与专题等二十几个专栏组成，是一个全面、权威的综合性网站，为致力于研究儒教和儒家文化复兴的学者提供了良好的交流平台。学者文集专栏刊登了将近40多位学者的文集，学术资料全面，内容丰富。其友情链接网站包括孔子2000网、儒学研究网、当代儒学网、中华孔子网、中国孟子网、简帛研究网、儒教论坛、华夏复兴网等网站。网站正式开通时间不长，就成为儒家思想研究的第一大门户网站。

（8）简帛网：http：//www. jianbo. org/

2000年1月，"简帛研究"网站（www. bamboosilk. org）取得国际域名并试运行，2月，网页正式开通。简帛网站为非营利学术研究机构，它围绕地下出土的文字资料，发表研究成果，联络各地学人，沟通有关的海内外信息。该网站所设栏目包括网上首发、学苑新闻、作者文库、简帛图谱、目录荟萃、文献宝藏、旧文重温、学术争鸣。自创办以来，截至 2008 年 8 月 20 日，点击率已达到 436156，先后共发表研究文章和信息 850 余篇。其中属于郭店楚简的研究成果，已选编为《古墓新知》和《郭店楚简与早期儒学》两本文集，共约 35 万字，由台湾古籍出版公司于 2001 年 4 月出版。属于上海博物馆所藏楚简的研究文章，亦将分批编成"网文选集"陆续出版。此外，2000—2001 年的网页全部内容，已制成"简帛研究第一辑"光盘，分赠作者收藏。本站创办不久，即得到哈佛燕京学社的大力资助，不断得到有关学者的支持和各种媒体的鼓励。2003 年 9 月 10 日起，本网站由武汉大学中国传统文化研究中心接手主办。

（9）国际儒学联合会：http：//www．ica．org．cn/

国际儒学联合会（英文名称为：International Confucian Association，简称：ICA）由世界各地与儒学研究有关的学术团体共同发起，于 1994 年 10 月 5 日在中国北京正式宣告成立，会员单位包括韩国阳明学会、韩国退溪学研究院、韩国栗谷学会、韩国东洋哲学会等。国际儒学联合会的宗旨是：研究儒家思想，继承儒学精华，发扬儒学精神，以促进人类之自由平等、和平发展与繁荣。国际儒学联合会成立以来，主要开展了以下几方面工作：一是参与筹备或主办儒学研讨会议；二是编印《国际儒学联合会简报》；三是编辑出版《国际儒学研究》集刊；四是提出研究和宣传儒学的系统构想；五是策划、组织、编写儒学论著；六是积极组织儒学新资料研究；七是接待访问学者，安排学术交流；八是积极资助与儒学相关的学术活动。国际儒学联合会网站主页所设栏目包括综合报道、孔子与儒学、儒学在当代、评论与争鸣、儒联概览及个人文集等。该网站创办以来受到各类学者及读者的好评，是一个涉及面广，内容丰富的权威性综合网站。

（10）中国孔子研究院网站：http：//www. confucius. gov. cn/

为"汲取孔子思想精华，弘扬民族优秀文化"，1996 年 9 月国务院以国办函〔1996〕66 号文批准在孔子故里——山东曲阜建立孔子研究院。孔子研究院具有五大功能：一是博物展览，二是文献收藏，三是学术研究和学术交流，四是孔子及儒学研究信息交流，五是人才培训。为发挥学术研究功能，积极弘扬以孔子及儒家思想为代表的中华民族优秀传统文化，孔子研究院主持编撰出版了 21 卷 1200 万字的《20 世纪儒学研究大系》，60 余卷1200 万字的《中华伦理范畴丛书》前 10 卷和《大哉孔子》、《中国儒学入门》等图书。中国孔子研究院网站开通后与韩国国学振兴院建立了学术合作关系，与韩国儒道会、日本斯文会、台湾中华孔孟学会等学术团体建立了联系，与中国人民大学孔子研究院、山东大学儒学研究中心、山东省社科院、曲阜师范大学孔子学院等开展了学术合作。中国孔子研究院网站由研究院概况、院内新闻、儒学大会、儒学研究、学术动态、儒学论坛、孔庙研究、国学视频、春秋讲坛、孔子及后学、儒学发展史、名人辞典、国学工具、孔府食谱、儒学普及以及艺术欣赏等众多专栏组成，内容丰富，涵盖面广。友情链接网站包括：中国曲阜、国学网、孔子2000、儒学研究网、国际儒学联合会、中国儒学网、中国孔子、曲阜市情网、曲阜科技信息网等。网站自正式开通以来，点击率不断上升，网站日访问量日益增长，是一个具有较高权威性的网站。

（11）法国汉语教师协会网站：http：//afpc. asso. fr/

法国汉语教师协会成立于 1984 年，正式注册会员 272 人，致力于推动汉语教学在法国小学、中学和大学的发展，谋求法中两国校际合作与交流，资助法国汉语教师到中国进修，与中国国家汉语言办公室成功合作，共同举办汉语水平考试 HSK，20 年来在法中之间多方位的文化交流活动中扮演了重要角色。2005年4月7日，法国汉语教师协会在雅克·德古尔中学召开了盛大的年会，巴黎大学和各省的汉语教师代表以及热衷于推广汉语的商界人士参加大会，大家在法国汉语教学总督学兼该协会名誉会长白乐桑先生和法国凡尔赛学区督学拉巴特先生的指导下，共同探讨了发展汉语教学的大计。法国汉语教师协会创办了自己的网站 http：//afpc. asso. fr，专门开辟了"温故知新"网页，用于介绍中国的历史、文化、文学、哲学等；建立了中国经典文本专页，主要介绍儒家经典的汉、英、法对照文本，尤其是理雅各、刘殿爵、顾赛芬、鲍狄埃等的英语和法语全译文本以及现代汉语译文文本，为汉语教师和儒学爱好者进行学习和研读创造了条件，进而对在世界范围内传播儒家经典发挥了重大作用。

另外，近年来随着孔子学院的建立，相应的网站也随之建立起来，这些网站都不同程度地对儒家思想进行了有效的传播。这些网站包括：

得克萨斯 A&M 大学孔子学院 http：//confucius. tamu. edu/

马里兰大学孔子学院 http：//www. international. umd. edu/cim/

芝加哥孔子学院 http：//www. confuciusinstitutechicago. org/

堪萨斯州立大学孔子学院 http：//www. confucius. ku. edu/about. shtml

密歇根州立大学孔子学院 http：//confucius. msu. edu/

堪萨斯大学孔子学院 http：//www. confucius. ku. edu/

苏格兰爱丁堡大学孔子学院 http：//www. confuciusinstitute. ac. uk/

伦敦孔子学院 http：//www. londonconfuciusinstitute. org. uk/aims. html

谢菲尔德孔子学院 http：//www. shef. ac. uk/confucius/

曼彻斯特大学孔子学院 http：//www. confuciusinstitute. manchester. ac. uk/

加拿大滑铁卢大学孔子学院 http：//www. renison. uwater-loo. ca/CI/index. shtml

爱尔兰都柏林大学孔子学院 http：//www. confuciusinstitute. ie/

新西兰奥克兰大学孔子学院 http：//www. confuciusinstitute. ac. nz/

澳大利亚阿德莱德大学孔子学院 http：//www. confucius. adelaide. edu. au/

澳大利亚墨尔本大学孔子学院 http：//www. confuciusinsti-tute. unimelb. edu. au/

二　报刊媒体对儒家思想的传播

报刊是文化传播的重要载体，其在儒家思想的对外传播中发挥了重要作用。目前在国内比较著名的外文报刊有中国日报（英文）、中外文化交流（英文）、今日中国（英文）、今日中国（法文）、今日中国（西班牙文）、中国画报（英文）、北京周报（英文）以及广州英文早报等，它们都在不同深度、不同层面上对儒家思想进行了传播。

1. 报刊传播儒家思想的特点

较之其他媒体，报刊传播儒家思想具有四个方面的特点：

（1）从传播内容看，报刊主要以文字作为符号代码，能够刺激受众进行理性与感性思维，因此，报刊擅长对消息及事物进行详细的描写与分析，适合于高抽象度信息的传播。儒家思想本身就是高度概括的哲学命题，需要受众进行理性与感性相结合的分析和理解，在这个意义上，报刊具有无可比拟的优势。

（2）从传播的效果看，报刊易于保存，而且受众可根据所需，随意延长内容的接受时间，以便分析比较。对儒家思想的理解和把握不可能一蹴而就，往往需要长时间的坚持，报刊正好满足了这个要求。

（3）从传播接收方式看，报刊的接收依赖受众自身，只要受众具备一定的阅读能力，无论是在路途中、饭桌前、交谈中，随时随地都可以进行信息的接收，不受高科技接收设备的影响，这会使儒家思想的传播更加方便。

（4）从媒介制作成本看，报刊价格低廉，只要传播方式得当，随时可赢得受众。这就扩大了儒家思想的传播广度，使普通大众也有能力接触到儒学。

2. 报刊传播儒家思想的主要方式

（1）对儒学相关信息的新闻报道

在儒学研究和传播领域，经常有新闻发生，对此进行及时全面而准确的报道，可以扩大儒家思想的影响，让受众在阅读中了解儒家思想及其新的发展，同时也为受众设置一定的话题，在受众的讨论中促进儒家思想的传播。如中国日报2006年9月25日关于孔子标准像的报道（见图2）。中国日报在头版中心位置，配大幅照片刊登此消息，足以引起读者的关注。

（2）对儒学发展相关问题的评论

在儒学的发展过程中，免不了会有来自各方面的不同声音，报刊经常利用社论等形式发表百家看法，从而在受众中引发思考，客观上促进儒家思想的传播。如《人民日报海外版》2006年2月25日第1版发表了田辰山的《儒学的与时俱进》，引起了较多受众的跟进与参与。

（3）新闻及文章中对儒家经典的引用

除了专门发布关于儒学的消息及评论以外，在《中国日报》的新闻报道中，随处可见对儒家经典的引用，像Confucius、Con-

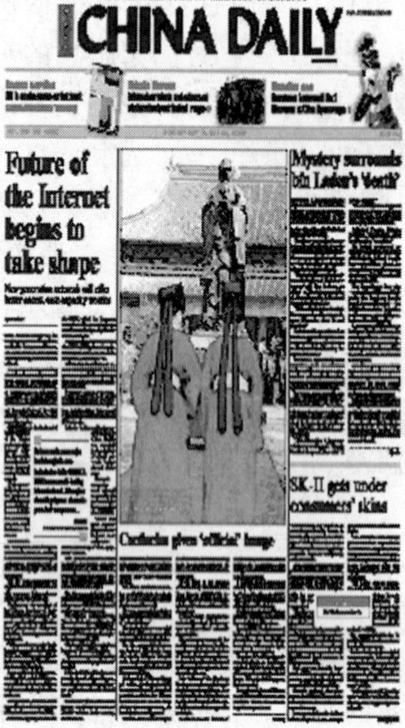

CHINA DAILY

Future of the Internet begins to take shape

Mystery surrounds bin Laden's 'death'

SK-II gets under consumers' skins

Confucius given 'official' image

图 2

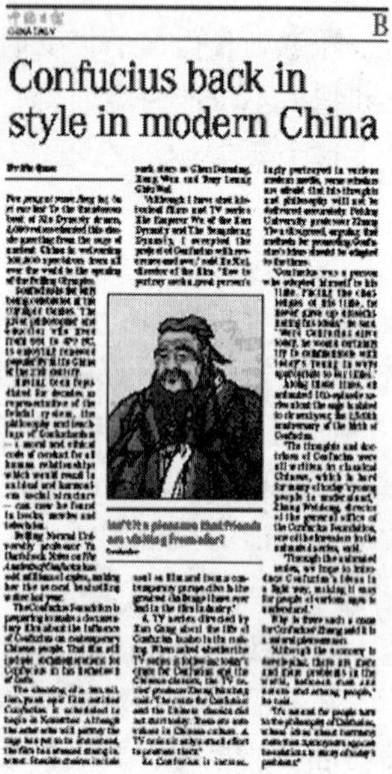

B

Confucius back in style in modern China

图 3

fucian、Kongzi 等这样的词使用频率相当高，在中国日报网站键入 confucius 搜索，会得到 1145 个搜索结果，大部分都是在文章中引用或是提到儒家思想时而使用的关键词。这种引用无形之中传达了儒家思想。

3. 国外报刊对儒家思想的传播

由于儒学的广泛传播和在西方的影响，关于儒学的新闻、评论、介绍开始更多地见诸国外报端，国外报刊在一定程度上起到了对儒家思想的传播作用。在对儒家思想的传播方式上，国外报刊与国内报刊类似，但是更注重对儒学基本思想的介绍以及儒学发展新动向的评介。如美国《华盛顿邮报》（*Washington Post*）1995 年 12 月 13 日发表了介绍孔子及其思想的文章，WORDS OF

WISDOM: Who Was Confucius? What Did He Say? 2007 年 7 月 24 日又发表了文章 Confucius Making a Comeback in Money – Driven Modern China，对中国当前学习儒学的热潮进行了报道和分析。美国新闻周刊（Newsweek）2007 年 7 月 2 日刊登了的题为 Beijing Goes Back to Confucius 的报道，《洛杉矶时报》（*Los Angeles Times*）2007 年 5 月 7 日发表题为 She makes Confucius Cool Again 的文章，介绍国内目前以讲解《论语》而出名的于丹教授。英国《泰晤士报》（*The Times*）2008 年 4 月 1 日刊登该报记者发自中国曲阜的一则新闻，题为 Confucius, he say; if your descendant is British he learn Mandarin，介绍了英国孔子后裔回曲阜祭拜祖先的经历。等等。更多的西方民众正是通过这样的报道，认识孔子等先哲，了解无价之思想。

4. 国内主要报刊简介

（1）《中国日报》（China Daily）

《中国日报》（*China Daily*）是目前有我国主办的唯一一份国际性英文日报，创刊于 1981 年 6 月 1 日。中国日报以权威、客观、迅捷的报道，坚持"让世界了解中国，让中国走向世界"的办报宗旨，向国内外读者介绍了我国政治、经济、文化、社会等各方面的信息，被国内外誉为中国最具权威性的英文媒体之一，是了解中国政治、经济、社会、文化的主要信息来源，是"中国的声音"和"认识中国的窗口"。由《中国日报》主办的《中国专稿》，随《华盛顿邮报全国周报》在美国印刷发行，拥有近 10 万读者。

（2）《今日中国》（China Today）

《今日中国》（*China Today*）1952 年 1 月由宋庆龄创办，是中国唯一一本多语种综合性对外报道月刊。现出版中文版、英文版、法文版、西班牙文版、阿拉伯文版等五个印刷版，发行世界 150 多个国家和地区；并推出了中文版、英文版、法文版、西班

牙文版、阿拉伯文和德文版等六个网络版。《今日中国》一直是
国外经济、文化、社会各界，特别是来华工作、学习、旅游的朋
友了解中国社会发展和人民生活变化的重要窗口。进入21世纪，
中、英文版同时改版，以"聚焦中国、透视今日、关注未来"
为己任，走上了新的发展历程。

三　广播电视媒体中的儒家思想

在传媒高度发达的今天，广播电视媒体，特别是电视，作为
当今世界的强势媒体，在文化交流与传播方面发挥着至关重要的
作用，电视媒体的导向，往往能影响一个国家大众的观点和看
法。当今西方国家，特别是美国正是利用广播电视媒体实施文化
帝国主义战略。面对这种形势，在传播中国文化特别是儒家文化
方面，我国正在注重发挥广播电视媒体的作用。在电视方面，目
前国内已经建有中央电视台中文国际频道（CCTV-4）、英语国
际频道（CCTV-9）、西班牙语频道（CCTV-E）和法语频道
（CCTV-F）等对外传播频道。在广播方面，目前中国国际广播
电台每天用43种语言播出共211个小时的广播节目。

1. 广播电视媒体传播的优势

（1）覆盖对象广泛

随着广电技术的发展，目前全球的无线电波通讯网可以覆盖
整个地球，同时广播电视节目对受众没有太高的文化程度的限
制。因此，广播电视的受众群极其广泛。也就是说，广播电视媒
体使儒家思想的更广泛传播成为现实。

（2）时效性强

广播电视传播的同步特征是纸质媒介所不具备的，广播电视
节目实现了现场直播，更能充分体现出现场事件的发生、发展的
时效性。节目播出和受众收听、收看可以做到共时同步，给受众
亲临其境之感，因而能够大大改善传播效果。

（3）内容丰富，形式立体

广播电视不仅综合了各种艺术门类的表现手段，而且其传播内容丰富多彩、包罗万象；同时，广播电视视听传播直观形象，形式立体，具有极强的感染力。

（4）受众接受信息随意

与纸质媒体不同，广播电视使受众可以边接收广播电视的信息边做自己的事成为可能，也就是说，广播电视的接受方式是随意的。这无疑方便了受众的选择，从而扩大了受众的范围。

2. 广播电视媒体传播儒学的方式

（1）专题节目

广播电视媒体在固定时段专门设立有关儒学的主题，面向全球传播。例如，中央电视台中文国际频道播出的《百家讲坛》栏目，其中关于论语等儒学经典的讲座，在海外华人中引起了极大的反响。再如，凤凰卫视的专题节目《国学天空》，专门讲授《论语》等国学经典。我国首家广播孔子学院 2006 年 12 月 6 日在中国国际广播电台正式成立。广播孔子学院由中国国际广播电台与孔子学院总部携手创建，它以广播孔子课堂、无线广播、在线广播等为载体，用 38 种语言向世界各地的学员教授汉语，传播中华文化。学院将采用统一的汉语教学教材，并依托国际电台遍及五大洲的海外听众俱乐部建立广播孔子课堂。截至目前，国际电台已建和在建的广播孔子课堂有 10 所，其中包括肯尼亚内罗毕广播孔子课堂、日本长野县日中友好协会广播孔子课堂、俄罗斯国立职业师范大学广播孔子课堂、蒙古乌兰巴托育才广播孔子课堂等。

（2）现场直播

借助于现代化的技术手段，广播电视媒体针对有关儒学活动事件的发生、发展进行即时传播。例如，中央电视台连续三年在曲阜对祭孔大典进行现场直播；中国国际广播电台对祭孔大典的现场直播；等等。

（3）相关新闻报道

广播电视媒体关注儒学及中国文化相关新闻的报道，像孔子学院的成立、祭孔大典、海外华人寻根行动、儒学国际研讨会等等，都能在广电媒体上听到看到，使受众能够及时了解儒学发展的动态。

3. 国外广播电视媒体对儒家思想的传播

国外广播电视媒体对儒学的传主要是以专题节目和新闻报道等两种方式进行。

（1）专题节目。BBC 和 VOA 等世界重要媒体对我国儒家思想经常关注，时有一些较深层次的报道，主要形式之一是专题节目或系列报道，播出内容比较丰富，对问题的探讨比较深入。例如，BBC 2006 年 2 月 27 日至 3 月 3 日邀请九位知名人士探讨了《论语》与现代社会民主、自由、宗教等方面的关系；VOA① 于 2007 年 7 月就 2020 年中国文化前景进行了专家访谈，其中一部分内容是关于儒家思想在中国文化中的地位和作用问题，并做了系列报道；等等。但是，这些专题节目中所报道的部分内容并不符合事实，一些接受访谈者的立场与观点也存在一定问题，甚至存在故意歪曲事实的情况。

（2）新闻报道。在 BBC 和 VOA 等媒体中经常可以听到关于孔子的新闻报道。例如，BBC News，BBC Wales，Western Mail 以及威尔士当地媒体，连续三天对英国卡迪夫大学孔子学院的成立进行报道；2008 年 8 月 15 日，VOA 以 Scholar Says Changing China Has New Respect for Confucius（变化中的中国重新尊孔）为题，报道了儒家思想在现代中国社会的政治经济建设中所发挥的

---

① 见 http://www. voanews. com/chinese/archive/2007 - 08/w2007 - 08 - 07 - voa3. cfm

积极作用；① 2006 年 3 月 5 日，BBC 报道了雷纳·米特（Rana Mitter）在中国的儒学研究活动，报道中提到，孔子在中国被奉为圣人，中国希望用儒家思想去解决 21 世纪所遇到的问题。② 此外，曲阜孔庙中举行的祭孔大典也经常成为西方媒体报道的焦点。

总的来看，西方广电媒体对儒家思想的传播的数量和深度都是十分有限的，而且有些报道有一定的猎奇性质，还有一些报道则存在某些方面的偏见。这种情况表明，一方面，西方社会对儒家思想的关注程度比以前有所提高；另一方面，依靠西方媒体，不可能真正把儒家思想传播给西方民众。

4. 国内主要广播电视媒体简介

（1）中国国际广播电台（CHINA RADIO INTERNATIONAL）

中国国际广播电台（CRI）创办于 1941 年 12 月 3 日，是中国向全世界广播的国家广播电台。其宗旨是"向世界介绍中国，向中国介绍世界，向世界报道世界，增进中国人民与世界人民之间的了解和友谊"。

中国国际广播电台目前使用 43 种语言向全世界广播。截至 2006 年年底，每天累计播出节目 1100 多小时。2006 年 2 月 27 日，中国国际广播电台在海外开设的第一家调频电台——肯尼亚内罗毕调频电台（CRI91.9FM）开播，开创了中国对外广播在境外整频率落地的先河。截至 2007 年 10 月，中国国际广播电台在境外共有 11 个整频率调频或中波电台，149 家调频/中波合作电台（其中 117 家调频合作电台，32 家中波合作电台）以及 4 家网络电台。落地节目每天累计播出总时数达 556.5 小时，除制

---

① 见 http：//www. voanews. com/english/archive/2008 - 08/2008 - 08 - 15 - voa50. cfm

② 见 http：//www. bbc. co. uk/radio3/sundayfeature/pip/e2g9l/

作英语、法语、西语、俄语、德语等 30 种外语、汉语普通话和 4 种汉语方言节目外，在北欧还合作制作芬兰、挪威、瑞典、丹麦语节目。

目前，中国国际广播电台已经拥有报纸、广播、电视、网络和新媒体传播手段，包含了从第一媒体到第五媒体的全部形态。一个结构齐全、配备合理、立足传统、面向未来的多媒体发展架构粗具雏形。

（2）中央电视台国际频道

中央电视台作为中国国家电视台，是中国重要的新闻舆论机构，是中国了解世界、世界了解中国的重要窗口，是对外宣传的中坚力量。中国中央电视台中文国际频道（CCTV - 4）开播于 1992 年 10 月 1 日。2000 年 9 月 25 日，英语国际频道——CCTV - 9 正式开播。目前，中央电视台对外传播的频道主要有中文国际频道（CCTV - 4）、英语国际频道（CCTV - 9）、西班牙语国际频道（CCTV - E）和法语国际频道（CCTV - F）。这些国际频道的信号通过卫星传送基本覆盖全球，并在北美、欧洲、非洲、亚洲、大洋洲和中南美洲的 120 多个国家和地区实现了落地入户，其中 CCTV - 4 覆盖境外华语观众 1500 多万户，CCTV - 9 在境外入户达到 4350 万户，CCTV - E、CCTV - F 分别在美国、古巴、智利、毛里求斯等 6 个国家实现完整频道落地，进一步扩大了中国电视媒体的国际影响力。

第六节　孔子学院对儒家思想的传播

一　孔子学院发展概况

2004 年 11 月 21 日，全球第一所"孔子学院"在韩国首都首尔挂牌成立。此后，孔子学院在世界范围内发展迅速，据中新网报道，到 2006 年 3 月为止，全球已有 54 所孔子学院在 30 个国家和地区启动建设，其中亚洲 17 所、欧洲 17 所、北美洲 9 所、大洋洲 3 所、非洲 3 所、拉美 5 所。据光明日报报道,[①] 截至 2008 年 5 月，全球已启动建立孔子学院（包括孔子学校、孔子课堂）200 多所，分布在 160 多个国家和地区。其中，仅在美国就建立了 40 多所，遍布加州、科罗拉多州、夏威夷、伊利诺伊州、依阿华州、堪萨斯州、麻州、密歇根州、明尼苏达州、北卡州、俄克拉何马州、俄勒冈州、宾夕法居亚州、罗德岛以及马里兰等。预计，到 2010 年，全球将建成 500 所孔子学院和孔子课堂。孔子学院总部设在北京，2007 年 4 月 9 日挂牌成立。境外孔子学院是其分支机构，主要采用中外合作的形式开办。孔子学院已经成为传播中国文化和推广汉语教学的全球品牌和平台。

图 4　孔子学院标志

　　孔子学院是在借鉴国外有关机构推广本民族语言经验的基础上，在海外设立的以教授汉语和传播中国文化为宗旨的非营利性公益机构。它秉承孔子"和为贵"、"和而不同"的理念，推动中外文化的交流与融合，以建设一个持久和平、共同繁荣的和谐

---

　　① http：//news. xinhuanet. com/school/2008 – 05/08/content _ 8126888. htm（2008 年 05 月 08 日 10：08：15）

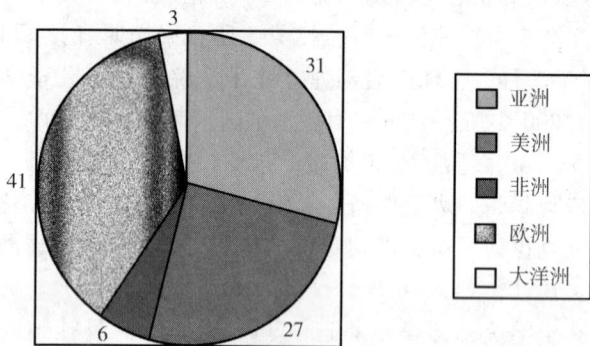

图 5　孔子学院在世界的分布（截至 2006 年 9 月）

世界为宗旨。它不是传统意义上的大学，而是进行汉语文化教育和文化交流的公益机构。孔子学院最重要的一项工作就是给世界各地的汉语学习者提供规范、权威的现代汉语教材；提供最正规、最主要的汉语教学渠道，搭建中外文化交流的桥梁。

二　孔子学院对儒家思想的传播

1. 以汉语教学为载体传播儒家思想

汉语是中国文化，也是儒家文化的载体。有了汉语这个工具，无论哪个民族的人都能更好理解儒家思想的精髓，更准确地把握儒家文化。从这个意义上说，教授汉语既是传授儒家文化的基础，又在一定程度上传授了儒家文化。同时，孔子学院的主要功能不仅仅是汉语教学，而且是对儒家思想的传播实践。自第一所境外孔子学院成立以来，孔子学院开办到哪里，孔子思想的种子就播撒到了哪里。美国《时代》周刊载文称，20 世纪掌握英语是领先一步的关键，进入 21 世纪，掌握汉语则成为占据优势的体现。在孔子学院的带动下，全球出现了前所未有的汉语热。

统计显示，目前海外通过各种方式学习汉语的人数超过 3000 万人，约 100 个国家超过 2500 余所大学在教授中文。而孔子学院在对外汉语教学方面发挥了先锋作用。同时，各国孔子学院还不定期召开汉语教学研讨会，专家学者以及教师会聚一堂，共同探讨中文作为第二语言教学的理论、方法等各方面的问题，有力促进了汉语教学在全世界范围的发展。如 2007 年 3 月 4 日，美国旧金山州立大学孔子学院隆重举办"第一届中文作为第二语言教学国际研讨会"。来自全美各地及我国内地和香港的语言教学专家和中文教育工作者近 300 人与会，从政策层面和教学实践两方面研讨了美国中文教育的现状、发展趋势及面临的主要挑战。2008 年 1 月 11 日，维也纳大学孔子学院召开了题为"对外汉语教学理论与实践"研讨会，来自中国、意大利、澳大利亚及奥地利等国的专家学者参加了本次会议。研讨会就对外汉语教学中的词汇、语法、汉字、语音教学及中外翻译等问题作了专题报告和深入的研讨。全球范围内以孔子学院为主力军的轰轰烈烈的汉语教学，为儒家思想传播准备了必要的条件。

2. 通过举办学术活动传播儒家思想

遍布世界的孔子学院经常举行关于中国文化以及儒学的讲座、报告以及国际研讨会等学术活动，这些活动有效地推动了世界各地民众对儒家思想的关注和了解，在儒家思想传播上起到了先锋和号角的作用。2006 年 11 月 7 日，泰国皇太后大学孔子学院在曼谷联合国会议中心举办"以儒学乐观稳定的思想迈向未来"儒家思想研讨会。2007 年 6 月，波兰克拉科夫孔子学院和雅盖隆大学联合举办的"孔子传统迈向新世纪"国际研讨会在波兰南部城市克拉科夫举行。2008 年 1 月 25 日，为期两天的"儒家文化的当代意义"研讨会在美国马里兰大学孔子学院举行。来自中国大陆、中国香港、美国和加拿大的专家学者以及听众近百人参加了研讨会。学者们集中探讨以儒学为代表的中国传统文化对构建和谐社会、促进可持续发展及维护世界和平的意义。2008 年 6 月 24—26 日，白俄罗斯国立大学孔子学院在明斯克召开了题为"白俄罗斯——中国：历史、传统、经验与前瞻"的研讨会，来自白俄罗斯国内和俄罗斯、独联体各国及欧洲的约 70 名专家学者参加了会议。

孔子学院通过举办一系列学术活动，搭建了各国儒家学者交流的平台。与此同时，这些活动还为普通外国民众接触和了解儒家文化提供了良好的契机，从而提升了儒家思想传播的广度和深度，大大促进了儒学在西方的传播。

第七节　儒家思想对当代西方社会的影响

儒家思想自十六世纪开始传到西方国家，已有至少四五百年的历史。在西方历史上，儒家思想曾对十八世纪法国的启蒙运动产生过深刻影响。孔子的人道主义思想曾一度成为反对宗教神权与封建王权的重要思想理论武器。当时法国著名的思想家笛卡尔、卢梭、伏尔泰、孟德斯鸠、狄德罗等人都十分推崇以儒家思想为代表的中国文化，并用儒家思想去教育自己的国民。除此之外，儒家学说还对法国重农学派、德国黑格尔哲学以及费尔巴哈思想产生了不同程度的影响。可见，儒家思想在西方国家思想发展史上的作用不可低估。

为了了解儒家思想对当代西方社会所具有的影响，我们专门对西方主要国家的普通民众进行了问卷调查。

一　问卷调查的基本过程

问卷调查的目的在于初步了解西方主要国家民众对儒家思想的了解和接受情况。因此，调查以普通民众（不特定某一群体）为对象，采用随机的方式进行。

　　问卷共设计两套，均采用英语文本形式。当调查母语为非英语受访者时，问卷发放人负责当面翻译或解释。我们采用了两种问卷发放与回收渠道：一是通过电子邮件发给被调查国家的国际友人，由他们随即确定相应的民众对问卷作答；二是请国内赴欧美访问的学者代为发放与回收。为保证调查质量，我们对国外代办人进行了一定的培训。

　　问卷一中的问题分两组：第一组共 14 个问题，用于调查民众对儒家先哲孔、孟、荀以及十个儒家思想核心概念的了解情况；第二组共 10 个问题，主要针对第一组问题回答为"yes"的受访者进行进一步调查，了解这些受访者能否正确理解儒家思想的核心概念。问卷二主要用于调查受访者是否知晓有关孔子和孟子的事迹，以及儒家思想在其本国是否闻名等 6 个方面的问题。

　　此次调查历时近两年，回收有效问卷 328 份，其中问卷一222 份，问卷二 106 份。调查对象主要是英国人和美国人，分别为 126、108 人，其次是加拿大 29 人，法国 15 人，德国 11 人，西班牙和意大利各有 5 人，其他被调查民众的国籍还有瑞典、比利时、波兰，但人数较少。

二　调查结果及分析

　　对回收的 328 份有效问卷进行细致整理后，获得如下数据：

1. 调查问卷一

表一　　　　　　　第一组问题（1—14）回答情况

问题 ＼ 回答情况	Yes, much	Yes, a little	No, not at all
1. Do you know Confucius?	49（22.1%）	55（24.8%）	118（53.1%）

回答情况 问题	Yes, much	Yes, a little	No, not at all
2. Do you know Confucianism?	34(15.3%)	48(21.6%)	140(63.1%)
3. Do you know Mencius?	15(6.8%)	18(8.1%)	189(85.1%)
4. Do you know Shun Tzu?	13(5.9%)	19(8.6%)	190(85.5%)
5. Do you know the Confucian concept of "jen"(仁)?	25(11.3%)	28(12.6%)	169(76.1%)
6. Do you know the Confucian concept of "yi"(义)?	22(9.9%)	16(7.2%)	184(82.9%)
7. Do you know the Confucian concept of "li"(礼)?	16(7.2%)	22(11.3%)	184(82.9%)
8. Do you know the Confucian concept of "chih"(智)?	12(5.4%)	18(8.1%)	192(86.5%)
9. Do you know the Confucian concept of "xin"(信)?	16(7.2%)	19(8.6%)	187(84.2%)
10. Do you know the Confucian concept of "hsiao"(孝)?	12(5.4%)	14(6.3%)	196(88.3%)
11. Do you know the Confucian concept of "ti"(悌)?	7(3.2%)	10(4.5%)	205(92.3%)
12. Do you know the Confucian concept of "cheng"(忠)?	15(6.8%)	14(6.3%)	193(86.9%)

问题 ＼ 回答情况	Yes, much	Yes, a little	No, not at all
13. Do you know the Confucian concept of "**shu**"（恕）?	9（4.1％）	13（5.9％）	200（90.0％）
14. Do you know the Confucian concept of "**Chun–tzu**"（君子）?	23（10.4％）	28（12.6％）	171（77.0％）

　　结果表明，西方国家普通民众对儒家思想的代表人物及核心概念的了解程度，整体上偏低。三位儒家先哲中，孔子的知名度最高，有22.1％的受访者对其有较多的了解，远远高于他们对孟子和荀子的了解程度，这与我们的调查预期基本相符。对于我们所选择的十个儒家思想核心概念，西方受访者的认知度普遍偏低。相对而言，"仁"、"义"和"君子"的认知度较高，但也仅有10％左右；而"悌"、"恕"等概念认知度不足5％。

表二　　　　　　　第二组问题（15—24）回答情况

问题 ＼ 回答情况	正确回答	错误回答
1. What does "**jen**" mean as far as you understand it?	33（62.3％）	20（37.7％）
2. What does "**yi**" mean as far as you understand it?	24（63.2％）	14（37.8％）
3. What does "**li**" mean as far as you understand it?	26（68.4％）	12（31.6％）
4. What does "**zhi**" mean as far as you understand it?	19（63.3％）	11（36.7％）

问题 / 回答情况	正确回答	错误回答
5. What does "**xin**" mean as far as you understand it?	25（71.4%）	10（28.6%）
6. What does "**hsiao**" mean as far as you understand it?	5（19.2%）	21（80.8%）
7. What does "**ti**" mean as far as you understand it?	4（23.5%）	13（76.5%）
8. What does "**chung**" mean as far as you understand it?	21（72.4%）	8（27.6%）
9. What does "**shu**" mean as far as you understand it?	8（36.4%）	14（63.6%）
10. What does "**Chun - tzu**" mean as far as you understand it?	38（74.5%）	13（25.5%）

调查发现，在对"仁"的理解作出回答的 53 人中，有 33 人理解正确；38 人对"义"的理解作出回答，24 人回答正确；38 人对"礼"的理解作出回答，26 人理解正确；30 人对"智"的理解作出回答，19 人回答正确；35 人对"信"的理解作出回答，25 人正确；26 人对"孝"作出回答，5 人回答正确；17 人对"悌"作出回答，4 人回答正确；29 人对"忠"作出回答，21 人回答正确；22 人对"恕"作出回答，8 人回答正确；51 人对"君子"作出回答，38 人回答正确。数据显示，受访者中有超过 60% 的人能正确理解"仁"、"义"、"礼"、"智"、"信"、"忠"、"君子"等概念。然而对于"孝"、"悌"、"恕"能够正确理解的就相对较少，比例均在 40% 以下。

2. 调查问卷二

表三　　　　　　　　　　　问卷二回答情况

问题 ＼ 回答情况	Answer (Y for yes)	Answer (N for no)
1. Do you know the Chinese sage Confucius?	33（31.1%）	73（68.9%）
2. Do you know the Chinese sage Mencius?	2（1.9%）	104（98.1%）
3. Have you read or read about Confucius or Mencius in any language?	19（17.9%）	87（82.1%）
4. Do you think Confucianism is well known or not in your country?	7（6.6%）	99（93.4%）
5. Do you think Confucian canons such as "filial piety", "benevolence", "sincerity" etc. are constructive to your life?	45（42.5%）	61（57.5%）
6. Are you interested in Confucianism?	39（36.8%）	67（63.2%）

　　在接受问卷二调查的 106 名西方受访者中，有 31.1% 的受访者表示了解孔子及其学说，但仅有 1.9% 的受访者了解孟子，这一数据与调查问卷一的数据基本吻合；有 17.9% 的受访者读过有关孔子或孟子的事迹和思想。令人遗憾的是，认为儒家思想在其本国具有知名度的受访者仅占 6.6%，93.4% 的受访者都认为儒家学说在其国内并不为人所知。但同时令人欣慰是，分别有 36.8% 和 42.5% 的受访者表示了对儒家思想的兴趣，并相信儒家思想的信条对其人生具有重要的指导意义。

　　尽管本次调查所涉及的受访者人数有限，涵盖的国家数量较少，人群层次分布不尽合理，问卷设计不够科学，再加上时间仓促，因而所得数据还不能说明全部问题。但不管怎样，这些有限的数据足以让我们认清这样一个现实：在当代西方社会，人们对儒家思想的了解和接受情况与我们的预期相差甚远。

　　因此，儒家思想在西方的传播，依然任重而道远。

第六章　未来儒家思想在西方的翻译与传播战略

进入 21 世纪，经济全球化飞速发展，在物质财富不断增长的同时，人类却面临着诸多危机，加快建立新的伦理道德秩序是摆在全世界人们面前的紧迫任务，儒家伦理思想在世界新的伦理道德秩序建设中理应扮演重要角色。开展对儒家伦理思想的翻译与传播研究，既是塑造良好国家形象、满足当今世界对儒家伦理价值观需求的迫切需要，也是解决当前翻译存在的问题、改善传播效果的实际需要。正确认识和分析当前儒家思想翻译与传播所面临的形势，研究制定儒家思想的翻译与传播战略，当是应对文化全球化、推进和谐世界建设的必然选择。

第一节　翻译与跨文化传播

一　翻译与跨文化传播基本概念

1. 翻译

什么是翻译？从传播学的角度来看，翻译实际上是一种特殊形式的信息传播。整个翻译活动实际上表现为一种社会信息的传递，表现为传播者、传播渠道、受众之间的一系列互动关系。翻译作为从一种语言文化到另一种语言文化的替代过程，又不仅仅是一种语言现象，而且是一种文化现象，是一种跨语言和跨文化的传播活动。与普通传播过程不同的是，翻译是在两种文化之间进行，操纵者所选择的符号不再是原来的符号系统，而是产生了文化换码，但其原理却与普通传播相同。翻译又分为口译、笔译、机器翻译等多种具体形式。

翻译的物质形态表现为各类符号系统的选择组合，具体可分为四类：一是，有声语言符号，即自然语言的口头语言，其表现形式为电话通讯、内外谈判和接待外宾等；二是，无声语言符号，包括了文字符号和图像符号，其表现形式为谈判决议、社交书信、电文、通讯及各种文学作品等印刷品；三是，有声非语言符号，即传播过程中所谓的有声而不分音节的"类语言"符号，其常见方式为：说话时的特殊重读、语调变化、笑声和掌声，这类符号无具体的音节可分，语义也不是固定不变的，其信息是在一定的语言环境中得以传播的，比如笑声可以是负载着正信息，也可以负载着负信息，又如掌声可以传播欢迎、赞成、高兴等信息，也可以是传递一种礼貌的否定等。四是，无声非语言符号，即各种人体语言符号，表现为人的动作、表情和服饰等无声伴随语言符号，这类符号具有鲜明的民族文化性，比如人的有些动作，在不同的民族文化中所表示的语义信息完全不同，不仅如此，它还能强化有声语言的传播效果，如在交谈时，如果伴有适当的人体语言，会明显增强口头语言的表达效果。以上四类符号既可以表达翻译的原码，也可以表达翻译出的译码，它们既可以单独作为原码或译码的物质载体，也可以由两种、三种、四种共同组成译码或原码的载体。

根据雅可布逊的理论，翻译一般分为三类：一是，言内翻译，即在同一语言内部进行的翻译。二是，语际翻译，即两种不同语言的文化和语言信息的转换。三是，符号翻译，即非语言翻译，也就是把一种符号的形式用另外一种符号形式表达出来。可见，翻译涵盖了人类生活和文化的各个方面，甚至跨文化传播的符号方式都包括在翻译之中。

翻译程序一般包括理解、转换、表达三个环节。理解是分析原码，准确地掌握原码所表达的信息；转换是运用多种方法，如口译或笔译的形式，各类符号系统的选择、组合，引申、浓缩等翻译技巧的运用等，将原码所表达的信息转换成译码中的等值信息；表达是用一种新的语言系统进行准确的表达。

2. 跨文化传播

跨文化传播是指拥有不同文化感知和符号系统的人们之间的传播，他们的这些不同足以改变传播事件。[①] 作为人类传播活动的重要组成部分，跨文化传播与各种文化信息在时间和空间中的流动、共享和互动过程相关联，涉及不同文化背景的人们之间发生的信息传播与人际交往，以及人类各个文化要素的扩散、渗透和迁移。人类的生活始终离不开跨文化传播，它总是和人类生活的各个方面交织在一起，是人与人之间、民族与民族之间、国家与国家之间必不可缺少的活动。正是经由跨文化传播，维系了社会结构和社会系统的动态平衡，促进了整个社会的整合、协调与发展。

跨文化传播渗透于人类社会的一切活动之中，推动了社会的变迁和发展，没有跨越文化的传播，就没有人类社会的生存和发展，更没有人类的进化和文明。正如英国哲学家罗素（Bertrand Russell）所指出的，"不同文明之间的交流是人类文明发展的里程碑。希腊学习埃及，阿拉伯参照罗马帝国。中世纪的欧洲模仿阿拉伯，而文艺复兴时期的欧洲又仿效拜占庭帝国"。人类社会走到今天，正是跨文化传播把不同地区、不同种族、不同国籍的人群"联结"在一起，促进了整个人类文化的发展和社会变迁。[②]

---

① 拉里·萨默瓦、理查德·波特：《跨文化传播》，中国人民大学出版社2004年版，第47页。

② 孙英春：《跨文化传播学导论》，北京大学出版社2008年版。

二　翻译与文化传播的联系

1. 翻译是跨文化传播的媒介

跨文化传播是不同文化主体之间的精神交往和信息交流，其载体是符号，而符号的转换就是翻译。翻译与跨文化传播息息相关，翻译在本质上与跨文化传播和大众传媒密不可分，你中有我，我中有你。因为有了翻译，不同文化主体之间的交流才成为现实，翻译真正担当起了跨文化传播的媒介。正如钱钟书所述：南唐以来，"小学"家都申说"译"就是"传四夷及鸟兽之语"，好比"鸟媒"对"禽鸟"的引"诱"。"媒"和"诱"当然说明了翻译在文化交流里所起的作用。它是个居间者和联络员，介绍大家去认识外国作品，仿佛做媒似的关系，使国与国之间缔结了"文学因缘"，缔结了国与国之间唯一的较少反目、吵嘴、分手、挥拳等危险的"因缘"。①

2. 跨文化传播与翻译息息相通

跨文化传播与翻译作为不同文化主体之间交流的元素，彼此又具有许多共同的特征：

（1）语言和符号特征。由上述翻译的含义可知，无论言内翻译、语际翻译，还是符号翻译，都离不开语言和符号，语言和符号是翻译赖以存在的基础。而跨文化传播是人类的精神活动，这一活动同样离不开语言和人类所独创的符号，人类正是通过这些语言、符号才实现信息的交流、价值观的沟通及意义的重构。掌握语言符号的种种特征，谙熟语言的种种功能，是实施跨文化传播和翻译的重要保证。

（2）明确的目的性。由于跨文化传播与翻译是文化主体的一种认知活动，因而具有明确的目的。儒家思想向西方的翻译与

---

①　钱钟书：《林纾的翻译·七缀集》，上海古籍出版社 1985 年版。

传播充分体现了这一特征。无论17—18世纪的利玛窦、金尼阁、殷铎泽、马若瑟，还是19世纪的理雅阁，都是出于传教的目的而对儒家经典进行了翻译与传播；20世纪的韦利、庞德以及辜鸿铭先生则是出于向西方人介绍中国传统文化的目的开展了对儒家经典的翻译与研究。在当今的广播电视以及网络传播中，更体现了这一特征。

（3）场依存性。任何一种符号或文本都不是独立存在的，而是与之前的符号或文本有着千丝万缕的联系；而且，同一符号对传播者和受众，其意蕴会大有不同。当受众对符号进行解码时，缺少语境，缺少话语的场，其含义就是发散的和不确定的。符号的含义只有依靠场、依靠关联因素才能最终确定。不难理解，在传播与翻译中，如果脱离了文本，许多词句就会无法翻译；而一个词句放在一个新的语境中，又可能会产生新的含义。

（4）互动性。跨文化传播与翻译的互动性主要是指传播者与受众之间的角色转换。这其中包括两方面的含义：一是，传播者与受众在跨文化传播与翻译中的作用相等，双方使用着相同的编码、译码和解码的功能，因此，译文读者对译文的反应应该与原文读者对原文的反应相同；二是，传播者与受众彼此之间发生互动，二者在跨文化传播与翻译过程中，不断扩大交流，增进了解，加强互信，逐步实现对原文的理解的一致性。

儒家经典在西方翻译的本质是一种跨文化传播活动。正确把握翻译与跨文化传播的含义与基本规律，有利于科学制定和实施儒家思想在西方的翻译与传播战略。

第二节　未来儒家思想在西方的翻译

一　儒家思想翻译存在的问题

翻译作为一种跨语言和跨文化的传播活动，具有非常复杂的信息交流过程，因而受到众多因素的影响。从历史上看，西方很早就开始了对儒家经典的翻译，而且 19 世纪末以前的译者都是传教士，可谓个个都是饱学之士。但纵观 300 多年来儒家经典向西方的翻译，由于受到政治、经济等多种因素的影响，其中存在较多的问题与不足：

1. 缺乏有效的组织

传教士所进行的翻译几乎全部是个人行为，没有合作团队，至多是译者自己找一个精通古文或经典的中国助手而已。例如理雅各就是如此，他找到了清末著名的经学家王韬作为助手，对儒家典籍进行了系统的翻译。即使到了 20 世纪，中西汉学家韦利、庞德以及辜鸿铭对儒家经典的翻译也都是出于个人的兴趣与自觉，缺少社会乃至政府的有效组织和鼎力支持。这种状况直接影响了对儒家经典的翻译效率和翻译质量。

2. 缺少有利的翻译指向

根据翻译传播规律，任何人的翻译都有明确的目的性。在过去 300 多年的儒家经典翻译中，绝大多数传教士对待儒家经典的翻译的态度是诚恳和严肃的，甚至是虔诚的。但是，这种虔诚却主要不是针对我们的儒家经典，而是针对他们心中的天主，他们的传教事业，还有他们的国家和民族。进入 20 世纪，不同的学者出于不同的目的展开了对儒家经典的翻译。哲学家安乐哲（Roger T. Ames）和罗思文（Henry Rose-mont, Jr）出于哲学的考量翻译《论语》，主要关注孔子言语的内容而不是孔子本人。利斯（Simon Leys）为了强调典籍中信息的个性和孔子言论充满全人类情感的共性，通过翻译《论语》向读者呈现了一位能讲话的孔子。辜鸿铭则是"努力按照一个受过教育的英国人表达同样思想的方式，来翻译孔子和他弟子的言论"。目前，尚没有以"向西方全体民众全面系统介绍儒家伦理思想"为指向的翻译活动，因而不利于儒家思想在西方的准确传播。①

3. 缺乏系统性和整体性

在西方译者中，除极少数人对儒家典籍进行整体的翻译（如理雅各等），以外，他们的翻译多半是采取节译形式，或者是采用改写形式，断章取义是不可避免的。这种形式本身就说明，传教士的翻译是有所取舍的，而取舍的标准当然是译文要符合他们的文化和政治利益。这种缺乏系统性和整体性的翻译误导了西方民众对中国文化的理解，迄今为止中国文化在西方人眼里也未形成完整的形象，只知道"中国功夫"、"京剧"等，而不了解儒家伦理思想的真谛。

4. 缺乏对所参阅注释资料的辨别力

在中国儒家思想的继承与发展过程中，不同朝代为了统治的需要采取了不同的态度，因而对儒家经典进行了不同角度、不同侧重的解释。比如《论语》在历史上有包括《刘歆论语注》、《王弼论语释疑》、《朱熹论语集注》在内的近40家注释本，翻译时参考哪一家注释，都会对翻译效果产生直接的影响。过去的译者往往缺乏对所参阅注释资料的辨别能力，从而造成译文的偏差，进而向西方民众传递了错误信息。理雅各等人所参考的注释本基本上都是朱熹的《论语集注》，文内多有朱氏理学的阐发，因此其译本与其说是纯粹的孔子儒学，倒不如说是与朱氏理学的混合体。

5. 忽视翻译中的跨文化传通

儒学基本概念的翻译直接关乎具体文本内容的翻译成败。儒学概念的特点是人文内涵丰富，使用率高，在一定意义上前后使用具有一致性。现有儒家经典翻译文本对概念的翻译不准确，不深入，很多只求概念字本义的对应，忽视其历史文化内涵和概括

---

① 黄兴涛：《辜鸿铭文集》（下），海南出版社1996年版，第346页。

性特征；处理方法上比较随意，用词缺乏前后的一致性。主要表现在以下几个方面：

首先，中西文化与历史发展中都各有自己独特的文化观念和事物，有些字表面上看所指相同或相似，但内涵却相差很远，与英文词无法形成对应。例如，儒家的"仁"与英文的 benevolence，"家"与英文的 family，儒家的"臣"与英文的 minister，等等，都是不能完全对应的，甚至可以说差别巨大。再如度量单位的翻译。在东方文化中，人们常用具体的数字指概数，如果不了解这一点，将东西方的度量单位对等，对于译者来说就犯了大错。比如译文中对于"尺"和"寸"的翻译，就是犯了这样的错误。

其次，原文中某些词语意义已经引申，但译文只停留在其原始意义上。例如，社稷最原始的意思是古代帝王、诸侯所祭的土神和谷神。诺布洛克在对《荀子·君道》部分的翻译中，将"社稷"译为"altars of soil and grain"，就是按照其最原始之意进行的理解。而实际上，社稷此处为国家的代称，因此无论就《荀子》原文，还是就翻译作为传播文化的作用来讲，诺布洛克对"社稷"一语的翻译都有误导之嫌。同样，"百姓"的含义也远远超过了其原始意义，而含义进一步扩大，指平民、普通人、老百姓。诺布洛克将其译为"the Hundred Clan"保持了其字面及原始含义，但却无法传达其原文含义。

第三，由于古汉语自身的某些特点，造成了译者理解和表达上的失误。西方译者大多对中国古代汉字文化的修养不深，翻译过程中容易想当然，从而导致文字理解上的错误。比如"假舆马者"中的"假"，"西方有木焉"中的"木"，"物类之起，必有所始"的"始"（《荀子·劝学篇》），"怏怏而亡者，怒也"中的"怒"（《荀子·荣辱篇》）等等。

理雅各的翻译可谓是传教士翻译中的典范，其各个译本都是全译，且力争忠实于原文的每一字句。然而，同样存在上述问题。其中，囿于字面意思，忽视同一词语的文化内涵上的差异所导致的问题占绝大多数。因此，理雅各的翻译也不能够把真正的儒学精神完整准确地介绍给西方读者。近年来，西方学者将包括《四书》在内的儒家经典进行重译，其翻译质量并没有超过理雅各，仍然存在与理雅各译本相同的问题。

上述情形表明，迄今为止，儒学翻译中的跨文化传通问题没有引起译者的高度重视，对于翻译方法没有进行深入细致的研究，在许多情况下把本来应该当作专门概念来处理的字，却当成了一般字来处理。如果这一问题不得到彻底解决，儒家经典的翻译就永远不可能准确，所有翻译文本就永远都是貌合神离的伪翻译。依靠这样的翻译文本，正宗的儒家思想文化永远都不会被世界其他民族所彻底认识。所以，儒家思想对西方的翻译依然任重道远。

二　未来儒家思想的翻译策略

鉴于儒家思想翻译中存在的问题，我们未来采取的策略应该是：通过加强组织领导，灵活运用翻译技术，优化选择参考资料，丰富创新翻译形式，及时组织对儒家经典进行重译，尽快向西方世界推出全新译本。以便促进中国文化向西方的传播。

1. 及时启动典籍重译

当前我国学术界对儒家经典的翻译与传播存在某些误解：一方面，对儒家经典的翻译状况没有深入研究，不了解其真实状况，误认为某些已有的翻译文本就是标准的西文儒家经典，对其中的由于语言文化差异而造成的误读和歪曲没有形成基本认识。虽然近些年翻译学界对某些翻译文本有所研究，并指出了其中的不少问题，但停留在语言层面上的多，上升到文化哲学以及人类思想遗产的传播和承传高度的少。另一方面，翻译学界的研究成

果不为文化哲学界所重视。文化哲学界对儒家思想在西方的传播
和影响一直抱有盲目乐观的态度，认为儒家经典在西方世界很受
欢迎，儒家思想在西方的影响普遍很大。其实，这种情况与其说
是当代的事情，倒不如说是 16 世纪到 18 世纪的事情。更何况当
时的翻译文本也存在很多问题，比如儒教基督教混杂的问题，传
教士往西方翻译的文本和西方民众接受的信息已经不是纯正的儒
家思想。而西方殖民主义者利用坚船利炮打开我国的大门以后，
西方从此在近乎一个世纪的时间里以文化优胜者乃至统治者自
居，轻视乃至蔑视东方文化，一直到 20 世纪 80 年代，儒家思想
在当代西方人心目中的地位和影响十分微弱。鉴于这一现实，我
们必须尽快启动对儒家典籍的重译工程，也就是要在学习总结过
去 300 年来国内外译者翻译儒家典籍经验的基础上，将《论
语》、《孟子》、《大学》、《中庸》等儒学主要著作进行全面系统
的翻译，以便向西方民众介绍真实准确的儒家伦理思想，充分展
示中华文化的魅力。

　　2. 切实加强组织领导

　　迄今为止，儒家典籍的翻译活动基本上都是个人行为，这
一状况已经影响到对儒家典籍的翻译效率和翻译质量。儒家典
籍重译，既需要研读历史资料，也需要查阅现代文献；既需要
国学专家，也需要翻译人才；既需要调动国内资源，也需要引
进国外资源；因而是一项巨大的文化工程，需要大量的人力、
物力和财力投入。所以，儒家典籍重译必须是在政府的统一领
导下有计划、有组织、大规模的团队合作翻译活动。由此，实
施儒家典籍重译工程，可以借鉴当年玄奘组织佛经译场的经
验，也可以采取当代翻译《毛泽东选集》的做法，切实加强对
重译工作的组织领导。首先，应成立儒家典籍翻译研究机构，
该机构是由国家支持的非营利公益组织，具体负责对儒家典籍
的系统翻译和研究。其次，要以翻译研究机构为依托，建立专

兼职相结合的翻译团队，该团队应包括国内外的国学专家和翻译专家。第三，要引入激励机制，加强对翻译过程的监督指导，提高翻译效率，确保译文质量。第四，要联合出版机构，开展对外合作，把译出的作品有效地推广到国外市场，介绍给西方民众。

3. 灵活运用翻译策略

儒家典籍翻译面临的最大障碍是翻译文本的跨文化问题，要跨越这一障碍，就需要灵活运用翻译策略。一是，对典籍中的基本概念采取适度的异化翻译策略。儒家典籍中的基本概念遍布文本内容的各个角落，如果这个问题得到妥善解决，那么整个文本的翻译质量将基本得到保证，翻译文本的可读性将大大提高。但是概念的翻译问题要解决谈何容易！基本概念是儒家思想的根基，其内涵太丰富。由于中西文化在历史背景、地域、心理与思维、宗教等方面存在巨大差异，儒家基本概念很难在完全属于另一文化传统的西方语言中找到现成的对应概念，如果勉强找到某个西文辞来代替儒家概念，势必会产生出方枘圆凿，貌合神离的译文，误导读者。因此，可以适度借鉴玄奘"五不翻"的经验，采取异化翻译策略，对儒家基本概念尝试采取音译法。玄奘对于佛的微言大义不用汉语言来表达，那么孔子作为圣人，其微言大义也可以保留在汉语的语音中。但是这样又随之来了一个新问题，那就是在译文中造字的问题。因为采用音译法，并不等于只要纯粹使用汉语拼音就可以解决一切问题，而需要在汉语拼音的基础上造出其曲折变化形式，以适应英语的句法结构。另外，利用汉语拼音在译文中造字，会给英文读者造成阅读困难。他们初遇到这些字时会感到茫然不知所云。何况，汉语毕竟不是梵文，不是拼音文字，借鉴佛典翻译因此只能适度而行。二是，采用互译订正法，确保翻译的准确性。也就是说，首先由典籍专家将古文转换为准确流畅的现代汉语，然后由翻译人员将此译成英文，将翻译好的英文交由英文读者阅读审查，审查后的英文再由其他翻译人员译成中文，后与起初的典籍专家转换的汉语核对，并据此修改英文译文。如此不停反复，直到大体准确无误为止。人文学翻译，要做到高度精准，那是不可能的事，因此，必须秉持清醒的审慎态度与现实主义精神。

4. 优化选择参考资料

鉴于语言发展的历史原因，注释资料是我们正确理解儒家典籍的重要参考，选择客观全面的注释资料是确保重译质量的必要条件。因此，我们首先必须在现有的众多参考资料中进行优化选择，挑选符合儒家思想本来面貌的注释本作参考，把经典中的精华翻译出来，而不是像西方译者那样，不研究儒家思想发展的历史，一味参照朱熹注释本进行翻译。那样就会不可避免地在译文中掺杂进一些封建糟粕，甚至一些违背人类共同理性的东西，破坏译本的质量，妨碍西方读者对儒家思想的理解和接受。比如，如果我们把封建的"三纲五常"思想当作孔子的儒家思想来翻译，掺杂到《论语》等儒家经典的译本中，并期望一个现代化的西方世界能够接受，那是完全不可能的。其次，要避免对注释资料照抄照搬。翻译时一定要对翻译参考文献里的内容有所甄别，对多种文本的同一内容进行比较，重点参考其中的文字和名物训诂内容，而不是盲从经学家和注疏者对原文在基本观点上的自由阐发的内容。

5. 丰富创新翻译形式

纵观过去众多传教士、学者对儒家典籍的翻译，不管出于什么目的，均以学术的形式呈现给读者。单一的翻译形式，限制了读者群体的规模，进而影响了儒家思想的传播。比如，理雅各的各个译本从学术的角度来说是翻译的典范，但其读者仅限于学术圈子里研究汉学、中国学、亚洲及东方哲学的学者们，很少有普通民众，即使各类在校学生对该译本感兴趣的也很少，或者，即使感兴趣，也很难一字一句认认真真将其读完。理雅各的《论语》译本，正文加注释，洋洋洒洒数百页，深则深矣，广则广矣，但却把普通读者拒之千里之外，到头来把自己束之高阁，只成为研究者们的宝典。因此，儒家典籍翻译必须考虑读者的实际情况，以读者需求为导向，丰富和创新翻译形式。一是，要进一步完善学术性译本，做到严谨精密，全面深刻，必须是全译本，并带有详尽的注释，努力增强学术价值。二是，要针对普通读者推出喜闻乐见的普及型译本，此类译本可以是节译本，选译本，甚至是采用名言警句的形式配上插图等等。做到形式活泼，深入浅出，易于阅读和接受。三是，要针对不同读者群，利用多样化的载体，创新翻译形式。比如，可以根据儒家典籍的内容编译出版漫画和寓言故事读本，可以根据儒家典籍的文风编译出版诗歌，还可以借助电视和网络传媒翻译制作电视剧、动漫、网络游戏等等。但是，无论采用哪种形式的翻译，其基本内容，包括使用的基本概念、呈现的基本思想内容等，必须大体准确并基本一致。

第三节　未来儒家思想在西方的传播

一　儒家思想对外传播方式的历史回顾

作为人类历史上最悠久的文明古国之一，中国以其灿烂的文化与世界各国进行着广泛的交流，儒家思想在遵循一般传播规律的同时，以其特有的方式对外进行了传播。

1. 战争与扩张

战争是人类文化交流的一种非常态方式，对文化进步起到了特殊的积极作用。尤其在人类文化传播手段不够丰富发达的古代，文化的撒播与影响只能通过战争征服扩张的强迫认同来实现。

古代中国文化在向外传播的过程中，战争与扩张也为文化交流创造了前所未有的条件。汉武帝时期，通过征伐匈奴侵占蒙古草原、灭南越国置南海四郡、臣服西南的滇国和夜郎国、灭朝鲜置四郡等一系列战争，将先进的中国文化传到这些地方。公元751年的特罗斯（Talas）之战，唐朝军队被阿拉伯军队击溃，大批被俘汉地士兵将中国文化带到了阿拉伯，也传到了欧洲。公元13世纪，成吉思汗率领的军队横扫亚欧，在将中国文化西传的同时，吸引了大批商人、旅行家以及传教士来到中国，加速了中国文化向西方的传播。

事实证明，战争是以"恶"的方式充当文化进步的推动者，文化传播的和平方式才是文化交流和发展的真正杠杆。

2. 对外移民

因天灾人祸等原因造成的民族迁移对促进各地区民族文化的交流与融合能够产生积极的作用。在中国历史上的几次移民现象，都促进了中国文化向周边国家和地区的传播。秦末以及汉末，因躲避战乱大批中国人前往朝鲜，后去往日本。公元4—5世纪，秦始皇后裔弓月君率120县人民远至日本；汉灵帝三世孙阿知使主率七姓17县汉人去日本，极大地促进了中国文化在日本的传播。另外，中国移民远走东南亚国家，在较好地促进中国文化传播的同时，也极大地促进了这些国家社会、经济、文化的发展。

3. 宗教传播

宗教传播是开展文化交流的重要形式，在交通不便的古代，文化交流与传播只有靠人来完成，传教士恰恰承担了这一角色，因此，宗教传播对于异质文化的交流与融合能够发挥巨大作用。比如，佛教从印度传入中国后，经过消化吸收，又作为中国文明传到了朝鲜、日本、越南等周边国家，随即将中国的入学也传到了这些国家。16世纪，欧洲来华传教士在传播基督教的同时，客观上将中国介绍给了西方，利玛窦、金尼阁等一大批耶稣会士翻译了大量的儒家经典，向西方国家介绍中国的情况，传播儒家思想，有力推动了欧洲的思想启蒙运动。

4. 派遣使节

出于政治目的的外交使节也发挥了较好的文化交流与传播作用。公元前 128 年，汉武帝派出使节张骞，出使西域各国，建立了著名的"丝绸之路"；东汉时期的班超、班勇和唐代的王玄策也是抱着外交的目的出使他国，客观上进行了广泛的文化交流与传播。公元 7 世纪，日本先后四次派使团到中国，直接而全面地吸收中国大陆文化，促成了公元 8 世纪中日文化交流的重大进展。而在中国封建社会文化繁荣的鼎盛时期——唐朝，日本遣唐使活动持续了 260 余年，极大地促进了中国文化向日本的深入传播，大大推动了日本社会各方面的进步和发展。

5. 经商贸易

商贸活动对中国文化的对外传播也发挥了积极作用。中国对外贸易长期处于世界领先地位，自汉代建立起来的"丝绸之路"在运送大量商品的同时，同样传递着中国的文化。唐宋时期，大量阿拉伯人前来中国经商，既带走了中国的商品，也带走了中国文化。而自 17 世纪开始的东印度公司进行的中欧大规模贸易，使"中国风格"弥漫欧洲。儒家思想正是伴随着从事贸易的人和货物，漂洋过海，传到西方世界。

6. 西方殖民统治

殖民统治是西方资本主义列强瓜分世界主要形式，它给被殖民国的人民带来了痛苦和灾难。19 世纪后期，伴随着清政府的腐败，帝国主义的坚船利炮轰开了中国的大门，西方列强陆续进入中国，抢夺地盘，划分势力范围，实行殖民统治，他们不仅向强盗一样掠夺各种自然资源，而且将大量承载中国文化的文物、绘画、书籍等偷运国外。这种殖民统治在给中国造成巨大损失的同时，也出乎他们愿望地将中国文化传播到了西方，使西方民众对近代中国有所了解，尽管这种传播是片面的和零碎的。[①]

二　中西文化差异对儒家思想传播的影响

中西语言文化分属两种完全不同的文化系统，彼此存在巨大差异。在儒家思想向西方传播的过程中，这种差异将会导致受众对特定问题、时间、人群等不完整的认知，甚至可能产生扭曲的观念，第三章和第四章的分析已初步说明了这一点。中国古汉语文化乃"以文载道"的象形文字文化而西方则是"道成肉身"的拼音文字文化及"语音中心主义"。因此，正确分析中西文化差异对儒家思想传播的影响，将为我们制定未来儒家思想的传播战略奠定良好的基础。

中西文化差异对儒家思想传播的影响主要表现在思维方式、价值观和语言表达三个方面：[②]

1. 中西方思维方式差异对儒家思想传播的影响

中国和西方各国具有不同的文化背景和社会心理结构，生产活动方式和发展水平也各不相同。反映在思维方式上就是西方民族以逻辑分析为主，中华民族则以直观综合为基础。

（1）唯理思辨与经验直觉的不同侧重导致了传播中的误解。西方人一直注重思辨，从希腊哲学到现代西方哲学，西方人关心世界本源、主客体关系、事物发展变化等，充满了对自然的浓厚兴趣。尽管早期的观察、分析、实践缺乏连贯性和系统性，但随

---

① 葛桂录，陈冰：论中国文化向世界传播的主要途径，《淮阳师专学报》，1997年第2期，第52—55页。

② 李喜柱："中西文化差异对我国跨文化传播的影响及相关策略浅探"，《大众科学》（科学研究与实践）2007年第20期，第201—202页。

着研究的深入，抽象思辨逐渐成为西方人思维的主要特征。中国传统思维方式是以直觉和经验为特征。中国古代各学科中的范畴是通过内向思维获得的，是将各种经验现象综合分析、融会贯通而提出概念。对这些概念的理解与西方思维的逻辑演绎不同，只能意会，不能言传，因而给西方国家造成了很多误解，制约了儒家思想的传播。

（2）对细节和整体侧重点的不同导致了传播中的模糊性。西方文化结构侧重对细节的分析，中国文化结构则擅长对整体进行综合分析。或者说，西方文化注重个人，中国文化注重群体。虽然中国文化的这种综合观有利于把握事物的整体和全局，但是却通常忽略对细节和成分的分析，提供的仅是关于事物的整体模糊图像，不利于对儒学精神的准确传播。

2. 中西方价值观差异对儒家思想传播的影响

经过2000多年的培育，中国文化中的价值观强调以群体主义为重，并以奉献社会作为自己人生价值追求，因而将为国家、为社会、为人民作贡献作为实现人生价值的最崇高目标。西方文化的价值取向则是以个人为中心，重视个性的张扬与表现。因而，西方人对人生价值的追求呈现多元化，认为无论从政、经商，还是热心公益事业，都是对人生价值的实现，也都是为了自己的成就与发展。这一差异将成为西方民众理解儒家伦理思想观念的最大障碍。当然，任何有关中西差异的比较都流于笼统和浮泛。

3. 中西方语言表达差异对儒家思想传播的影响

语言是文化的载体，每一种语言符号都蕴含着约定成俗的意义，它们都与文化有关。因此，语言是影响儒家思想传播的最直接因素，语言表达的正确与否、恰当与否必然影响对儒家思想的完整理解。汉语本身是儒家思想的重要表征，它与英语、法语、德语、西班牙语以及拉丁语相比，具有自己鲜明的特点。要将汉语翻译成其他语言，不仅要精通某种外语，通过想象将自己置身于两千多年前的中国社会中，还要将自己置于当代西方受众能够理解的社会生活环境以及文化背景中。否则，就会出现按照中国文化修订西方文化或者按照西方文化修改中国文化的现象。因此，关注语言表达差异，并在翻译中恰当转换这种差异，必将有利于儒家思想的传播。

三　当前儒家思想对外传播面临的挑战

21 世纪以来，世界政治经济形势发生了巨大变化，多极世界格局逐渐成形，但以美国为首的西方仍然处于强势地位；科技革命的深入发展，尤其是信息化浪潮席卷全球，对人们的政治经济乃至文化生活产生了深刻影响；中国 30 年的改革开放，实现了举世瞩目的巨大发展，但也经受了西方思想观念的巨大冲击；等等。所有这一切都使当前儒家思想的对外传播面临诸多挑战。

1. 缺乏系统的对外文化传播战略

首先，我国至今还没有设计出一套深谋远虑、切实可行的文化代际传播战略，已达到继承中国悠久博大的传统文化并使之在国人心中生根开花的目的。从幼儿园教育，到研究生教育，课程门类虽然繁多，但却没有一门系统的传统文化课程，全球唯一的万年绵延的伟大文化传统在当代青少年中面临断代的危机；传统文化中蕴含的非常丰富、极具现实指导意义的人文智慧、生态智慧等深厚智慧资源和精神资源，被当代社会各层面长期忽视与荒废；传统文化中蕴含着极其丰厚的个人承担社会责任、推进社会进步等道德伦理资源，却在"文革"中被宣判为"封建礼教"而横遭否定，社会出现巨大的道德伦理真空，受市场经济的影响，各种实用主义、虚无主义大行其道，全民族的道德素养和文明素质长期处于较低水平。

其次，我国至今还没有制定出适合西方国家实际情况的中国文化对外传播战略。由于长期的闭关锁国，改革开放之初人们普遍存在盲目崇拜西方的心态，在引进传播当代科技知识和工商管理经验的同时，不同程度上丧失了对本国文化的自信心，更没有认识到向西方传播中国文化的重要性。因而没有提出明确地指导思想、工作思路、发展目标、保障措施，在传播内容、传播方式、传播受众等方面也未作有效的安排，致使中国长期得不到西方国家的正确认识，"软实力"远低于欧美发达国家。

再次，儒家思想传播工作至今尚未真正启动。虽然我们在世界各地建立了很多孔子学院，但我们的办学方针并没有指向传播儒家思想这一伟大使命。虽然我们已经拥有国内外一大批儒学研究机构和研究专家学者，但因为国内的研究主要用汉语进行，所以其研究成果很难为国外的民众所了解；另外研究毕竟属于学术的层次，其成果往往被束之高阁，很难在广大的普通民众中普及。虽然我们建立了数量可观的儒学网站，但可惜的是，同时拥有汉英双语版的儒学网站凤毛麟角，似乎人们只注重研究，却从没有意识到儒家思想的国际化和普世性价值问题。这些问题都从根本上限制了儒家思想国际化传播。加之缺乏有力的组织和人力物力支持，已有的传播工作多属于自发行为，因而远远达不到良好的传播效果。

2. 缺乏对西方文化的深入了解

自 20 世纪 70 年代末，中国当代社会才实行对外开放，当代中国人对西方文化传统的真正价值往往认识不清，只急功近利地引进西方当前流行的经济社会思潮和工商科技知识，对博大精深的西方文明大传统并没有做深入细致地研究，因此往往造成对外文化交流与西方社会文化背景的严重脱节，政府机关、企事业单位、各类媒体，正是由于缺乏对西方文化的深入了解，在设计、实施和宣传报道一些对外文化交流项目时，经常出现事倍功半的情况。当代知识分子以及一般大众，受西方强势文明的物质诱惑与精神影响，在如何将中国传统文化与当代社会潮流恰当结合方面长期陷于困惑与盲从。正是在这种对自身文化缺乏自信、对西方文化缺乏了解、对中国文化在西方的影响盲目乐观的多重因素影响下，中国至今没有建立合理有效的自身文化内部发展与对外传播战略，更谈不上儒家思想在西方的广泛传播。

　　3. 文化帝国主义的长期威胁

　　文化帝国主义指的是来自发达国家、包含着与支配者利益相关的文化价值或观点的商品、时尚或生活方式等流向发展中国家市场，创造出某些特定的需求或消费形态，而发展中国家的民族文化在不同程度上受到西方文化的侵害、取代或挑战，受支配程度越来越高的状况。① 文化帝国主义既能以传统的形式，又能以现代形式出现，即以大众媒体、文化产品和知识分子话语实现观念、思想、意识的传播。随着经济的全球化，西方发达国家以其优势的传媒体系和文化产业，将文化产品源源不断地输入发展中国家，其中必然伴随着价值观念与意识形态的渗透与传播。西方国家就是依靠文化输出在全球形成文化霸权，最终使资本主义的政治形态、经济制度、文化观念成为全球唯一标准。而发展中国家的民族文化在这种文化霸权下逐渐淡出人们的视野，西方文化将成为主导。作为发展中国家，中国加入 WTO 日益融入全球化，但这绝不仅仅是国际贸易的自由市场，而且也是文化意识激烈碰撞场所。中国改革开放的三十年，在某种意义上也是经受以美国为首的西方国家"通过覆盖全球的新闻传播体系进行宣传攻势、大规模制造和输出精神文化产品"的三十年。② 在文化帝国主义的强大冲击下，中国当代文化不仅长期处于被动、模仿、

---

　　① 郭庆光：《传播学教程》，中国人民大学出版社 1999 年版。
　　② 黄梦阮、申睿："文化帝国主义对中国文化传播的影响"，《重庆社会科学》2006 年第 8 期，第 53—56 页。

照搬西方模式的劣势且有被日益同化的危险，主要的文化产品——精英层次的教育、学术，大众层次的电影、电视、唱片、网络游戏、时尚、书刊等文化产业，日益西方化，很多正被操控于西方跨国企业机制中，中国文化人只能刻意模仿西方文化产品并削足适履地迎合西方受众的趣味，具有全球普遍价值和强烈现实意义的中国文化，被无形消解为"地方性的奇观"、"正在消逝的东方奇景"或"古玩"、"杂耍"，中国文化被降格、扭曲、肢解并同化，在对外交流与传播中处于完全不平等地位。时至今日，文化帝国主义的威胁不仅没有消失，而且愈演愈烈，并将长期影响中国文化包括儒家思想的对外传播甚至生存。

4. 缺少雄厚的经济支撑与国家财政支持

经过30年的改革开放，我国经济实现了连年快速增长，综合国力显著提升，人民生活发生了翻天覆地的变化，国际政治地位和影响力大大提高。但是，应该清醒地看到，这种改善与提高只是与我们自己的过去比较，在我们进步的同时西方国家也没有停止发展。截至2007年底，中国GDP达到3.25万亿美元，占世界GDP总量的6%，人均GDP约为2300美元；而同期美国GDP达到13.79万亿美元，占世界GDP总量的25.7%，人均GDP超过6万美元。同样截止2007年，美国获得诺贝尔各种奖项的科学家297人，获得国际专利的数量达15.6万件，占全球PCT申请量的34%，2007年财政预算中研发投入为1410亿美元。美国在27个关键技术领域处于世界领先地位，在信息和通信领域大大领先，在军事、生物、医药、农业、食品和环保领域占有优势，在工业制造和能源领域与其他国家持平；而我们无论在上述那一方面都无法与之相比，因此说我国在总体上仍然不够强大，经济不够发达，科技相对落后，人民还不够富裕，还没有成为未来世界发展的榜样，因而也就还不足以吸引世界各民族的目光。没有硬实力，哪来软实力！国家硬实力不强大，软实力即使再博大，其被认知的速度、深度和广度也会受到限制，因为像儒家思想这样的观念文化是无形的，渗透在物质生活的深处，不易为人们发现和了解，它也需要硬实力去开辟道路，保驾护航，并提供强大的支持。

5. 网络传播媒体的飞速发展

网络传播媒体的飞速发展为各种信息的传播提供了广阔平台，然而绚丽多姿的网络世界同样也给儒家思想的传播带来了挑战。

首先，网络是一把双刃剑。一方面，各民族的传统文化通过网络在冲突和融合中统一性和共通性不断增强；另一方面，以西方发达国家为主导的文化全球化对发展中国家的文化冲击日益增强。网络已经成为世界主要国家和形形色色的主义、思潮及价值观念宣传、碰撞的"平台"。据统计，当今互联网上英语的内容超过95%，中文信息不到总量的万分之一，而不受西方控制的英文信息也不到万分之一。[1] 可见，西方国家主导着网络的国际文化传播，西方文化对中国文化的影响大大超过了中国文化对西方的影响。跨文化的传播进一步促进了文化的碰撞和交融，多元的文化传播导致了各种文化的激烈竞争局面。当前，这种文化竞争甚至是文化冲突的范围正在逐渐扩大，形式更加多样，次数更加频繁。面对新一轮的文化殖民主义的侵蚀，包括中国在内的广大发展中国家的民族文化有可能成为一种"弱势文化"，其生存状态岌岌可危。我国虽然相继建立了一些传播儒家思想的网站，利用网络传播以儒家思想为代表的中国传统文化。但是由于起步较晚，存在诸如网络硬件、软件严重滞后，专业性研究与传播儒家思想研究网站不足，已有网站形式单一，缺乏吸引力等问题，造

---

[1]　于炳贵、郝良华："文化帝国主义与国家文化安全"，《中共中央党校学报》2005年第3期。

成网络与儒家思想传播与时代要求存在较大差距，网络的发展很难适应儒家思想传播的需要。所以，在网络上实现中华文化的复兴，依然任重而道远。

其次，网络及网民的结构性差异。一是，网络的结构性差异。据中国互联网络信息中心（CNNIC）2007 年 7 月 18 日发布的第 20 次中国互联网络发展状况统计报告（以下简称"第 20 次报告"）显示，中国内地网民总人数已达 1.62 亿人，仅次于美国 2.11 亿的网民规模，位居世界第二，互联网普及率已经达到 12.3%。但总体水平依然偏低，远远低于美国、日本、韩国 65% 以上的普及率，也低于全球 17.6% 的平均水平。因此，总体看来，中国的网络传播实力与西方发达国家存在着数字鸿沟。而在中国内部，又存在着城乡之间明显的不平衡现象。第 20 次报告中分析了农村与城镇互联网发展程度的巨大差异。1.26 亿网民中，将近八成在城镇，农村互联网普及率却只有 5.1%，而同期城镇居民互联网普及率达到 21.6%，农村互联网普及率约为城镇的 1/4。在近 95% 的非网民中，还有大量是具备使用网络的能力的，只是不具备上网条件。由于农村拥有丰富的中华文化资源，农村在网络传播方面的弱势不仅影响农村的发展，也影响到中华文化的传播。二是，网民的结构特征局部存在不平衡。"第 20 次报告"显示，网民在性别上的比例（女性占 45.1）接近人口的自然比例（女性占 48.5%），但年龄结构发展不均衡。25 岁以下的网民占了网民总数的一半以上（51.2%），30 岁以下的则占到 70.6%。而 31—50 岁的中青年人群中，互联网普及率是 10.5%，即 10 人之中还不到 1 人上网；50 岁以上的中老年人，互联网普及率只有 1.7%，即将近 60 人之中才有 1 人上网。31—60 岁左右的人群是精神生产的主要力量，也是传播中华文化的主要力量。网民的年轻化，使得网络活动的主要内容限于浏览、了解和娱乐，特别是娱乐成为中国互联网经济的主流，这在世界互联网领域是一种很特殊的现象。网民的低龄化、网上活动的娱乐化不仅影响我国互联网经济的成熟和发展，也不利于中华文化的广泛传播。①

三　未来儒家思想在西方的传播战略

1. 构建我国文化传播战略体系

2006 年中共中央办公厅、国务院办公厅印发《国家"十一五"时期文化发展规划纲要》（以下简称《纲要》），《纲要》提出了 2010 年中国文化发展的总体目标，强调要在近五年时间内，使中华文化在世界上的影响力不断扩大，在综合国力竞争中的地位和作用日益突出，文化发展水平要与我国的经济实力、国际地位相适应。可以说，《纲要》为近一个时期我国文化发展指明了方向。党的十七大明确提出，要全面认识祖国传统文化，取其精华，去其糟粕，使其与当代社会相适应、与现代文明相协调，保持民族性，体现时代性。加强对外文化交流，吸收各国优秀文明成果，增强中华文化国际影响力。为贯彻党的十七大精神，实现《纲要》提出的目标要求，必须研究制定包括儒家思想在内的中国文化传播战略体系，为中国文化走出国门，参与交流，影响世界提供有益指导。在全球进入信息化的今天，伴随着世界各国之间的政治、经济联系日益密切、频繁，文化交往活动不断增多，各国对文化传播越来越重视，许多国家已将文化传播纳入国家战略，并变成了一项重要的政府行为。与中国对外贸易"出超"相比，对外文化交流和传播存在严重"入超"现象，文化的振兴和输出关系到国家的强大和民族的未来，因此，我国必须制定国家发展战略，并将对外传播和输出文化作为国家文化发展战略

---

① 尉天骄："全球化时代的中华文化传播——以网络传播为例"，《2007 年江苏省哲学社会科学界学术大会论文集》（下），第 838—844 页。

的重要组成部分，把振兴文化和对外传播文化提到民族命运的高度，纳入国家发展战略，实施国家行为。[①] 一种文化要复兴并逐步形成文化时尚品牌乃至全球文化象征，必须依靠全民族的文化自信与文化觉醒，在此基础上，设计、贯彻一整套文化培植、复兴、发展与对外交流的传播战略。[②] 当今我国文化的复兴，不仅是经济的进一步发展，而且社会的长期稳定、和谐与可持续发展，也都有赖于建立和风细雨、高瞻远瞩的对外文化传播战略，而代表中华文化核心价值的儒家思想的对外传播则理应纳入到宏观的对外文化传播战略之中。文化传播战略体系应包括儒家思想对外传播的战略目标、指导思想、对外传播思路、主要工作任务以及完成任务实现目标的具体保障措施等等，既要符合国家大的文化传播战略，又要具有儒家思想自身特色；既要适合国内文化建设的实际，又要适应国际尤其是西方国家形势的变化；既要着眼于未来发展，又要立足当前，具有很强的可操作性，切实发挥对儒家思想传播的指导作用。

2. 优化儒家思想传播内容

自 20 世纪中叶以来，西方社会的"后现代社会"问题，包括人类中心主义、利益中心论、人性异化、科学主义、消费主义、价值虚无主义等在内的现代性病症日益严重。近年来，全球文化霸权主义横行，恐怖主义肆虐，人类前途充满了各种不确定性。在此背景下"欧洲中心论"发生了动摇，多元文化观念已逐渐为人们所接受。

绵延五千年的中华文明史，创造了被各文化体系普遍公认的文化价值观，儒家"和"的思想、民本主义和人道主义的博大精深，尤其是从炎黄、尧舜开始，中经孔子奠定，下至岳飞、文

---

① 参见《中国证券报》，2006 年 3 月 10 日，A4 版。
② 毛峰："中国文化传播的战略与策略"，《对外大传播》2005 年第 11 期。

天祥等仁人志士所组成的、深深浸透在中国、东亚乃至全部海外华人社会中的伟大道德象征谱系，不仅是全民族道德教化最根本最丰富的资源，更是中国文化继承、发展与传播的精神基础，这一道德传统或象征谱系，对全球各文明具有普遍感召力，应当成为文化战略与文化品牌形成的精神核心。因此，在儒家文化的传播过程中，必须优化儒家思想传播内容，突出儒学精髓，去除宗教迷信糟粕，大力宣扬儒学思想的普世意义和现代价值。

　　推广儒家"和"的思想，对于当今利益纷争不断、信仰危机频仍的世界具有明显的普世意义。儒家"和"的现代价值体现在天人和谐、社会和谐、身心和谐、性情和谐等方面。儒学文化中"己所不欲，勿施于人"的"仁学"内核、"和而不同"的深刻哲理、殊途同归的原则追求以及"天人合一"的思想所构成的儒家人文精神，能够和西方人文精神中的精华有机地结合起来，共同解决经济全球化下的人文困扰，这也是儒家人文精神的当代价值所在。中国儒家尤其是先秦儒家思想中那些至大至刚的人格独立精神与担当社会责任、天下道义的道德负责精神，作为中国文化传统的主流，与全球民主自由、个性解放的社会潮流非但不抵触，而是非常合拍，都是有助于维护人类道义的具有世界普遍性意义的伦理规范。因此，我们应将"和"的思想、民本主义、天下为公、刚健有为等一系列传统思想伦理作为儒家的核心思想，向西方传播。

　　3. 创新儒家思想传播体制，培育传播人才

　　首先，要建立完善儒家思想的传播体制。鉴于儒家思想对外传播的指向性、社会性和紧迫性，政府要发挥主导作用，考虑尽快设立"中国儒家思想传播促进委员会"，该委员会为非政府公益机构，在国家政策指导下依法开展工作，主要承担儒家思想的对外交流与传播任务，贯彻实施国家文化对外传播战略；委员会成员主要有国学专家、翻译专家、传媒工作者构成，既包括国内

成员，又广泛吸收海外专家参加，充分体现委员会的社会性、广泛性。与此同时，还应尽快设立中国文化战略研究院，对如何继承自身悠久深厚的文化传统，对如何深入理解、准确把握、恰当吸收全球各种文化精华展开研究，进而对设计、贯彻、修正中国文化战略负主要责任。研究院亦为非政府公益机构，主旨在于营造全球一体、天下一家的文化气氛与文化感情，突显民间研究与推行的品格、特色。研究院应广泛吸收从事文化研究的各方面专家，鼓励有志于中国文化传播的各方人士志愿参与，集中群体智慧，制定切实可行的文化战略，推动中国文化的对外传播。

其次，要改革教育制度，培育传播人才。对外传播是以国外受众为传播对象的一种跨文化、跨民族、跨国界、跨地域的信息交流，有其特定的特征：语言的差异、文化的差异、民族风俗的差异、接受方式的差异等等。只有在对外传播过程中做到知己知彼，有的放矢，才能使对外传播真正发挥作用，才能促使西方受众理解儒家文化、接受儒家思想。因此，对外传播人才既要掌握灵活的外语技能、过硬的多媒体网络技术能力、熟练的新闻业务能力，还要具备过硬的政治素质、广泛的理论知识储备和良好的团队协作的精神。而培养这样的人才必须改革现行教育制度。近代以来，中国教育学术体系，严重缺乏本土文化继承以及外来优秀文化的精确选择、诠释与传播，造成学生、教师、家长以及整个社会急功近利、庸俗浮躁的流弊。目前，应当迅速从修订大中小学教育大纲入手，普遍开设传统文化课，将思想品德教育与中国传统文化的正心、诚意、修身等充分结合，将学生身心培育、道德操守与对教师的教育成就、学术成就的评价紧密联系在一起；同时开设西方文化的诠释课程，培养学生鉴别吸取西方文化精华的能力，逐步使中国文化传统的继承、西方文化精华的吸收融合确实在中国教育学术体系中居于重要位置。同时，要尽快纠正当前以论文发表的数目和规格衡量教育科研质量的错误学术评价体系，建立健全中国教育、学术、科技、文艺领域合理的管理机制、评价机制与创新机制，真正培养具备过硬素质和能力的对外传播人才，为推动中国文化的对外传播奠定基础。

4. 讲究儒家思想传播策略

由于中西文化差异对于儒家思想传播具有重大影响，因此，在向西方传播儒家思想时必须讲究策略，以提高传播效果。[1]

（1）学习西方文化，实施差异传播。

学习西方文化是在西方成功传播儒家思想的前提，因为学习一国的文化是实现文化适应的核心部分。只有通过学习西方文化，我们才能了解西方文化，才能正确和全面认识中西文化之间存在的巨大差异。这就需要我们学习西方各国的语言，了解西方各国的文明史，通过深入西方社会，融入他们的圈子，熟知他们的风土人情、人文地理、生活习惯以及行为方式，等等。在此基础上，积极进行差异化传播。首先，通过掌握中西双方思维方式上的差异，时刻反思自己的文化视角，避免无意识地用自己文化的种种标准去衡量和评判西方人的行为。其次，通过正确认识中西方在价值观念上的差异，努力寻求儒家"人本思想"、"和而不同"等理念与西方文化的相近相融之处，推进儒家思想在西方的本土化。再次，通过学习西方国家的语言，了解传播对象的语言习惯与特色，学会用东道国的言说方式，将儒家思想的真谛展现给西方民众，从而促进儒家思想的传播。

（2）保持民族风格，实施特色传播。

世界上每种文化都有其产生、发展和自我修正的过程，都是不同种族的劳动人民勤劳和智慧的结晶，都有其自身的优点。在全球化背景下，民族风格将是一种文化的立足之基，任何民族和

① 李喜柱："中西文化差异对我国跨文化传播的影响及相关策略浅探"，《大众科学》（科学研究与实践）2007年第20期，第201—202页。

国家都不可能放弃和摆脱自己的传统文化，来自外部的强加或内部的叛离，都不利于国家的发展和社会的进步。中国五千年的文明历史是一部传统文化同化外来文化并与其融合的文化发展史，中华民族悠久的历史文化蕴藏着无数的文化珍宝。在西方人眼中，中国的文化、艺术、历史和传统具有无穷魅力，中国人民的勤劳勇敢、家庭观念、友好友善、谦和智慧等具有强大的人格力量。因此，在对西方进行儒家思想传播的过程中，就应该保持中国文化的这些优秀传统和风格，突出中华民族特色。只有这样，才能引起西方民众的关注，进而影响他们的行为。

5. 推进儒家思想传播主体与渠道多元化

儒家思想对外传播的主体即儒家思想的传播者，也就是由谁来传播的问题。儒家思想是我国文化对外传播战略中的重要组成部分，其传播主体首先应是国家以及各地方政府。政府各部门应做好协调，制定决策，采取有效措施促进儒家文化的对外传播。其次是高等院校的专家学者，他们可以利用学界优势，一方面培养一支深谙儒学思想，能够"面对外国的文化和意识形态的、有战斗力的队伍"；另一方面可以著书立说、出国讲学、举办各类研讨会等方式直接参与弘扬和传播儒家思想。第三，要不断发现和培养新的传播主体，比如各类民间团体。要充分利用在中国内地及港台地区每年举行的各种形式的祭孔活动和孔子文化节等民间活动，通过新闻媒体对外广为传播儒家思想。要逐步培养涉外企业事业单位、来华的各国留学生和游客、我国驻外机构和旅居海外的华侨成为儒家思想在国外的传播主体。可以以学术交流为突破口，加强与他们在各个方面的沟通和合作，充分发挥他们的作用。逐步实现儒家思想传播主体的多元化。

儒家思想的对外传播必须依赖于有效的传播途径。传播学告诉我们，文化传播一般分为有目的的专门性传播和无意的不自觉的传播；主要通过人际媒介、印刷媒介和电子媒介三类媒介进行。随着形势的不断发展变化，我们应依托三大媒介，不断探索儒家思想传播渠道的多元化。首先，要重视发挥孔子学院的作用。近年来，孔子学院在全世界得到了快速发展，对推动汉语教学发挥了积极作用。但当前的大部分孔子学院都把精力集中到了汉语教学，而对于孔子学院的基础性研究不够，对于文化传播基本规律的把握不够，可以说目前的中国语言文化传播尚未做好学理上的准备。[①] 因此，我们必须重新审视孔子学院的定位，制定新的发展战略，充分利用孔子学院这一渠道传播儒家思想。要在孔子学院设置儒学课程，教授儒家经典，培养当地宣传儒家思想的人才，通过他们的言传身教用儒家思想理念影响和教育本民族大众；依托孔子学院建立所在国家语言的儒学网站，以便把儒学思想大面积直接传播到民众中去；努力把孔子学院打造成集中国文化和儒家思想教育为一体的国际性系统教育工程。其次，要努力做好译本的出版发行。要组织精兵强将，翻译出版高质量的儒家典籍精品，遵循市场规律，发挥市场作用，通过与西方出版社合作、参加国际图书博览会、将译文制作成多媒体甚至改编成电影和电视片等方式，将译本推广到西方世界的文化市场，满足西方民众的文化趣味和需求，逐步扩大儒家典籍的影响。再次，积极开展高水平的文化交流活动。要加强与西方国家的合作，通过互办文化年、在国外举办中国文化节、文化周、电影周等活动，为儒家思想的传播提供舞台。

6. 提高儒家思想网络传播水平

首先，要发挥政府在儒家思想网络传播中的主导作用。要以政府为主导，统一规划，加大投资与扶持力度，建立一批以研究与传播儒家思想为主要任务的网站，并开展有目的、有计划的培育活动，打造旗舰网站，扩大国内外影响。通过以点带面的方

---

① 参见：http://www.gmw.cn/01ds/2008-04/16/content_762563.htm

式，培育国家、省、市各个层次的专业网站，逐渐增强儒家思想以及中国传统文化的传播力量，以扩大儒家思想进而带动中华文化在世界的传播数量，提高传播质量。其次，要加强网络法律法规建设。立法保护本国文化是世界各国的通行做法。如法国曾通过一项法律，要求在法国的互联网上进行广告宣传的文字必须译成法语；要求确保莫里哀和加缪的语言不在信息高速公路上漏掉。其他国家也有诸如此类的做法。因此，通过立法的方式，用法律约束网络行为，杜绝不健康的网络传播，能够在一定程度上消除西方文化的消极影响，保护以儒家思想为代表的中国文化的网络传播。第三，加强符合中国国情的网络技术建设。网络技术的建设与发展是加强儒家思想网络传播的硬件条件，几年来，虽然我国的互联网硬件建设突飞猛进，但与发达国家的差距仍然较大。因此，我国应继续加大对信息产业的扶持力度和改革步伐，在学习引进西方技术的同时，大力开展网络硬件和软件的研发活动，增强自主创新能力。通过研发和建设，要逐步克服网络在城乡之间、网民在年龄之间的极端不平衡状态，纠正以娱乐为主要模式的网络消费倾向，为儒家思想乃至中华文化创造一个先进的传播平台。第四，加大儒家经典译本的网上传播。要适时推出儒家经典译本的网络版。目前，网络流传的儒家经典译本大多是欧美学者的作品，质量参差不齐，在理解方面也有许多错误，从而成为制约儒家思想网络传播的瓶颈。中国的文学、翻译、历史、典籍方面的专家应通力合作，用几年甚或几十年的时间将儒家经典整理翻译成多种语言文本，作为儒家经典的官方译本。然后，"随风潜入夜，润物细无声"地借助各种共享平台，让儒家经典语言和智慧以各种文字向世界各地广泛传播。

参考文献

1. Bloom, Irene. "Mencian Arguments on Human Nature," In Philosophy East & West, a Quarterly of Comparative Philosophy, 1994 (January), vol. 44, no. 1, 1994: 19—53.

2. Boodberg, Peter A. The Semasiology of Some Primary Confucian Concepts, In Philosophy East & West, Vol. 2, no. 4, January 1953: 317—332.

3. Brooks, E. Bruce & A. Taeko Brooks. The Original Analects: Sayings of Confucius and His Successors, 0479 – 0249/a new translation and commentary by E. Bruce Brooks and A. Taeko Brooks. New York: Columbia University Press, 1998.

4. Chan, Alan K. L. Mencius: Contexts and Interpretations, Honolulu: University of Hawaii Press, 2002.

5. Ching, Julia. Confucianism and Christianity: A Comaparative Study, Tokyo: Kodansha Interna tional, 1977.

6. Ching, Julia & Hans Kung. Christianity and Chinese Religions, New York: Doubleday, 1989.

7. Confucianism and Chinese Civilization/edited, with an introduction by Arthur F. Wright. edited by David S. Nivison and Arthur F. Wright, with contributions by Wm. Theodore De Bary [et al.] Stanford, Calif., Stanford University Press, 1959.

8. Confucius, Confucius: translated by D. C. Lau. Hong Kong:

Chinese University Press, 1992.

9. Confucius, The Analects, New York: Dover Publications, 1995.

10. Confucius and the Analects, New Essays/edited by Bryan W. Van Norden. Oxford; New York: Oxford University Press, 2002.

11. Confucius, The Analects; translated by David Hinton. Washington, D. C. : Counterpoint, 1998.

12. Confucius, The Great Digest, the Unwobbling Pivot, the Analects, Translation & Commentary by Ezra Pound; stone text from rubbings supplied by William Hawley; a note on the stone editions by Achilles Fang. New York: New Directions Pub. CorP. , 1969, 1951.

13. Confucius, The Chinese Classical Work Commonly Called: the Four Books (1828) /Translated and illustrated with notes by David Collie. A facsimile reproduction with an introduction by William Bysshe Stein.

14. Confucius, The Analects of Confucius: a Philosophical Tanslation/Roger T. Ames, Henry Rosemont, Jr. New York: Ballantine Pub. Group, 1998.

15. Confucius, The Analects of Confucius/translation and notes by Simon Leys. New York: W. W. Norton, c1997.

16. Confucius, The Analects; translated with an introduction and notes by Raymond Dawson. Oxford: Oxford University Press, 1993.

17. Confucius, The Confucian Bible. Book 1, Analects: the non – theocentric code for concerned humans. Metro Manila: Granhill Corp. , 1991.

18. Confucius, The Analects, or, The Conversations of Confu-

cius with his disciples and certain others/as translated into English by William Edward Soothill···edited by his daughter, Lady Hosie. London: Oxford University Press, H. Milford, 1937.

19. Confucius, The Analects/Confucius; translated with an introduction and notes by Raymond Dawson. Oxford: Oxford University Press, 1993.

20. Confucius, The Sayings of Confucius: a new translation of the greater part of the Confucian analects/with introduction and notes by Lionel Giles. London: J. Murray, 1907.

21. Dubs, Homer H. "The Development of Altruism in Confucianism," In Philosophy East & West, A Journal of Oriental and Comparative Thought, vol. 1, no. 1, April, 1951: 48—55.

22. Fingarette, Herbert. Confucius—The Secular as Sacred, New York, Hagerstown, San Francisco, London: Harper & Row, Publishers, 1972.

23. Ivanhoe, Philip J. "Book Review: Mencius: Contexts and Interpretations," In Journal of Chinese Religions, 31. 2003: 215—216.

24. Kline III, T. C. & Philip J. Ivanhoe, eds. Virtue, Nature, and Moral Agency in the Xunzi, Indianapolis/Cambridge: Hackett Publishing Company, Inc. , 2000.

25. Lin, Yü - sheng. "The Evolution of the pre - Confucian Meaning of Jen and the Confucian Concept of Moral Autonomy," In Monumenta Serica, Journal of Oriental Studies. 1974—1975.

26. Mencius. Mencius/translated by Leonard A. Lyall. London; New York: Longmans, Green and Co. , 1932.

27. Murray, J. The Sayings of Confucius: a new translation of the greater part of the Confucian analects. London: 1907.

28. Neville, Robert C. Boston Confucianism: Portable Tradition in Late – Modern World, Albany: State University of NewYork Press: 2000.

29. Nivison, David. The Ways of Confucianism: Investigation in Chinese Philosophy, edited with an introduction by Bryan W. Van Norden, Chicago and La Salle, Illinois: Open Court Publishing Company, 1996.

30. Richey, Jeffrey L. "Book Review: Mencius: Contexts and Interpretations," InThe Journal of Asian Studies, vol. 62, no. 2, May 2003: 580—581.

31. Schaberg, David. A Patterned Past: Form and Thought in Early Chinese Historiography, published by Harvard University Asia Center and distributed by Harvard University Press, Cambridge (Mass.) and London, 2001.

32. Shun, Kwong – Loi. Mencius and Early Chinese Thought, Standford, California.: Stanford University, 1997.

33. Taylor, Rodney L. The Religious Dimension of Confucianism, Albany, N. Y.: State Univeristy of New York Press, 1990.

34. TU, Wei – ming. "The Creative Tension between Jen and Li," In Philosophy East & West, 1968: 29—69.

35. Tu, Wei – ming. "Jen as a Living Metaphor in the Confucian Analects," In Philosophy East & West, 1981: 45—54.

36. Yang, CK. Riligion in Chinese Society, Berkerly: University of California Press, 1961.

37. [法] 保罗·戴密微著, 秦时月译:"法国汉学研究史概述",《中国文化研究》1994 年春之卷 (总第 3 期)。

38. 包通法:"论《论语》中伦理哲学学术语'仁'的认知与翻译", 2005 年第 3 届典籍翻译研讨会交流论文。

39. 曹淳："《论语》英译本初探"，《翻译通讯》1985 年 8 月。

40. 陈飞亚："简评理雅各英译《论语》"，《陕西中医函授》1999 年第 4 期。

41. 车欢欢、罗天："从辜鸿铭《论语》的英译看翻译规范的运作方式"，西华人学学报（哲学社会科学版）2006 年第 4 期。

42. 陈来：《宋明理学》，华东师范大学出版社 2004 年版。

43. 蔡德贵："试论美国的儒家学派"，《中国人民大学学报》2004 年第 5 期。

44. 陈耀庭："意大利的道教研究"，《当代宗教研究》1998 年第 1 期。

45. 程钢："理雅各与韦利论语译文体现的义理系统的比较分析"，《孔子研究》2002 年第 2 期。

46. 程志华："哈佛学派儒学观的奠立、嬗变与成熟"，《河北大学学报（哲学社会科学版）》2008 年第 1 期。

47. 崔永禄："理解的困惑与译者的意图——阅读《论语》两个译本的札记"，《外语教学》1999 年第 1 期。

48.［法］戴仁：《法国当代中国学》，耿升译，中国社会科学出版社 1998 年版。

49. 段怀清："理雅各与儒家经典"，《孔子研究》2006 年第 6 期。

50. 范存忠：《中国文化在启蒙时期的英国》，上海外语教育出版社 1991 年版。

51. 方朝晖：《儒学在美国：动向与反思》http：//www. ica. org. cn/content/view_ content. asp? id = 5821（2006 - 1 - 1713：03：59）。

52. 樊培绪："理雅各、辜鸿铭英译儒经的不及与过"，《中国科技翻译》1999 年第 3 期。

53. 费正清：《美国与中国》，张理京译，世界知识出版社 2000 年版。

54. 付桂桂："《论语》英译的几点思考"，《湘潭工学院学报》2002 年第 2 期。

55. 葛桂录、陈冰："论中国文化向世界传播的主要途径"，《淮阳师专学报》1997 年第 2 期。

56. 高嘉正、高著："《孔子语录一百则》英译赏析"，《上海翻译》2005 年第 3 期。

57. 顾犇："《论语》在海外的传播"，《国家图书馆学刊》1999 年第 2 期。

58. 顾长声：《传教士与近代中国》，上海人民出版社 1981 年版。

59. 顾长声：《从马礼逊到司徒雷登——来华新教传教士评传》上海书店出版社 2005 年版。

60. 顾长声译：《马礼逊回忆录》，广西师范大学出版社 2004 年版。

61. 郭庆光：《传播学教程》，中国人民大学出版社 1999 年版。

62. 何刚强，瑕瑜分明："得失可鉴——从 Arthur Waley 的译本悟《论语》的英译之道"，《上海翻译》2005 年第 4 期。

63. 胡治洪：《全球语境中的儒家论说》，生活·读书·新知三联书店 2004 年版。

64. 何高济等译：《利玛窦中国札记》，中华书局 1983 年版。

65. 何培忠：《当代国外中国学研究》，商务印书馆 2006 年版。

66. 黄梦阮、申睿："文化帝国主义对中国文化传播的影响"，《重庆社会科学》2006 年第 8 期，第 53—56 页。

67. 黄伟："浅谈《论语》中"君子"与"小人"的翻译"，《钦州师范高等专科学校学报》2004 年第 4 期。

68. 黄兴涛：《辜鸿铭文集》（下），海南出版社 1996 年版，第 346 页。

69. 黄雪霞："试析《论语》理雅各译本的失与误"，《福建商业高等专科学校学报》2005 年第 2 期。

70. 蒋锐："卫礼贤的汉学生涯"，《德国研究》2004 年第 1 期。

71. 蒋向艳："美国汉学家顾立雅的汉学研究"，《枣庄师范专科学校学报》2002 年第 1 期。

72. 康志杰："最后的耶稣会士——钱德明"，《世界宗教文化》2002 年第 3 期。

73. 柯文："在中国发现历史——中国中心观在美国的兴起"（增订本），中华书局 2002 年版。

74. 李楠、徐璇子："人民日报海外版"，2008 年 6 月 12 日，第 6 版。

75. 李申：《儒学与儒教》，四川大学出版社 2005 年版。

76. 李天辰："论语英译体会点滴"，《外语教学》1999 年第 2 期。

77. 李天辰："《论语》英译体会点滴"，《外语教学》1999 年第 2 期。

78. 李喜柱："中西文化差异对我国跨文化传播的影响及相关策略浅探"，大众科学（科学研究与实践）2007 年第 20 期，第 201—202 页。

79. 李玉良：《〈诗经〉英译研究》，齐鲁书社 2007 年版。

80. 林塞·莱德：《詹姆斯·理雅各生平》，转引自《四书的英译·前言》，中国文化复兴协会 1980 年版。

81. 柳存仁：《百年来之英译〈论语〉其一——读西蒙·李

斯译〈论语〉》，《国际汉学》（第四辑）大象出版社 1999 年版。

82. 柳士军："Waley 英译《论语》赏析"，《信阳师范学院学报》2002 年第 4 期。

83. 刘正：《19 世纪以前德国汉学研究的历史回顾》，北京大学儒藏编纂中心网站：http：//www. ruzang. com/dis-playnews. asp? id＝403。

84. 刘重德："《论语》两个英文译本的对比研究"，《英汉语比较与翻译》，青岛出版社 1988 年版。

85. 刘重德："《论语》韦利英译本之研究"，《山东外语教学》2001 年第 2 期。

86. 刘重德："关于大中华文库《论语》英译本的审读及其出版"，《中国翻译》2001 年第 3 期。

87. 拉里·萨默瓦、理查德·波特：《跨文化传播》，北京：中国人民大学出版社 2004 年版，第 47 页。

88. 罗选民，文化传播与翻译研究：《中国外语》2008 年第 4 期，第 91—94 页。

89. 路德斌："儒学的认同与转换——'山东省首届中国哲学与文化论坛'纪要"，《哲学研究》2004 年第 11 期。

90. ［德］马克斯·韦伯：《儒教与道教》，洪天富译，江苏人民出版社 2003 年版。

91. 马祖毅：《汉籍外译史》，湖北教育出版社 1997 年版。

92. 孟旦（Donald J. Munro）："三个主题及代表作——与中国哲学相关的当代西方学术研究评析"，《哲学研究网·哲学在线》，2004. 2. 23。

93. 梅文健："耶稣会士卫匡国著作中的中国哲学和古学"，载《纪念利玛窦来华四百周年中西文化交流国际学术会议》论文集，台北辅仁大学出版社 1983 年版。

94. 牟钟鉴："20 世纪儒学的衰落与复苏"，《孔子研究》

1998 年第 4 期。

95. 牟宗三:《道德理想主义的重建》,中国广播电视出版社 1992 年版。

96. 〔法〕裴化行著、管震湖译:《利玛窦评传》,商务印书馆 1993 年版。

97. 钱钟书:《七缀集·林纾的翻译》,上海古籍出版社 1985 年版。

98. 乔华林、陈范霞:"被扭曲了的孔子形象",《平顶山师专学报》1999 年 8 月。

99. 乔纳森·巴恩斯:《亚里士多德》(英文本),生活·读书·新知三联书店 2006 年版,第 217—232 页。

100. 彭国翔:"全球视域中当代儒学的重构",《中国哲学史》2006 年第 2 期。

101. 沈福伟:《中西文化交流史》,上海人民出版社 2006 年版。

102. 疏仁华:"利玛窦与儒学的会通和冲突",山东科技大学学报(社会科学版)2006 年第 2 期。

103. 宋新:"理雅各——从传教士到传播中国文化的使者",《国际关系学院学报》1997 年第 2 期。

104. 孙英春:《跨文化传播学导论》,北京大学出版社 2008 年版。

105. 孙立新:"评德国新教传教士花之安的中国研究",《诗学月刊》2003 年第 2 期。

106. 谭文介:"对 James legge 译《论语》中若干译文的看法",《湘潭大学学报》1992 年第 3 期。

107. 唐明贵:"中国学者近半个世纪以来的《论语》研究",《古籍整理研究学刊》2005 年第 2 期。

108. 汪福祥:"评《论语》一书的英译问题",《北京第二外国语学院学报》1996 年第 2 期。

109. 王锦霞、三友:"《论语》英译的多元系统理论阐述",《长沙铁道学院学报》2003 年第 4 期。

110. 王海龙:"美国当代汉学研究综论",《上海师范大学学报》(哲学社会科学版) 1999 年第 1 期。

111. 王辉:"《论语》中基本概念词的英译",《深圳大学学报》2001 年第 5 期。

112. 王辉:"盛名之下,其实难副",《华中科技大学学报》2003 年第 1 期。

113. 王辉:理雅各、庞德:"《论语》译本比较",《四川外语学院学报》2004 年第 5 期。

114. 王辉:"理雅各与《中国经典》",《中国翻译》2003 年第 2 期。

115. 王韬:《漫游附录》,岳麓书社 1985 年版。

116. 王维江:"20 世纪德国的汉学研究",《史林》2004 年第 5 期。

117. 王锦霞,三友:"《论语》英译的多元系统理论阐释",《长沙铁道学院学报》(社会科学版) 2003 年第 4 期。

118. 王蔚桦:"瑞典汉学对中华文化的贡献",《理论与当代》2006 年第 4 期。

119. 魏望东:"跨世纪《论语》三译本的多视角研究,从理雅各、庞德到斯林哲兰德",《中国翻译》2005 年第 3 期。

120. 温静:"对原著的理解和风格的再现——对《论语》两个英译本的比较分析",《零陵学院学报》2003 年第 6 期。

121. 尉天骄:"全球化时代的中华文化传播——以网络传播为例",《2007 年江苏省哲学社会科学界学术大会论文集》(下),第 838—844 页。

122. 吴孟雪:"柏应理和《中国哲学家孔子》",《中国文化研究》1996 年秋之卷（总第 13 期）。

123. 夏传才："略述国外《诗经》研究的发展"，《河北师院学报》（社会科学版）1997 年第 2 期。

124. 谢和耐：《中国与基督教——中西文化的首次碰撞》，耿升译，上海古籍出版社 2003 年版。

125. 徐洪兴：《孟子直解》，复旦大学出版社 2004 年版。

126. 徐儒宗：《人和论——儒家人伦思想研究》，人民出版社 2006 年版。

127. 许明龙：《孟德斯鸠与中国》，国际文化出版公司 1989 年版。

128. 许明龙：《中西文化交流先驱——从利玛窦到郎世宁》，东方出版社 1993 年版。

129. 许正林："明清之际西方传教士与中学西传"，《文化中国》2004 年第 3 期。

130. 严绍璗："欧洲"中国学"的形成与早期理性主义中国观"，《北京大学学报》1990 年第 5 期。

131. 杨伯峻：《论语译注》，中华书局 1980 年版。

132. 杨国桢："牛津大学中国学的变迁"，《中国史研究动态》1995 年第 8 期。

133. 杨宏声："明清之际在华耶稣会士之《易》说"，《周易研究》2003 年第 6 期。

134. 姚新中：《儒教与基督教》，中国社会科学出版社 2002 年版。

135. 于炳贵、郝良华："文化帝国主义与国家文化安全"，《中共中央党校学报》2005 年第 3 期，第 101—105 页。

136. 袁斌业："从后殖民译论看 19 世纪中期西方传教士在华的翻译"，《广西师范大学学报》（哲学社会科学版）2007 年第 3 期。

137. 岳峰：《架设东西方的桥梁——英国汉学家理雅各研究》（博士论文），福建师范大学 2003 年版。

138. 张国刚：《从中西初识到礼仪之争——明清传教士与中西文化交流》，人民出版社 2003 年版。

139. 张国刚："明清传教士的当代中国史"，《社会科学战线》2004 年第 2 期。

140. 张西平：《传教士汉学研究》，大象出版社 2005 年版。

141. 张西平：《欧美汉学研究的历史与现状》，大象出版社 2006 年版。

142. 张西平：《他乡有夫子——汉学研究导论》，外语教学与研究出版社 2005 年版。

143. 张小波："关于理雅各和辜鸿铭《论语》翻译的对比研究"，《株洲工学院学报》2000 年第 4 期。

144. 张小波："强势语下的无奈"，《湛江海洋大学学报》2004 年第 5 期。

145. 甄春亮："理雅各翻译的《论语》"，《天津外国语学院学报》2001 年第 2 期。

146. 郑大华："张君劢与现代新儒学"，《天津社会科学》2003 年第 4 期。

147. 周发祥：《西人读孔今犹新》，阎纯德（主编），中华书局 2004 年版。

148. 周炽成："简论陈荣捷对儒学的世界性贡献"，《中国哲学史》1999 年第 4 期。

149. 朱宝锋："也谈译者的读者意识——以辜鸿铭及其《论语》英译为例"，《中国英汉语比较研究会第七次全国学术研讨会论文集》，2006 年版。

150. 朱仁夫：《儒学国际传播》，中国社会科学出版社 2004 年版。

151. 朱雁冰：《耶稣会士卫匡国与儒学西传》，载台湾辅仁大学《中学论集》。

152. 程树德：《论语集释》一至四卷，中华书局 1990 年版。

153. 朱熹：《四书集注》，岳麓书社 2004 年版。

154. 左丘明：《国语》，上海古籍出版社 1998 年版。